L'extase totale

Norman Ohler

L'extase totale

Le IIIe Reich, les Allemands et la drogue

Traduit de l'allemand par Vincent Platini

Postface de Hans Mommsen

La Découverte
9 *bis*, rue Abel-Hovelacque
75013 Paris

Titre original : *Der totale Rausch. Drogen im Dritten Reich.*

ISBN 978-2-7071-9072-7

« Le culte, l'adoration, la prière, les rêves de bonheur se projettent et s'élancent avec l'énergie ambitieuse et l'éclat d'un feu d'artifice ; comme la poudre et les matières colorantes du feu, ils éblouissent et s'évanouissent dans les ténèbres. »

Charles BAUDELAIRE,
Les Paradis artificiels.

Notice d'utilisation et précautions d'emploi

C'est à Coblence que j'ai découvert la substance qui allait faire ce livre – et que j'ai plongé. Plus précisément, dans le cadre pour le moins sobre des archives fédérales, un bâtiment en béton lavé tout droit sorti des années 1980. Impossible de décrocher des documents laissés par Theo Morell, le médecin personnel d'Hitler. Je feuilletais sans cesse son agenda rempli d'inscriptions mystérieuses à propos d'un certain « Patient A ». Loupe à la main, j'essayais de décrypter cette écriture à peine lisible. Les pages étaient couvertes de griffonnages, j'y lisais souvent des notes comme « inj. » ou tout simplement « X ». Ce n'est que très progressivement que l'image se fit plus précise : des injections quotidiennes, des substances douteuses, des doses croissantes.

Tableau clinique

Le national-socialisme, sous ses aspects généraux, a été exploré de long en large. Nos cours d'histoire et notre société médiatique n'ont laissé ni lacune ni angle mort. Le sujet a été travaillé sous tous les angles, dans ses derniers recoins et ses extrêmes limites. La Wehrmacht est devenue l'armée la plus étudiée de tous les temps. Il n'y a décidément rien que nous ne croyions pas déjà savoir sur cette époque. La question du IIIe Reich semble close. Toute tentative de mettre au jour quelque chose de neuf a un air un peu contraint, presque ridicule. Et pourtant, nous ne saisissons pas tout.

Diagnostic

Le grand public mais aussi les historiens savent étonnamment peu de choses sur les drogues durant le IIIe Reich. Il existe certes des travaux scientifiques ou journalistiques partiels, mais rien qui ne fournisse de vue d'ensemble. Une présentation générale et précise des faits, montrant comment les stupéfiants ont influé sur la dictature nazie et les champs de bataille de la Seconde Guerre mondiale, fait encore défaut à ce jour [1]. Or quelque chose échappera toujours à la compréhension si l'on ne saisit pas le rôle qu'ont joué les drogues sous le IIIe Reich et si l'on n'étudie pas les états de conscience de cette époque à la lumière des stupéfiants.

Que l'influence des psychotropes sur l'Allemagne nazie ait été jusqu'à présent négligée tient sans doute au concept national-socialiste de « lutte contre la drogue » – une lutte qui imposait un contrôle étatique sur ces substances et rendait taboues les drogues en général. Elles se sont ainsi retirées aussi bien du champ austère des études scientifiques (aucun travail d'ensemble n'a été encore mené dans les universités), de la vie économique que de la conscience collective et des considérations historiques pour se tapir dans les égouts des trafics, du crime, de l'économie souterraine et du petit savoir de dilettante.

Nous pouvons cependant y remédier. Pour ce faire, nous nous essaierons à une interprétation des événements réels qui tâchera d'éclaircir les relations structurelles ici à l'œuvre. Cette étude sera tributaire d'un certain bricolage mais se mettra au service d'un examen détaillé des faits historiques plutôt que d'une thèse rigide qui ne rendrait pas justice à la sobre et triste réalité [2].

Éléments actifs

L'extase totale cherche à faire l'autopsie de ces criminels sanguinaires et de leurs acolytes, procéder à l'analyse des poisons du racisme et de la purification ethnique, en explorer directement les veines et les artères. Pas de pureté aryenne ici, mais une Allemagne chimique – voire toxique. En effet, malgré les interdictions et sans aucun état d'âme, la pharmacopée fut appelée en renfort à tous les niveaux du pouvoir

1. Hormis la brillante anthologie de Werner PIEPER, *Nazis on Speed. Drogen im 3. Reich*, Löhrbach, Pieper and the Grüne Kraft, 2002.

2. Walter JENS, *Statt einer Literaturgeschichte*, Munich, DTV, 2001, p. 11 *sqq.*

quand l'idéologie ne suffisait plus. Ici comme ailleurs, Hitler fut un leader en la matière. L'armée elle-même était largement pourvue en méthamphétamine, ce psychotrope aujourd'hui appelé « crystal meth », afin de mener à bien ses guerres de conquête. Dans leur rapport aux drogues, les criminels d'autrefois firent preuve d'une hypocrisie qui, une fois révélée, éclaire d'un jour neuf certains de leurs actes. Il s'agit d'arracher un masque dont nous ignorions jusqu'ici l'existence même.

Précautions d'utilisation

Il serait toutefois tentant d'accorder trop d'importance à cet élément, de bâtir une nouvelle légende historique à travers le prisme de la drogue. Dès lors, il faut garder à l'esprit que l'écriture de l'histoire est un exercice qui relève aussi de la fiction. Il n'existe pas, à proprement parler, d'« ouvrage objectif » dans cette discipline car l'agencement des faits tient déjà de la littérature – ou, du moins, dépend de schémas interprétatifs eux-mêmes issus d'influences culturelles extérieures. On propose ici un point de vue inhabituel, une perspective déformée, et ce dans l'espoir d'y voir parfois plus clair. Il ne s'agit pas de retranscrire voire de réécrire l'histoire allemande mais, au mieux, d'en raconter plus précisément quelques pans.

Effets secondaires

Cette concoction peut occasionner des effets secondaires chez certains utilisateurs. **Cas fréquents à très fréquents :** altération de la vision du monde, causant une stimulation cérébrale, parfois accompagnée de nausées et de maux d'estomac. Ces troubles ne sont toutefois que légers et devraient s'estomper au cours de la lecture. **Effets occasionnels :** hypersensibilité, allergie, urticaire. **Cas exceptionnels :** affection grave et persistante de la perception. La lecture doit en tout état de cause être menée jusqu'au bout pour avoir un effet spasmolytique et anxiolytique.

Conservation du produit

Ne pas mettre à la portée des enfants. Date de péremption : en fonction de l'état actuel des recherches.

Première partie

Pervitine : l'amphèt'nationale

Le national-socialisme fut un poison, au sens propre du terme. Il a laissé au monde un legs toxique, un venin qui nous affecte encore aujourd'hui et n'est pas près de disparaître. Les nazis se sont donné des airs de père-la-vertu en menant en grande pompe une politique antidrogue aussi drastique que punitive, avec des soubassements idéologiques. Pourtant, c'est bien sous Hitler qu'une substance particulièrement addictive, insidieuse et puissante est devenue un produit grand public. Cette pilule a fait une carrière parfaitement légale sous le nom de pervitine à travers tout le Reich allemand, puis dans les pays d'Europe occupés. La « drogue du peuple » était tout à fait acceptée et disponible dans n'importe quelle pharmacie. Elle ne fut délivrée sur ordonnance qu'à partir de 1939 avant d'être finalement soumise à la législation sur l'opium en 1941.

Sa composante, la méthamphétamine, est aujourd'hui sinon interdite, du moins strictement contrôlée partout dans le monde[1]. Elle figure pourtant parmi les stupéfiants les plus appréciés de nos contemporains : près de cent millions d'adeptes et des effectifs à la hausse. Rarement pure, elle est fabriquée par des apprentis chimistes

---

1. Il existe encore certains médicaments à base de méthamphétamine et délivrés sur ordonnance, comme par exemple aux États-Unis le Desoxyn, utilisé contre les troubles déficitaires de l'attention. Néanmoins, la méthamphétamine est en général bien plus fréquemment soumise à la réglementation sur les stupéfiants qu'à une simple prescription médicale. Elle continue toutefois de circuler car elle entre dans le processus de fabrication de certains médicaments. En Europe, il n'existe aucun produit pharmaceutique à base de méthamphétamine, mais seulement de ses génériques comme le méthylphénidate ou la dextroamphétamine.

dans des laboratoires secrets. Les médias l'ont baptisée « crystal meth » car elle jouit sous sa forme cristalline d'une popularité dépassant toutes les espérances, y compris en Allemagne qui compte toujours plus de nouveaux consommateurs. Celle qu'on appelle aussi la « drogue de l'horreur » se consomme fréquemment à hautes doses, le plus souvent par voie nasale. Ce remontant procure un dangereux coup de fouet et trouve son plein emploi dans les fêtes, mais aussi au travail, dans les bureaux, les universités ou les chambres parlementaires. Il accroît le rendement, chasse le sommeil, coupe la faim, rend euphorique, mais il est aussi – surtout aujourd'hui sous sa forme enrichie [1] – une drogue néfaste, potentiellement très destructrice et rapidement addictive. Personne ou presque, pourtant, n'a eu vent de sa montée sous le IIIe Reich.

Breaking Bad : une usine à dope au cœur du Reich

Vingt et unième siècle, sur la trace du passé. Un ciel d'été parfaitement dégagé surplombe la zone industrielle qui s'étire jusqu'aux rangées de maisonnettes récemment construites – ou clonées. Je prends le S-Bahn direction sud-est, vers la périphérie de Berlin. Pour trouver ce qui reste des usines Temmler d'où sortait autrefois la pervitine, il faut descendre à la station Adlershof, « le parc technologique le plus moderne d'Allemagne » comme on l'appelle aujourd'hui. Je m'écarte de ce campus et me faufile à travers un *no man's land* urbain, je passe entre des bâtiments industriels délabrés, pénètre un désert de briques effritées et d'acier rouillé.

C'est ici qu'en 1933 se sont installées les usines Temmler. Un an plus tard, Albert Mendel, le copropriétaire juif de la firme Chemise Fabrique Tempelhof, fut spolié. Temmler reprit ses parts et l'entreprise connut une rapide expansion. C'était la belle époque de l'industrie chimique allemande en général – du moins, tant qu'elle était aryenne – et pour sa branche pharmaceutique en particulier, qui connut une véritable explosion. On cherchait inlassablement de nouvelles substances censées soulager l'homme des tourments de la modernité et le distraire de ses affres. Nombre d'expériences

1. La méthamphétamine est une molécule psychotrope qui, sous sa forme pure, est beaucoup moins nocive que la « crystal meth » fabriquée dans des laboratoires clandestins et coupée à l'essence, l'acide de batterie ou le liquide antigel.

ont été menées dans ces laboratoires, où furent posés les jalons pharmacologiques qui balisent encore notre quotidien.

L'usine Temmler est entre-temps tombée en ruine. Rien ne rappelle plus désormais la prospérité d'antan, quand des millions de doses de pervitine sortaient des presses chaque semaine. Le terrain est aujourd'hui inutilisé, foncièrement mort. Je traverse un parking désert ; je dois ensuite couper à travers une petite forêt qui a poussé à la diable avant d'escalader un mur orné de tessons de bouteilles interdisant l'accès aux intrus. Entre fougères et taillis se dresse une vieille maison de bois, premier local de l'entreprise : « la petite cabane des sorcières » de son fondateur Theodor Temmler. Derrière un épais buisson d'aulnes, un bâtiment en briques, lui aussi à l'abandon. Je me glisse à l'intérieur. Un long couloir sombre, des murs et des plafonds envahis par la moisissure et, tout au bout, une porte entrouverte à la peinture écaillée. Derrière, la lumière du jour filtre à travers ce qui fut autrefois deux fenêtres industrielles serties de plomb et qui ont volé en éclats. Dehors, la végétation a tout envahi. Dedans règne le vide. Dans un coin de la pièce, un nid déserté. Du carrelage blanc, cassé par endroits, s'étend jusqu'au plafond percé de gaines d'aération.

Devant nous se trouve l'ancien laboratoire du Dr Fritz Hauschild, chef du département pharmacologique des usines Temmler de 1937 à 1941, qui s'était lancé à la recherche d'un nouveau type de médicament : un « productivisant ». Ce fut le premier fourneau à drogues du IIIe Reich. C'est ici que les chimistes, armés de creusets en porcelaine, de condensateurs et de réfrigérants, concoctèrent un produit d'une pureté irréprochable. C'est ici qu'on entendait les clapets des évaporateurs bombés relâchant des gaz rougeâtres en un sifflement, pendant que crépitaient des émulsions et que des mains gantées de blanc ajustaient les percolateurs. C'est ici que fut produite une méthamphétamine dont la qualité dépassait celle fabriquée par Walter White – le héros de la série *Breaking Bad* qui a hissé la « crystal meth » au rang de symbole de notre époque.

Breaking bad signifie littéralement « dérailler, changer brutalement d'attitude et faire quelque chose de mal ». Sans doute ce titre pourrait-il aussi convenir à la période 1933-1945.

Aux origines de la drogue : le XIXe siècle

« Une dépendance volontaire est le plus bel état. »
Johann Wolgang von GOETHE.

Pour comprendre l'importance de cette drogue et d'autres stupéfiants sous le IIIe Reich, il nous faut rebrousser chemin. Au même titre que l'économie est inséparable du progrès technique, l'histoire du développement des sociétés modernes est indissociable de celle des drogues, de leur fabrication et de leur diffusion. Prenons un point de départ : 1805, l'époque du classicisme de Weimar, date à laquelle Goethe écrit son *Faust*, donnant ainsi son expression littéraire à une thèse qui lie drogue et existence humaine : j'altère mon cerveau, donc je suis. Au même moment, dans la légèrement moins charmante ville de Paderborn en Westphalie, le commis de pharmacie Friedrich Wilhelm Sertürner entreprend des expériences sur le pavot somnifère dont l'épaisse résine – l'opium – possède des vertus anesthésiantes sans pareilles. Goethe voulait explorer, à travers la poésie et le théâtre, ce qui lie le monde dans ce qu'il a de plus intime ; Sertürner, en revanche, s'attaquait à un problème ancestral plus concret mais qui affecte tout autant l'espèce humaine : la douleur.

Le problème qui se pose à ce génial chimiste de vingt et un ans est le suivant : la concentration de l'élément actif contenu dans le pavot varie fortement selon les conditions de croissance de la plante. Tantôt sa sève est peu efficace, tantôt l'on risque le surdosage et un empoisonnement bien involontaires. Sertürner va expérimenter lui-même le produit. Et il va faire une découverte sensationnelle : il parvient à isoler la morphine, principal alcaloïde de l'opium et sorte de Méphistophélès de la pharmacologie, capable de métamorphoser la douleur en bien-être. Ce n'est pas seulement là un tournant pharmaceutique, mais bien un des événements majeurs du début du XIXe siècle, si ce n'est de l'histoire de l'humanité. La douleur, cette compagne acariâtre, peut désormais être amadouée graduellement, voire complètement éliminée. Partout en Europe, il ne faut que quelques années aux apothicaires, qui jusqu'alors fabriquaient leurs remèdes en fonction des ingrédients disponibles dans leurs jardins ou chez les herboristes, pour transformer leurs échoppes en véritables manufactures où s'établissent bientôt des normes pharmaceutiques.

L'opium ne recèle pas seulement le moyen d'adoucir les affres de la vie, il porte aussi en lui la promesse d'un marché juteux [1].

À Darmstadt, Emanuel Merck, propriétaire de la pharmacie Engel, s'illustre comme l'un des pionniers dans ce nouveau domaine. En 1827, il se lance dans la production d'alcaloïdes. Ainsi naissent les entreprises Merck, encore prospères de nos jours – et, avec elles, l'industrie pharmaceutique allemande. Lorsque la seringue est inventée au milieu du siècle, plus rien ne peut stopper la morphine dans son avancée triomphale. L'analgésique est administré en masse aux soldats, que ce soit pendant la guerre de Sécession américaine en 1861-1865 ou durant le conflit franco-allemand de 1870. Le fix d'opium est désormais monnaie courante [2] et joue un rôle crucial, en bien comme en mal. On peut certes dompter la souffrance, même chez les blessés graves, mais cela permet aussi de mener des guerres de plus grande envergure : les hommes auparavant déclarés inaptes au combat pour une longue période sont désormais vite sur pied et, selon les cas, peuvent repartir en première ligne.

Avec la morphine, l'anesthésie et l'analgésie se généralisent, aussi bien dans les rangs de l'armée que chez les civils. Cette panacée s'impose à l'ensemble de la société et à travers toute la planète, du prolétariat à l'aristocratie, de l'Europe aux Amériques en passant par l'Asie. Aux États-Unis, de la côte Est à la côte Ouest, on trouve désormais en vente libre dans les *drugstores* deux substances en particulier : les sirops opiacés aux vertus apaisantes et les boissons à base de cocaïne (telles que le vin Mariani et le Coca-Cola à leurs débuts [3]) qui sont utilisées contre la déprime, pour une euphorie festive et en anesthésie locale. Ce n'est toutefois qu'un début. L'industrie naissante cherche bien vite à se diversifier pour générer plus de profits. Le 10 août 1897, Felix Hoffmann, chimiste employé par les entreprises Bayer, synthétise à partir de l'élément

1. Les précurseurs de ce commerce demeurent les monastères chrétiens qui, dès le Moyen Âge, fabriquèrent et exportèrent des médicaments en grandes quantités. À Venise notamment (où s'ouvrit le premier café d'Europe en 1647), la production de préparations chimiques et pharmaceutiques s'est développée depuis le XIVe siècle.

2. Friedrich DANSAUER et Adolf RIETH, *Über Morphinismus bei Kriegsbeschädigten*, Berlin, R. Hobbing, 1931.

3. C'est en 1882 que le pharmacien américain Pemberton eut l'idée de combiner caféine et cocaïne afin de proposer un julep rafraîchissant nommé Coca-Cola qui, jusqu'en 1903, aurait contenu apparemment près de 250 mg de cocaïne par litre. Voir Wilhelm FLEISCHHACKER, « Fluch und Segen des Cocain », *Österreichische Apotheker-Zeitung*, n° 26, 2006.

actif de l'écorce de saule l'acide acétylsalicylique qui va conquérir le monde sous le nom d'aspirine. Onze jours plus tard, le même Hoffmann découvre une autre substance, elle aussi promise à la célébrité mondiale : la diacétylmorphine, un dérivé de la morphine et toute première drogue de synthèse. Elle est vendue sous le nom d'héroïne et va rapidement se tailler un chemin vers le succès. « L'héroïne est un beau négoce », déclarent fièrement les dirigeants de Bayer qui commercialisent la drogue en tant que remède contre les maux de tête et les malaises, voire comme sirop contre la toux à l'usage des enfants. On peut même en donner aux nourrissons souffrant de choliques ou de troubles du sommeil [1].

Les affaires vont donc bon train, et pas seulement chez Bayer. Plusieurs sites importants pour l'industrie pharmaceutique vont rapidement se développer le long du Rhin. Les conditions structurelles s'y prêtent : certes, le morcellement des villes de l'Empire germanique limite le capital bancaire et la prise de risque financier, mais l'industrie chimique n'a justement pas besoin de gros investissements dans la mesure où, comparée à l'industrie lourde traditionnelle, elle exige peu d'équipements et de matières premières. En outre, des mises de fonds modestes promettent d'importantes marges de profit. Ici, ce sont surtout les intuitions et le savoir-faire du personnel qui font la différence. Or, l'Allemagne est riche en capital humain et peut recourir à un potentiel quasiment inépuisable d'ingénieurs et de chimistes que pourvoie ce qui est encore le meilleur système éducatif au monde. Le réseau des universités et des écoles polytechniques d'alors passe pour exemplaire : sciences et économie travaillent main dans la main. La recherche tourne à plein régime, une ribambelle de brevets est déposée en peu de temps. Avant même la fin du XIXe siècle, l'Allemagne est devenue l'usine chimique du monde et le « made in Germany » une garantie de qualité – y compris pour la drogue.

L'Allemagne, terre de drogues

La Première Guerre mondiale n'y change rien. La France et l'Angleterre peuvent encore se procurer, *via* leurs colonies, plantes médicinales et stimulants naturels comme le café, le thé, la vanille

1. Voir Marco Evers, « Viel Spaß mit Heroin », *Der Spiegel*, n° 26, 2000, p. 184 *sqq.*

ou le poivre. L'Allemagne en revanche a perdu ses territoires d'outre-mer (au demeurant beaucoup plus modestes) avec la signature du traité de Versailles et se voit obligée de trouver des expédients, autrement dit de produire artificiellement ses remontants : la défaite a infligé de profondes blessures, causé de nombreuses souffrances aussi bien physiques que morales. Par-delà les Alpes jusqu'à la mer Baltique, la drogue prend de plus en plus d'importance au sein d'un peuple désenchanté. Et le savoir-faire nécessaire à sa production ne manque pas, lui.

Les jalons de l'industrie pharmaceutique moderne sont d'ores et déjà posés. En un bref laps de temps, de nombreuses substances que nous connaissons encore aujourd'hui sont développées et brevetées. Les entreprises allemandes bâtissent ainsi un leadership mondial. Elles ne fournissent pas seulement la plupart des médicaments, elles produisent aussi la majeure partie des composants chimiques nécessaires à leur élaboration un peu partout dans le monde. Une nouvelle économie voit le jour, prenant sa source dans une *pharmakon valley* située entre Oderursel et l'Odenwald. Du jour au lendemain, d'obscures officines deviennent d'influentes entreprises. En 1925, de grosses usines chimiques s'associent pour fonder l'un des plus puissants konzerns au monde, IG Farben, dont le siège est situé à Francfort-sur-le-Main. Les opiacés restent une spécialité allemande. En 1926, le pays est dans le peloton de tête des États producteurs de morphine tout en étant le plus gros exportateur mondial d'héroïne avec 98 % de sa production vendus à l'étranger [1]. De 1925 à 1930, quatre-vingt-onze tonnes de morphine sont produites, soit 40 % de la production mondiale [2]. C'est seulement sous condition et contrainte par les traités de Versailles que l'Allemagne se résout en 1925 à signer l'accord de la Société des Nations régulant le commerce de l'opium. Il ne sera ratifié à Berlin qu'en 1929. En 1928, l'industrie raffine encore près de deux cents tonnes d'opium [3].

Les Allemands mènent aussi le bal dans une autre gamme de produits : les entreprises Merck, Boehringer et Knoll contrôlent 80 % du marché mondial de la cocaïne. La marchandise de Merck, notamment, est réputée d'excellente qualité, à tel point que des

1. Voir W. PIEPER, *Nazis on Speed*, *op. cit.*, p. 47.

2. Michael de RIDDER, *Heroin : vom Arzneimittel zur Droge*, Francfort/Main, Campus Verlag, 2000, p. 128.

3. Voir W. PIEPER, *Nazis on Speed*, *op. cit.*, p. 26 *sqq.* et p. 205.

faussaires chinois imitent à des millions d'exemplaires les étiquettes de la marque de Darmstadt[1]. Hambourg sert de porte d'entrée vers toute l'Europe pour la cocaïne brute. Chaque année, ce sont plusieurs tonnes qui arrivent dans le port en toute légalité. Ainsi, le Pérou exporte vers l'Allemagne la quasi-totalité de sa production annuelle, soit plus de cinq tonnes à raffiner. L'influent lobby *Fachgruppe Opium und Kokain*, qui fédère les fabricants de drogues allemands, s'emploie inlassablement à resserrer les liens entre le gouvernement et l'industrie chimique. Deux cartels, consistant chacun en une kyrielle d'entreprises, se partagent contractuellement le marché très lucratif du « globe terrestre dans son ensemble[2] » : la « convention de la cocaïne » et la « convention des opiacés ». Dans les deux cas, Merck joue le rôle de leader[3]. La jeune République de Weimar baigne dans les substances psychotropes et les produits grisants, livre de la drogue aux quatre coins du monde et se hisse au rang de dealer mondial.

1920, les années dope

Cette expansion économique et commerciale est en phase avec l'esprit du temps. Les paradis artificiels sont en vogue sous la République de Weimar. Plutôt se bercer d'illusions que de se confronter à une réalité beaucoup moins rose : le phénomène caractérise la première démocratie allemande d'un point de vue aussi bien culturel que politique. On refuse de reconnaître les causes de la défaite de 1918, on occulte la responsabilité de la société impériale, de ses élites et du nationalisme allemand dans ce fiasco. La légende du « coup de poignard » fait florès : le soldat allemand a été vaincu simplement parce qu'il aurait été trahi par-derrière, dans son propre pays, à gauche surtout[4].

1. BArch-Berlin R 1501, dossiers relatifs au commerce d'opium et de morphine, vol. 8, feuillet 502, 15/09/1922.

2. Cité *in* Tilmann HOLZER, *Die Geburt der Drogenpolitik aus dem Geist der Rassenhygiene : deutsche Drogenpolitik von 1933 bis 1972*, thèse de doctorat, université de Mannheim, 2006, p. 32.

3. Archives du ministère des Affaires étrangères, AA/R 43309, note du 10/03/1935 de Breifelf (adjoint à l'opium au ministère), cité *in id.*

4. Même des historiens considérés comme progressistes ont sciemment faussé l'édition des dossiers officiels concernant les prémices de la guerre. Voir Hans MOMMSEN, *Aufstieg und Untergang der Republik von Weimar 1918-1933*, Berlin, Ullstein, 2000, p. 105.

Cette propension à la fuite débouche assez fréquemment sur de la haine ou de la débauche. Berlin a la réputation d'être « Babylone la putain », et pas seulement dans le roman *Berlin Alexanderplatz* d'Alfred Döblin. On dit qu'elle recèle les plus misérables bas-fonds, qui cherchent leur salut dans les pires excès que l'on puisse imaginer – dont la drogue évidemment. « La vie nocturne de Berlin, ah mes enfants, le monde n'a encore rien vu de pareil ! Autrefois, nous avons eu une jolie armée ; à présent, nous avons de jolies perversions [1] ! » écrit Klaus Mann. La ville où coule la Spree devient synonyme d'immoralité. En automne 1923, à la suite d'un gonflement de la masse monétaire visant à régulariser la dette de l'État, la monnaie allemande plonge et périclite à tel point que un dollar vaut 4,2 milliards de marks. Avec elle, ce sont toutes les valeurs morales qui sont entraînées dans la chute.

Tout semble tourbillonner dans des vapeurs toxiques. Anita Berber, actrice, danseuse et icône de cette époque, déguste dès le petit déjeuner des pétales de rose blanche trempés dans un cocktail d'éther et de chloroforme : *wake and bake*, dirait-on aujourd'hui. Dans les cinémas, les films sur la cocaïne et la morphine font recette ; à chaque coin de rue, toutes sortes de drogues sont disponibles sans ordonnance ; à Berlin, 40 % des médecins seraient déjà morphinomanes [2]. Dans la capitale, les commerçants chinois, venus de l'ancien comptoir colonial Kiautschou, tiennent désormais des fumeries d'opium. Des boîtes illégales ouvrent dans les arrière-boutiques. Des rabatteurs distribuent des tracts à la gare berlinoise d'Anhalter Bahnhof, racolant pour des fêtes clandestines ou des « soirées de beauté ». De gros clubs comme le célèbre Haus Vaterland à Potsdamer Platz, des bals comme le Resi dans la Blumenstraße – connu pour sa promiscuité licencieuse – ou des pince-fesses plus modestes comme le Kakadu-Bar et le Weiße Maus où l'on distribue des masques à l'entrée pour garantir l'anonymat sont autant d'adresses qui rameutent les fêtards en masse. Des pays voisins et des États-Unis débarque une sorte de narco-tourisme avant la lettre, avide de drogues et de fêtes – puisqu'à Berlin tout est moins cher et plus excitant.

Une fois la guerre perdue, tout est permis : la métropole devient la ville des nouvelles expériences. Dans la rue, des affiches à la typographie expressionniste mettent en garde : « Berlin, arrête-toi,

1. Klaus MANN, *Le Tournant*, trad. par Nicole Roche, Arles, Actes Sud, 2008, p. 169.
2. W. PIEPER, *Nazis on Speed*, *op. cit.*, p. 175.

réfléchis, tu danses avec la mort. » La police n'arrive plus à suivre. Les troubles à l'ordre public sont d'abord sporadiques, avant de devenir chroniques. Cette culture hédoniste comble tant bien que mal un vide, ainsi que le chante un air populaire de cette époque :

> Autrefois, c'était avec l'alcool
> Que nous faisions bonne chère
> Jusqu'à pas d'heure, des parties folles ;
> Mais désormais, ça coûte trop cher.
> Alors nous, les Berlinois, nous prîmes
> Un peu de coke et de morphine,
> Contre vents et tempêtes :
> Quelques piquouzes et de la sniffette ! [...]
>
> Au restaurant, le serveur aimable
> Apporte de la coke à table,
> Alors, pour deux bonnes heures,
> Vous vivrez dans un monde meilleur ;
> La morphine œuvre sous la peau
> De manière prompte jusqu'au cerveau,
> Allumons l'esprit de la fête :
> Quelques piquouzes et de la sniffette !
>
> Ces remontants sont défendus
> Par des lois qui viennent d'au-dessus,
> Mais qu'importe ce qu'ils défendent,
> On en trouvera en contrebande.
> On se paye une extase facile,
> Et si comme un volatile
> L'ennemi nous plume et nous rackette :
> Quelques piquouzes et de la sniffette !
>
> Et on se pique comme des fous,
> Et on sniffe jusqu'à la mort,
> Mais mon Dieu, qu'est-ce que ça me fout,
> Quand je vois l'monde, coquin de sort !
> La maison de fous aujourd'hui,
> C'est l'Europe et le Paradis,
> On peut y foncer bille en tête
> Par des piquouzes et de la sniffette[1] !

1. Fritz von Ostini, « Neues Berliner Kommerslied », aussi intitulée « Wir schnupfen und wir spritzen », publiée dans *Jugend*, n° 52, 1919.

En 1928, pour la seule ville de Berlin, ce ne sont pas moins de soixante-treize kilos de cocaïne et de morphine qui s'écoulent dans les pharmacies. La drogue n'est pas vendue sous le manteau mais sur ordonnance et le plus légalement du monde [1]. Celui qui en a les moyens achète de la cocaïne, l'arme fatale pour jouir du moment : « Reste donc ! tu me plais tant ! » disait un Faust damné à l'instant présent. La coke se répand partout et finit par symboliser l'époque dissolue que fut la République de Weimar. Toutefois, ce « poison dégénéré » est aussi très mal vu, et ce autant par les communistes que par les nazis qui se disputent le pouvoir dans la rue. Les réquisitoires contre une époque trop licencieuse se multiplient. Les nationalistes vitupèrent cette « corruption des mœurs » et le camp conservateur n'est pas en reste non plus. Cela vaut aussi pour ceux qui s'enorgueillissent de voir Berlin se hisser au rang de capitale mondiale. La bourgeoisie notamment, dont le statut social a été écorné durant les années 1920, manifeste son inquiétude en décriant cette culture de masse et des plaisirs, stigmates de la décadence occidentale.

Autrement plus féroce est la campagne des nationaux-socialistes contre cette quête du salut chimique qui se déroule alors sous Weimar. Leur répugnance éhontée du système parlementaire, leur mépris de la démocratie elle-même, leur rejet d'une société urbaine et cosmopolite nourrissent les discours de comptoir qui leur tiennent lieu de credo contre la prétendue déshérence de cette république « enjuivée » qu'ils abhorrent.

Les nazis ont déjà une recette toute prête pour soigner le peuple. Ils lui promettent un prompt rétablissement idéologique. À leurs yeux, une seule ivresse possible : la brune. En effet, les nazis aussi veulent planer. Ils rêvent de transcendance. Le monde fantasmé des nazis, auquel les Allemands se laisseront bientôt prendre, se fonde dès ses origines sur le pouvoir mobilisateur de l'ivresse. Hitler le professe déjà dans *Mein Kampf* : il faut forcer le cours de l'histoire mondiale quand on se trouve dans un état d'enthousiasme, voire d'hystérie. Les nazis séduisent par des discours populistes, mais aussi par des retraites aux flambeaux, des nuées de drapeaux, des manifestations grisantes et des harangues qui tendent à l'extase collective. À cela s'ajoute, durant ce que

1. Kurt Pohlisch, « Die Verbreitung des chronischen Opiatmissbrauchs in Deutschland », *Monatsschrift für Psychiatrie und Neurologie*, vol. 79, 1931, p. 193-202, tableau II.

les nazis ont appelé la période de lutte [1920-1933], l'« ivresse de la violence » ressentie par les SA et souvent attisée par l'abus d'alcool [1]. On coupe court à la Realpolitik et ses tractations mesquines : une sorte de griserie sociale doit remplacer cette petite politique [2]. Si l'on peut désigner en des termes psychohistoriques la République de Weimar comme une société du refoulement, alors ses prétendus opposants, les nazis, en sont paradoxalement le fer de lance. Ils ont les stupéfiants en horreur car ils veulent faire eux-mêmes l'effet d'une drogue.

Changement de régime, changement de produit

> « … tandis que le Führer abstinent gardait le silence [3]… »
>
> Günter GRASS.

Sous la République de Weimar, déjà, le cénacle d'Hitler est parvenu à imposer une image du Führer comme celle d'un travailleur acharné, vouant toute son existence au service de « son » peuple. Une figure de chef inébranlable, inégalable et seul face à une tâche herculéenne : résoudre les problèmes et les antagonismes de la société allemande tout en effaçant les séquelles de la défaite. Un partisan d'Hitler rapporte en 1930 : « C'est un génie fait corps. Et ce corps, il le mortifie à un point qui nous ferait gémir ! Il ne fume pas, il ne boit pas, il ne mange presque que de la verdure, il ne s'approche pas des femmes [4]. » Hitler ne s'autorise pas même un café. Après la guerre, il aurait jeté son dernier paquet de cigarettes dans le Danube près de Linz. Depuis, aucun poison n'aurait souillé son corps.

---

1. Il faut ici rappeler que le NSDAP a été créé le 24 février 1920 dans un bar à bière munichois, la Müncher Höfbräuhaus. L'alcool va jouer très tôt un rôle prépondérant dans les rituels virils du Parti et des SA. Il faudrait toutefois consacrer une étude à part entière à cette question qui, par manque de place, ne pourra être qu'esquissée dans le présent ouvrage.

2. De fait, le NSDAP ne vote aucun programme au sens traditionnel du terme et ne cache jamais son aspect irrationnel. Ses structures restent chaotiques jusqu'à la fin. Voir H. MOMMSEN, *Aufstieg und Untergang der Republik von Weimar*, *op. cit.*, p. 398.

3. Günter GRASS, *Le Tambour*, trad. de l'allemand par Jean Amsler, Paris, Seuil, 1997, p. 193.

4. Georg STRASSER cité *in* Dieter WELLERSHOFF, *Der Ernstfall : Innenansichten des Krieges*, Cologne, Kiepenheuer und Witsch, 2006, p. 57.

« Nous, les abstinents, avons – pour le dire rapidement – une dette particulière à l'egard du Führer. Il suffit de penser à l'exemple que son mode de vie et son attitude vis-à-vis des drogues peuvent fournir à chacun[1] », lit-on dans la brochure d'une ligue d'abstinence. Le Chancelier : un homme parfaitement sain, dit-on, réfractaire à tous les plaisirs terrestres, dépourvu de vie privée. Une existence soi-disant empreinte de renoncement et de sacrifice permanents. Un modèle pour une vie pure à tous égards. Le mythe d'Hitler l'ascète, l'ennemi des drogues qui fait fi de ses propres besoins, est une composante essentielle de l'idéologie nationale-socialiste, constamment mise en scène par la propagande. Une légende voit le jour et s'ancre dans l'opinion publique mais aussi chez des esprits autrement plus critiques. C'est ce mythe, encore vivace aujourd'hui, qu'il nous faut déconstruire.

Dans la foulée de leur prise de pouvoir du 30 janvier 1933, les nazis vont rapidement asphyxier la culture du plaisir que la République avait exaltée, avec toute son ouverture d'esprit et ses ambivalences. Les drogues deviennent taboues car elles procurent des illusions autres que le national-socialisme. Les « séduisants poisons »[2] n'ont plus lieu d'être dans ce régime où seul le Führer doit séduire. Le combat contre la drogue que mènent les nouveaux dirigeants passe moins par un durcissement de la loi sur les opiacés – qui reprend tout bonnement celle de la période weimarienne[3] – que par une série de décrets au service de l'« hygiène raciale », leitmotiv des nationaux-socialistes. Le terme de *drogue*, qui signifiait auparavant et de manière beaucoup plus neutre « bouts de plante séchés[4] », se voit désormais attribuer une connotation négative. Sa consommation est stigmatisée et sévèrement réprimée par les services spécialisés que la police criminelle ne tarde pas à mettre en place.

Cette nouvelle orientation se fait sentir dès novembre 1933 lorsqu'un Reichstag désormais soumis vote une loi autorisant le placement de force dans un centre fermé de tout toxicomane pour une

1. W. PIEPER, *Nazis on Speed*, *op. cit.*, p. 210.
2. *Ibid.*, p. 364.
3. Archives fédérales : BArch-Berlin R 1501/126497, f. 214, 216, 220.
4. Étymologiquement, le terme vient du néerlandais *droog* qui signifie « sec ». Durant l'époque coloniale, on l'employait pour désigner les denrées séchées en provenance d'outre-mer comme les épices ou le thé. En Allemagne, l'ensemble des ingrédients (séchés) aux vertus thérapeutiques comme les plantes, les champignons, les animaux, les minéraux, etc. étaient désignés comme des drogues avant que ce terme ne renvoie à tout remède ou médicament – de là provient également le terme *droguerie* par exemple.

durée pouvant aller jusqu'à deux ans. L'incarcération peut être prolongée sur simple décision du juge et pour un temps indéfini [1]. D'autres mesures prévoient que les médecins qui s'adonnent à la drogue soient interdits d'exercice pour une durée allant jusqu'à cinq ans. En outre, le secret médical n'a plus cours en ce qui concerne le fichage des consommateurs. Le dirigeant de l'ordre des médecins à Berlin décrète que tous ses membres doivent établir une « signalisation de drogue » dès qu'un de leurs patients se voit administrer des stupéfiants pendant plus de trois semaines. En effet, « les troubles à l'ordre public sont presque toujours causés par l'abus prolongé d'alcaloïdes [2] ». Une fois cette signalisation transmise, deux experts examinent l'individu. S'ils le considèrent comme héréditairement « en règle », il part en désintoxication forcée. Alors qu'on privilégiait encore la manière douce et un sevrage progressif sous la République de Weimar, on ne cherche plus désormais – par souci de dissuasion – à épargner au drogué la douleur du manque [3]. Si le résultat de l'examen est négatif en revanche, un tribunal peut décider d'un internement pour une durée indéterminée. Et les consommateurs d'atterrir bientôt dans des camps de concentration [4].

En outre, tout Allemand est prié de « communiquer ses observations quant à une éventuelle toxicomanie d'un(e) de ses parents ou connaissances afin de pouvoir y remédier immédiatement [5] ». Un fichier est créé, qui doit permettre un recensement complet des consommateurs. De fait, les nazis instrumentalisent très tôt la lutte antidrogue pour bâtir un État de délateurs. La dictature entend imposer ce qu'elle nomme une « gouvernance sanitaire » (*Gesundheitsführung*) dans les moindres recoins du territoire : un « groupe de travail pour la lutte contre la drogue » existe dans chaque district du Reich. Des médecins, des pharmaciens, des représentants d'assurance maladie y prennent part mais aussi la justice, l'armée, la police et le Secours populaire national-socialiste (Nationalsozialistische

1. « Le placement peut durer aussi longtemps que son but l'exige. », cité *in* T. Holzer, *Die Geburt der Drogenpolitik*, *op. cit.*, p. 191. Voir aussi Reichsstrafgesetzbuch [RstGB], §42 b et c : « Unterbringung von straffäligen Süchtigen in Heil- und Pflege- oder Entziehungsanstalten ». Cette législation resta en vigueur jusqu'au 1er octobre 1953.

2. *Reichärtzeordnung* du 13 décembre 1935. Voir également W. Pieper, *Nazis on Speed*, *op. cit.*, p. 171 et 214, ainsi que Walter Martin Fraeb, *Untergang der bürgerlich-rechtlichen Persönlichkeit im Rauschgiftmißbrauch*, Berlin, Neuland-Verlag, 1937.

3. T. Holzer, *Die Geburt der Drogenpolitikop. cit.*, p. 179.

4. *Ibid.*, p. 273.

5. Cité *in* W. Pieper, *Nazis on Speed*, *op. cit.*, p. 380.

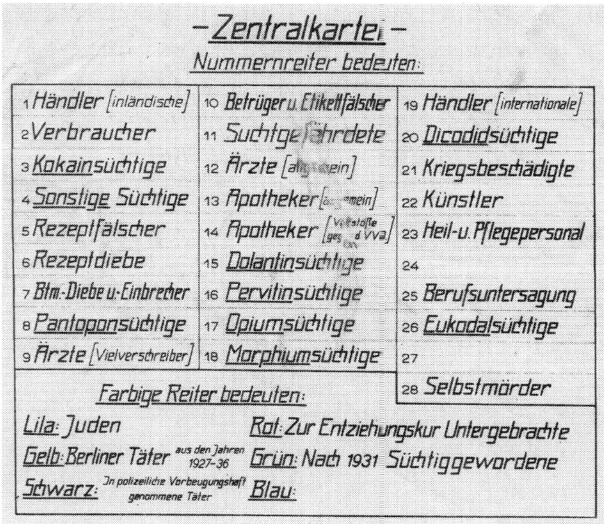

- Zentralkartei -

Nummernreiter bedeuten:

1 Händler [inländische]	10 Betrüger u. Etikettfälscher	19 Händler [internationale]
2 Verbraucher	11 Suchtgefährdete	20 Dicodidsüchtige
3 Kokainsüchtige	12 Ärzte [allgemein]	21 Kriegsbeschädigte
4 Sonstige Süchtige	13 Apotheker [allgemein]	22 Künstler
5 Rezeptfälscher	14 Apotheker [V[illegible]stoffe ges. [illegible] d. VVa]	23 Heil- u. Pflegepersonal
6 Rezeptdiebe	15 Dolantinsüchtige	24
7 Btm.-Diebe u. Einbrecher	16 Pervitinsüchtige	25 Berufsuntersagung
8 Pantoponsüchtige	17 Opiumsüchtige	26 Eukodalsüchtige
9 Ärzte [Vielverschreiber]	18 Morphiumsüchtige	27
		28 Selbstmörder

Farbige Reiter bedeuten:

Lila: Juden — Rot: Zur Entziehungskur Untergebrachte

Gelb: Berliner Täter aus den Jahren 1927-36 — Grün: Nach 1931 Süchtiggewordene

Schwarz: In polizeiliche Vorbeugungshaft genommene Täter — Blau:

Ill. 1 La fiche signalétique du Centre du Reich pour la lutte contre les infractions aux stupéfiants pouvait décider de la vie ou de la mort du consommateur. *Source* : Bundesarchiv Berlin.

Volkswohlfahrt) – autant de mains tissant une toile antidrogue sans faille et dont les fils remontent jusqu'à la section II de la Commission du Reich pour la santé du peuple. Un « devoir de bonne santé » est désormais exigé, allant de pair avec « l'endiguement de tous les ravages corporels, spirituels et sociaux qui peuvent advenir par l'abus d'alcool, de tabac et de toute autre toxine allogène ». La publicité pour les cigarettes est fortement réduite et l'interdiction des drogues doit « colmater les dernières brèches de notre idéal de vie mondial qui subsistent encore dans notre peuple [1] ».

En automne 1935, la « loi de santé conjugale » interdit le mariage à toute personne souffrant de « troubles de l'esprit ». Les toxicomanes relèvent automatiquement de cette catégorie et sont marqués au fer rouge en tant des « personnalités psychopathes » sans aucun espoir de guérison. Cette interdiction de se marier doit préserver « le partenaire de toute contamination » et les enfants « d'un penchant toxicomane héréditaire ». En effet, l'on recenserait « un nombre plus élevé d'anomalies psychiques chez les descendants de toxicomanes [2] ».

1. *Ibid.*, p. 186 et 491.

2. Waldemar FREIENSTEIN, « Die gesetzlichen Grundlagen der Rauschgiftbekämpfung », *Der öffentliche Gesundheitsdienst*, vol. A, 1936-1937, p. 207-218. Voir aussi T. HOLZER, *Die Geburt der Drogenpolitik*, *op. cit.*, p. 139.

La « loi de lutte contre les maladies héréditaires chez les enfants » charrie son brutal corollaire, à savoir la stérilisation forcée : « Pour des raisons d'hygiène raciale, il nous faut veiller à mettre les toxicomanes les plus dépendants hors d'état de se reproduire[1]. »

Le pire est encore à venir. Derrière le concept d'euthanasie galvaudé par la propagande se cache le meurtre pur et simple des « malades mentaux criminels », dont certains consommateurs de drogue, assassinés dès les premières années de guerre. Si l'on ne peut avancer de chiffres exacts[2], il est en revanche certain que la note portée sur la fiche signalétique scelle le destin de l'individu : un signe plus (+) est synonyme d'injection létale ou de chambre à gaz, un moins (–) signifie qu'on lui accorde un nouveau sursis. Quand les bourreaux optent pour une surdose mortelle de morphine, le produit est parfois fourni par l'Office central du Reich pour la lutte contre les infractions aux stupéfiants, à l'origine un service de la police berlinoise qui s'est imposé en 1936 sur tout le territoire comme le fer de lance en matière de lutte contre la drogue. On dit qu'un « enivrant sentiment d'élévation[3] » aurait régné parmi les médecins chargés de la sélection des toxicomanes. En tout cas, la politique antidrogue fut mise au service de l'exclusion, de l'oppression, voire de l'anéantissement des minorités et des marginaux.

---

1. Gabriel Ernst, « Rauschgiftfrage und Rassenhygiene », *Der öffentliche Gesundheitsdienst*, partie B, vol. 4, p. 245-253, cité *in* T. Holzer, *Die Geburt der Drogenpolitik*, *op. cit.*, p. 138. Voir aussi W. Pieper, *Nazis on Speed*, p. 213 *sq.*

2. Voir Ludwig Geiger, *Die Morphin- und Kokainwelle nach dem Ersten Weltkrieg in Deutschland und ihre Vergleichbarkeit mit der heutigen Drogenwelle,* thèse de l'université de médecine de Munich, 1975, p. 49 *sqq.* Voir également Rainer Scheer, « Die nach Paragraph 42 RStGB verurteilten Menschen in Hadamar », *in* Dorothee Roer et Dieter Henkek (dir.), *Psychiatrie im Faschismus. Die Anstalt Hadamar 1933-1945*, Bonn, Pyschiatrie-Verlag, 1986, p. 237-255, ici p. 247. Le cas du dentiste Hermann Wirsting est à cet égard exemplaire : placé de force en cure de désintoxication le 15 avril 1940 dans un centre de soins à Waldheim dans la Saxe, il est conduit le lendemain en transport médical dans un centre de mise à mort. Voir T. Holzer, *Die Geburt der Drogenpolitik*, *op. cit.*, p. 262, ainsi que Henry Friedlander, *Les Origines de la Shoah : de l'euthanasie à la Solution finale,* trad. de l'anglais par Pierre-Emmanuel Dauza, Paris, Calmann-Levy, 2015, p. 207.

3. Ernst Klee, *Das Personenlexikon zum Dritten Reich – Wer war was vor und nach 1945*, Francfort/Main, S. Fischer, 2003, p. 449.

Politique antidrogue, politique antisémite

> « Le juif a essayé d'empoisonner l'esprit et l'âme de l'homme allemand par les moyens les plus raffinés qui soient, d'entraîner sa pensée sur une pente non allemande qui devait conduire à sa perte. [...] La gouvernance sanitaire a aussi pour tâche d'extirper totalement du corps du peuple cette infection juive qui aurait pu causer une maladie et la mort de notre race. »
>
> Feuille professionnelle des médecins de Basse-Saxe, 1939 [1].

Depuis ses origines, la terminologie raciste du national-socialisme est empreinte d'images de poison ou d'infection, parsemée de *topos* toxiques. Les juifs sont comparés à des bacilles ou des éléments pathogènes ; ce sont des corps étrangers qui empoisonnent le Reich et rendent malade un organisme social auparavant sain. Il s'agit donc de les évacuer, voire de les éliminer. Hitler l'annonce clairement : « Il n'y a pour nous plus de compromis possible car ce serait participer à notre propre empoisonnement [2]. »

En fait, le poison se trouve dans cette langue qui a déshumanisé les juifs en prélude à leur extermination. Les lois de Nuremberg en 1935 ainsi que la création du passeport généalogique pour les Aryens témoignent d'une prétention à défendre la pureté du sang – prétendûment l'un des biens parmi les plus précieux et les plus fragiles que détient le peuple. Ainsi se crée une passerelle entre propagande antisémite et lutte contre la drogue. Ici, ce n'est pas la dose qui détermine le poison mais son degré d'étrangeté. Ainsi peut-on lire dans le livre *Magische Gifte* (« Poisons magiques »), qui passe souvent pour un ouvrage de référence à cette époque, une phrase clé bien peu scientifique : « Les stupéfiants les plus allogènes, les plus étrangers à la race produisent toujours les effets les plus néfastes [3]. »

---

1. BArch-Berlin NS 20/140/8, *Ärzteblatt für Niedersachsen*, n° 5, année 1939, p. 79 *sq.* (Bruns, Erich). Voir T. HOLZER, *Die Geburt der Drogenpolitik*, *op. cit.*, p. 278.

2. Rudolph BINION, *Hitler et l'Allemagne*, trad. de l'américain par G. Pommier, Paris, Points hors ligne, 1944, p. 78.

3. Viktor REKO, *Magische Gifte : Rausch und Betäubungsmittel der neuen Welt*, Stuttgart, Enke, 1938. Dès la préface fascisante de Reko (p. IX), on peut lire cette phrase particulièrement éloquente : « Dans ces douze chapitres, est décrit un certain nombre de denrées stupéfiantes qui, à l'instar de la coca il y a quelques années, proviennent des races inférieures et menacent de trouver leur chemin jusqu'aux peuples civilisés. »

Juifs et drogues fusionnent en une entité toxique ou infectieuse qui menacerait l'Allemagne : « Depuis des décennies, notre peuple s'est laissé convaincre par le camp judéo-marxiste qui lui disait : "Ton corps t'appartient." Cela signifiait qu'on pouvait consommer entre hommes ou en compagnie des deux sexes n'importe quelle quantité d'alcool, la santé dût-elle en pâtir. Cette conception judéo-marxiste s'oppose irrémédiablement à la vision germanico-allemande car nous sommes les dépositaires du patrimoine héréditaire de nos ancêtres et, de ce fait, notre corps appartient à notre clan et à notre peuple [1]. »

Erwin Kosmehl, *Hauptsturmführer* de la SS, commissaire de la police criminelle et à partir de 1941 chef de l'Office central de lutte contre les infractions aux stupéfiants, suit la même ligne quand il affirme que les « juifs occupent une place prééminente » dans le trafic de drogues international. Son travail consiste « à mettre hors d'état de nuire la criminalité internationale qui trouve souvent ses racines dans la juiverie [2] ». Le bureau de politique raciale du Parti national-socialiste des travailleurs allemands, le NSDAP, affirme quant à lui que le juif, de par son caractère même, est toxicomane : l'intellectuel juif de la métropole privilégierait ainsi la cocaïne ou la morphine pour apaiser ses « nerfs constamment sous tension », pour se procurer un sentiment de paix intérieur et de sécurité. On colporte également que, parmi les médecins juifs, « la morphinomanie serait extraordinairement fréquente [3] ».

Les nazis associent même leurs deux ennemis jurés, à savoir la drogue et le juif, dans un livre pour enfants intitulé « Le champignon vénéneux [4] » – une propagande raciale largement diffusée à travers tout le Reich dans les écoles et les chambres des petits Allemands. L'histoire racontée y a valeur d'exemple, le message est sans équivoque : il faut retirer du panier les champignons vénéneux.

---

1. Günther HECHT, « Alkohol und Rassenpolitik », *Bekämpfung der Alkohol- und Tabakgefahren : Bericht der 2. Reichstagung Volksgesundheit und Genußgifte Hauptamt für Volksgesundheit der NSDAP und Reichsstelle gegen den Alkohol- und Tabakmissbrauch*, Berlin-Dahlem, 1939.

2. Erwin KOSMEHL, « Der sicherheitspolizeiliche Einsatz bei der Bekämpfung der Betäubungsmittelsucht », *in* Gerhart FEUERSTEIN, *Suchtgiftbekämpfung. Ziele und Wege*, Berlin, Neuland-Verlagsgesellschaft, 1944, p. 33-42, ici p. 34.

3. K. POHLISCH, « Die Verbreitung des chronischen Opiatmissbrauchs in Deutschland », *loc cit.*, p. 72.

4. Ernst HIEMER, *Der Giftpilz. Ein Stürmerbuch für Jung und Alt*, Nuremberg, Der Stürmer, 1938.

Ill. 2 Lutte antidrogue et antisémitisme dans un même panier – y compris dans les livres pour enfants. *Source* : illustration by Fipps.

Parce que les stratégies de sélection mises en œuvre dans la lutte antidrogue se font contre l'étranger perçu comme une menace, et ce afin d'ostraciser tout ce qui ne correspond pas à l'idéal social des nazis, elles prennent automatiquement une connotation antisémite sous le IIIe Reich. Celui qui consomme des stupéfiants est victime d'une « épidémie étrangère[1] ». Les vendeurs de drogues sont présentés comme des personnages avides, sans scrupule, métèques. L'usage de stupéfiants serait « racialement inférieur » et la criminalité qui en découle l'une des plus grandes menaces qui pèsent sur la société.

Il est effrayant de constater à quel point ces notions peuvent encore nous sembler familières aujourd'hui. Alors que nous nous

1. Cité *in* W. PIEPER, *Nazis on Speed*, *op. cit.*, p. 364 *sqq.*

sommes débarrassés d'autres monstruosités lexicales héritées du nazisme, nous avons assimilé, corps et âme, la terminologie de cette lutte antidrogue. Il n'est certes plus question d'opposer les Allemands aux Juifs. Cependant, les méchants dealers sont désormais associés à d'autres milieux sociaux. Et la question éminemment politique de savoir si notre corps nous appartient en propre ou s'il relève d'un maillage sociojuridique où s'enchevêtrent intérêts sociétaux et stratégies sanitaires donne toujours lieu à de virulents débats.

Le médecin-star du Kurfürstendamm

JUIF : c'est ce qui a été gribouillé une nuit de 1933 sur la plaque d'un médecin de la Bayreuther Straße dans le quartier de Charlottenburg à Berlin. Le nom du spécialiste en dermatologie et maladies vénériennes est indéchiffrable le lendemain matin. Seuls ses horaires de consultation sont encore lisibles : « jours ouvrés 11 h-13 h et 17 h-19 h, samedi après-midi excepté ». Le Dr Theodor Morell réagit à ce vandalisme de manière aussi pitoyable que typique pour l'époque : il entre très vite au NSDAP afin de parer, à l'avenir, à toute nouvelle attaque de ce genre[1]. En effet, Morell n'est pas juif. Les SA ont soupçonné à tort cet homme chauve et obèse en raison de son teint basané.

Après que Morell est devenu membre du Parti, son cabinet médical marche mieux que jamais. Il s'agrandit et déménage bientôt pour les locaux prestigieux d'un immeuble de style « Gründerzeit » au coin du Kurfürstendamm et de la Fasanenstraße. Qui joue le jeu des nazis peut en tirer profit : voilà une leçon que Morell n'oubliera pas. Originaire de la Hesse, dans le centre-ouest de l'Allemagne, il ne s'intéresse alors pas du tout à la politique. La satisfaction de savoir qu'un de ses patients se sent mieux grâce à ses traitements, qu'il paye gentiment ses honoraires et qu'il revient bien vite suffit à combler son existence. Pour attirer la clientèle fortunée du quartier et avoir le cabinet le plus chic de tout l'Ouest berlinois, Morell s'est équipé d'appareils radiographiques haute fréquence,

---

1. Les médecins sont en effet surreprésentés dans le NSDAP : 45 % d'entre eux sont membres du Parti. Voir Robert Jay LIFTON, *Les Médecins nazis : le meurtre médical et la psychologie du génocide*, trad. de l'américain par Bernard Pouget, Paris, R. Laffont, 1989, p. 52.

d'outils diathermiques, de bains hydroélectriques et d'instruments de radiothérapie – tout ceci d'abord payé grâce à la fortune personnelle d'Hanni Morell, son épouse. Bientôt, les célébrités de la capitale allemande commencent à défiler chez celui qui fut autrefois médecin de marine sous les tropiques. Qu'il s'agisse du boxeur Max Schmeling, de la compagne de Hans Albers ou de l'actrice Marianne Hoppe, d'aristocrates ou d'ambassadeurs, de célébrités sportives ou de grands pontes de l'économie, d'éminences scientifiques, d'hommes politiques ou de la moitié du monde du cinéma : tous vont chez le docteur Morell, spécialiste des traitements dernier cri ou plutôt – comme l'affirment les mauvaises langues – des maladies imaginaires.

Ce médecin à la mode, aussi roublard qu'égocentrique, fait figure de pionnier dans un domaine bien particulier : les vitamines. À cette époque, on sait encore peu de choses sur cet auxiliaire aussi précieux qu'invisible, que le corps ne peut produire de lui-même mais qui est absolument nécessaire au bon fonctionnement du métabolisme. Directement injectés dans le sang, les compléments vitaminés font des miracles chez les patients carencés. C'est justement la pierre angulaire de la stratégie de Morell pour fidéliser sa clientèle. Et si les vitamines ne suffisent pas, il ajoute au débotté un stimulant cardiovasculaire dans la seringue, peut-être même un peu de testostérone à des fins anabolisantes pour les hommes, voire un extrait de belladone pour les femmes qui leur procurera un regain d'énergie et un beau regard hypnotique. Qu'une actrice de théâtre un peu mélancolique vienne le trouver pour chasser le trac avant sa première à l'Admiralpalast et Morell n'hésite pas une seconde. Il se saisit d'une seringue et procède à l'injection avec une maîtrise réputée sans égale. On raconte même qu'il serait *impossible* de sentir la piqûre, et ce malgré la taille des aiguilles à cette époque.

Sa réputation franchit bientôt les portes de la ville et, un jour de printemps en 1936, son téléphone sonne – bien qu'il ait formellement défendu à son assistant de le déranger pendant ses heures de consultation. Il ne s'agit toutefois pas d'un appel comme les autres. C'est la « maison brune » au téléphone, la centrale du Parti : au bout du fil, un certain Schaub se présente comme l'aide de camp d'Hitler et lui fait savoir que Heinrich Hoffmann, le « reporter photographique du Reich pour le NSDAP », souffre d'un mal pour le moins embarrassant. Morell est un éminent spécialiste des maladies vénériennes mais il est aussi connu pour sa discrétion. Le Parti souhaiterait donc qu'il prenne l'affaire en charge. On ne veut pas consulter de docteur munichois de crainte que l'histoire ne s'ébruite. Le Führer lui-même a mis un avion à disposition du médecin à l'aérodrome de Gatow, ajoute Schaub dans cette conversation qui sera lourde de conséquences.

Morell ne peut refuser une telle invitation. Une fois arrivé à Munich, il loge aux frais de l'État dans le luxueux hôtel du Regina-Palast. Il soigne la pyélite diagnostiquée chez Hoffmann, que le photographe a contractée à la suite d'une gonorrhée – plus familièrement appelée chaude-pisse –, et sera invité avec sa femme à suivre la postcure de son patient reconnaissant à Venise.

De retour à Munich, les Hoffmann donnent un dîner dans leur villa du quartier résidentiel de Bogenhausen. Au menu, des spaghettis à la muscade accompagnés de sauce tomate et de salade, le plat de prédilection d'Adolf Hitler, également invité. Heinrich et lui sont en effet des intimes, notamment depuis que le photographe a contribué par ses clichés au culte du chef et à la montée du NSDAP. Hoffmann détient les droits d'images célèbres du dictateur et publie de nombreux albums intitulés « Hitler comme personne ne le connaît » ou « Un peuple honore son guide », dont les tirages atteignent des millions d'exemplaires. Enfin, il existe un autre lien, plus personnel, entre les deux hommes : Eva Braun, la compagne d'Hitler, a autrefois travaillé comme assistante chez Hoffmann. C'est lui qui, en 1929, l'a présentée au Führer dans son magasin de photographie à Munich.

Par Hoffmann, Hitler a entendu dire beaucoup de bien de Morell et de sa bonhomie. Avant le repas, il le remercie d'avoir guéri son vieux camarade et regrette de ne pas l'avoir connu plus tôt. Si cela avait été le cas, Julius Schreck, son chauffeur personnel décédé d'une méningite un mois plus tôt, serait peut-être encore en vie. Morell accueille ces compliments d'un air gêné et ne pipe mot, ayant parfaitement conscience de faire tache dans le beau monde. Sa seule chance de reconnaissance est au bout de ses seringues. Ainsi tend-il l'oreille quand, au détour de la conversation, Hitler se plaint de problèmes gastriques qui le font souffrir depuis des années. Morell s'empresse d'évoquer un traitement certes inhabituel mais sans doute prometteur. Hitler le toise du regard – avant de l'inviter avec sa femme à son domicile privé de Berghof, dans l'Obersalzberg près de Berchtesgaden, afin de procéder à de plus amples consultations.

C'est dans ce lieu et quelques jours plus tard qu'Hitler avouera sans ambages à Morell la détérioration de son état de santé, laquelle serait due, selon lui, aux traitements administrés par ses anciens médecins qui n'auraient rien trouvé de mieux que de l'affamer. Dès qu'un repas un peu plus copieux est au menu – ce qui n'a après tout rien d'exceptionnel –, il souffre de ballonnements innommables et d'un eczéma sur les jambes qui le fait souffrir et le contraint à se déplacer avec des bandages et renoncer à porter des bottes.

Morell pense tout de suite reconnaître la cause du mal qui frappe Hitler. Il diagnostique un dérangement de la flore bactérienne comme étant à l'origine de ses indigestions et recommande la prise de Mutaflor, une préparation élaborée par son ami le professeur Alfred Nißle, spécialiste en bactériologie à Fribourg. Ce médicament se compose de souches bactériennes découvertes en 1917 et issues de la flore intestinale d'un sous-officier qui, contrairement à beaucoup de ses frères d'armes, a survécu à la guerre des Balkans sans connaître de problèmes intestinaux. Les bactéries se consomment, vivantes, sous forme de capsules [1]. Elles colonisent les intestins, se multiplient et finissent par remplacer toutes les autres souches susceptibles de provoquer des troubles gastriques. Cette thérapie, qui est bel et bien efficace, apparaît tout à fait convaincante à Hitler, pour qui le fonctionnement interne du corps semble relever, lui aussi, d'un combat pour l'espace vital. Dans un élan d'enthousiasme, il promet à Morell de lui offrir une maison si le traitement réussit et nomme le gros docteur son médecin personnel.

Quand il annonce à sa femme sa nouvelle affectation, Hanni réagit assez froidement. Sans doute pressent-elle déjà qu'elle ne verrait plus que très rarement son mari. En effet, entre Hitler et son médecin personnel va bientôt se nouer une relation tout à fait particulière.

---

1. Ce médicament est toujours disponible sur ordonnance dans le commerce où l'on vante son « principe actif unique et naturel, la souche *E. coli* Nissle 1917 ». Il est employé contre les inflammations intestinales chroniques et remboursé par l'assurance maladie.

Le Patient A

« Il est à lui seul l'inexplicable, le secret et le mythe de notre peuple[1]. »

Joseph GOEBBELS.

Le dictateur a toujours refusé que des médecins ne procèdent à un examen complet pour trouver la cause de ses maux. Il n'a jamais pu faire confiance à un spécialiste qui en aurait su plus que lui-même sur sa propre personne. Le bon vieux docteur Morell, en revanche, lui semble d'emblée plus rassurant : il n'a aucunement l'intention de le disséquer pour trouver les causes secrètes de quelques pathologies. Une seringue lui suffit. Elle remplace un examen rigoureux. Le chef de l'État veut absolument être en état de fonctionner et exige d'être débarrassé sur-le-champ de tout souci de santé ? Morell n'hésite pas plus que s'il avait affaire à une actrice du Metropol-Theater et lui administre une piqûre de vitamines ou une solution glucosée à 20 % des laboratoires Merck. Éradication immédiate des symptômes : telle est la devise du Dr Morell que son nouveau client – le « Patient A », comme il l'appelle – commence à apprécier, tout comme la riche bohème berlinoise avant lui.

Hitler est emballé par la rapidité avec laquelle son état s'améliore – souvent alors même que l'aiguille est encore plantée dans son bras. Un argument de son médecin a fini de le convaincre : les multiples devoirs du Führer sont si importants et sa dépense d'énergie par conséquent si élevée qu'on ne peut se permettre d'attendre qu'un cachet veuille bien passer à travers un appareil digestif – encombré, qui plus est – et que ses composants soient libérés dans le sang. Hitler le comprend : « Morell veut me faire aujourd'hui encore une grosse injection d'iode ainsi qu'une piqûre de vitamines, de calcium, et encore une pour le cœur et pour le foie. Son expérience de la médecine dans les tropiques lui a appris que les médicaments doivent être injectés dans les veines[2]. »

---

1. Joseph GOEBBELS, *Das Reich – Deutsche Wochenzeitung*, 31 décembre 1944, éditorial, p. 1 *sq.*

2. Erwin GIESING, « Bericht über meine Behandlung bei Hitler », Wiesbaden, 12 juin 1945, *in Hitler as Seen by his Doctors*, Headquarters United States Forces European Theater Military Intelligence Service Center : OI – Consolidated Interrogation Report (CIR), National Archives de College Park, Maryland.

Ce souverain particulièrement affairé craint sans cesse que sa capacité d'action ne soit entravée et qu'il ne puisse mener à bien toutes ses tâches. À l'en croire, personne ne serait en mesure d'assumer ses fonctions. De ce fait, les traitements peu orthodoxes du Dr Morell prennent rapidement de l'ampleur à partir de 1937. Il n'est pas rare qu'il fasse plusieurs injections quotidiennes. Hitler s'habitue aux piqûres à répétition ainsi qu'à ces mystérieuses substances qui coulent dans ses veines pour soi-disant le revigorer. S'ensuit à chaque fois une brève sensation de bien-être. Les fines aiguilles d'acier inoxydable qui lui transpercent la peau et provoquent un « illico-rétablissement » s'accordent bien à son caractère : la situation exige de lui une fraîcheur intellectuelle, une vivacité physique, une force d'initiative et de décision permanentes. Les obstacles nerveux ou psychiques doivent pouvoir être mis en veille comme si l'on appuyait sur un interrupteur. Hitler doit rester frais à chaque instant.

Bientôt le médecin ne pourra plus quitter son patient d'une semelle. Les craintes de Hanni Morell se vérifient : son mari n'a plus le temps de s'occuper de sa clientèle berlinoise. On engage un remplaçant pour le cabinet du Kufürstendamm et Morell affirmera plus tard, entre fierté et résignation, être la seule personne à avoir vu Hitler au moins tous les deux jours depuis 1936.

Désormais, le Chancelier s'autorise une « piqûre de force » avant chaque discours important pour être en pleine possession de ses moyens. Afin de parer aux refroidissements qui pourraient empêcher ses apparitions publiques, on lui administre de manière prophylactique des vitamines par intraveineuse. Pour pouvoir lever le bras le plus longtemps possible quand il fait le « salut allemand », Hitler fait des exercices de musculation mais gave aussi son corps de vitamines et de glucose. Le sucre injecté dans les veines assure au cerveau un regain d'énergie au bout d'une vingtaine de secondes, tandis que les solutions multivitaminées permettent à Hitler de parader devant ses troupes et la foule dans le mince uniforme des SA, sans montrer le moindre signe de défaillance physique même par grand froid. Et quand il s'enroue brusquement en 1938 avant un discours à Innsbruck, Morell règle tout de suite le problème par une injection.

Ses troubles intestinaux semblent s'estomper. La maison promise échoit ainsi au médecin – une demeure voisine de celle de Goebbels, sur la très classieuse île de Schwanenwerder au bord de la rivière berlinoise de l'Havel… pour la somme de 338 000 reichsmarks.

Hitler leur accorde cependant un prêt sans intérêts de 200 000 RM qui seront ensuite comptabilisés comme frais de consultation. La nouvelle maison ne comporte pas que des avantages pour le médecin qui fait désormais partie du grand monde : il lui faut engager du personnel de maison et un jardinier ; ses frais fixes augmentent d'un coup alors qu'il ne gagne pas forcément plus. Mais il ne peut plus faire machine arrière. Il aime trop son nouveau mode de vie, à proximité immédiate du pouvoir.

Hitler aussi s'est plus qu'habitué à la présence du médecin. Il balaye sèchement les critiques à l'encontre de cet obèse que beaucoup, dans l'entourage âprement disputé du Führer, trouvent repoussant : Morell n'est pas ici pour faire joli mais pour le garder en bonne santé. Par le biais de son administration, il nomme même l'ancien docteur à la mode professeur de médecine et lui offre ainsi un vernis d'honorabilité sans qu'il ait besoin de soutenir sa thèse d'habilitation.

Drogue du peuple et peuple drogué

Les premières années du traitement de Morell constituent une période des plus favorables pour un Hitler fringant, en bonne santé, débarrassé de ses problèmes intestinaux et constamment dopé de vitamines. L'adhésion du peuple est toujours plus forte, ce qui tient surtout à la croissance économique et à une politique autarcique : elle doit garantir un certain niveau de vie mais aussi assurer, plus tard, les capacités militaires de l'Allemagne. Les plans de conquête sont déjà dans les tuyaux.

La Première Guerre mondiale a montré que le pays ne disposait pas suffisamment de matières premières naturelles pour alimenter une industrie de guerre performante. Il faut donc en produire artificiellement : le carburant fabriqué à base de charbon ainsi que la Buna (le caoutchouc synthétique) sont au centre des recherches d'IG Farben, qui gagne en puissance sous le IIIe Reich et confirme son rôle d'acteur économique mondial [1]. Son conseil de surveillance

1. « Aujourd'hui comme en 1914, la situation politique et économique de l'Allemagne – comparable à une forteresse assiégée par le reste du monde – semble exiger une prise de décision rapide pour faire la guerre en anéantissant l'ennemi d'un coup, et ce dès le début des hostilités », déclare son président, Carl Brauch, anticipant ainsi le concept de *Blitzkrieg*. Eichholtz Dietrich, *Geschichte der deutschen Kriegswirtschaft*, vol. 1, 1969, Berlin, Akademie Verlag, p. 59.

se qualifie lui-même de « conseiller des dieux ». Sous l'égide de Göring, l'économie suit désormais des plans quadriennaux visant à rendre le Reich autosuffisant pour toute matière que l'Allemagne peut produire elle-même. Cela concerne aussi les stupéfiants : en effet, si la lutte antidrogue des nazis fait significativement baisser la consommation de cocaïne et de morphine, on pousse au développement des stimulants artificiels. L'industrie pharmaceutique connaît un nouvel essor. À Darmstadt chez Merck, chez Bayer en Rhénanie ou encore chez Boehringer à Ingelheim, le personnel et les salaires augmentent.

Temmler aussi montre des signes de bonne santé. Le Dr Fritz Hauschild [1], chef du département chimie, a eu vent d'une substance nommée Benzédrine, une amphétamine pas encore interdite comme produit dopant et qui aurait fortement influencé les résultats des sportifs allemands durant les jeux Olympiques de Munich en 1936. Temmler met alors toutes ses ressources à l'œuvre pour développer une substance qui permettrait d'accroître la productivité, répondant à une idéologie parfaitement dans l'air du temps. Hauschild a alors recours aux travaux de chercheurs japonais qui avaient déjà réussi à synthétiser en 1887 une molécule extrêmement psychostimulante nommée N-methylamphétamine, puis à la cristalliser sous une forme purifiée en 1919 [2]. Ce tonique est fabriqué à partir de l'éphédrine, une substance naturelle qui dilate les bronches, stimule le cœur et coupe l'appétit. Depuis longtemps connues des médecines traditionnelles européennes, américaines et asiatiques – sous les noms de raisin de mer ou de grande uvette par exemple –, ces plantes entrent notamment dans la composition de boissons revigorantes comme le « thé des mormons ».

Hauschild perfectionne le produit et, à l'automne 1937, découvre un nouveau procédé pour synthétiser la méthamphétamine [3]. Peu

1. Après la guerre, Hauschild est devenu l'un des plus importants médecins sportifs de la RDA et, à partir des années 1950 dans son institut de l'université de Leipzig, fut à l'origine du programme de dopage qui transforma la République démocratique en géant sportif. L'inventeur de la pervitine se vit remettre en 1957 le prix national de la RDA.

2. Elle fut commercialisée au Japon sous le nom Philopon/Hiropon et consommée par les kamikazes durant la guerre.

3. On procède par une bromation de propiophénone, un sous-produit de l'industrie chimique, que l'on traite ensuite avec de la méthylamine et que l'on réduit avec de l'éphédrine à partir de laquelle la méthamphétamine est produite par réduction chimique avec du phosphore et de l'iodure d'hydrogène. Voir Hans Paul Kaufmann, *Médicaments de synthèse*, trad. de l'allemand par François Winternitz, Paris, Masson, 1957, p. 200 *sqq*.

après, le 31 octobre 1937, les usines Temmler déposent à Berlin le brevet de leur propre version de ce psychotrope, première méthylamphétamine allemande qui surclasse largement en puissance la Benzédrine américaine. Nom commercial : la pervitine [1].

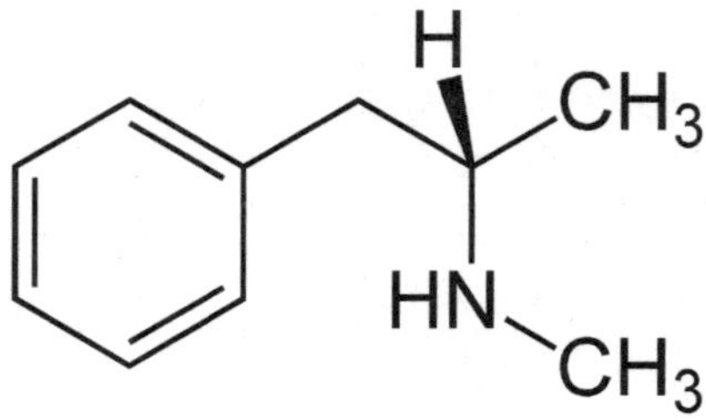

Pour ce qui est de sa structure moléculaire, cette substance révolutionnaire est comparable à l'adrénaline et peut, du fait de cette similarité, traverser la barrière dite hémato-encéphalique du cerveau. Contrairement à l'adrénaline cependant, la méthamphétamine ne provoque pas de brusque augmentation de la tension artérielle. Son effet est moins brutal et dure plus longtemps. La drogue agit d'une part en stimulant les cellules du cerveau qui produisent les neurotransmetteurs que sont la dopamine et la noradrénaline et, d'autre part, en se nichant dans les fentes synaptiques. Les cellules cérébrales entrent ainsi en communication intense. Commence une sorte de feu d'artifice neuronal, comme si un fusil-mitrailleur tirait sans arrêt des rafales d'idées. Tout à coup, le consommateur se sent parfaitement réveillé et a l'impression d'un regain d'énergie. Ses sens sont affûtés, il a le sentiment d'être plus vivant, électrisé jusqu'au bout des doigts. La confiance en soi s'en trouve accrue, on croit penser en accéléré, s'ensuit une impression d'euphorie, de légèreté et de fraîcheur. L'organisme est en état d'alerte, mobilisant toutes les ressources disponibles comme pour faire face à un danger immédiat. C'est un coup de fouet artificiel.

Néanmoins, la méthamphétamine ne se contente pas de répandre des neurotransmetteurs dans les fentes synaptiques ;

---

1. Bureau des brevets du Reich, 1938 : brevet n° 767.186, classe 12q, groupe 3, intitulé « procédé de production des amines ». Un comprimé contenait trois milligrammes de substance active.

elle les empêche également de reprendre une activité normale. L'effet dure ainsi très longtemps, souvent plus de douze heures, les cellules nerveuses sont particulièrement sollicitées et peuvent, à haute dose, être endommagées puisque leur approvisionnement en énergie est affecté par la drogue. Les neurones entrent en surchauffe, le cerveau ne cesse de jacasser, comme une radio qu'on ne peut plus éteindre. Les cellules nerveuses abdiquent et meurent irrémédiablement. Apparaissent des troubles du langage et de la concentration, voire une dégradation complète des fonctions cérébrales telles que la mémoire, les sentiments ou encore le système de récompense. Si le consommateur ne reprend pas de ce stimulant une fois les effets dissipés, une impression de manque indique que les réservoirs hormonaux sont vides. Ils mettront plusieurs semaines à se reconstituer et, entre-temps, le corps aura moins de neurotransmetteurs à sa disposition : apathie, dépression, tristesse et des troubles cognitifs peuvent en découler.

Si ces effets secondaires sont désormais bien connus, les usines Temmler n'en faisaient alors pas grand cas. La firme renifle surtout le coup commercial et charge Mathes & Sohn, une des agences les plus réputées de Berlin, de réaliser une campagne publicitaire d'une ampleur inédite, sur le modèle de Coca-Cola dont la limonade brune rencontre un énorme succès sous le IIIe Reich.

Dans les premières semaines de 1938, la pervitine va se frayer un chemin vers le succès. À Berlin apparaissent des affiches sur les colonnes Morris et les tramways, dans les omnibus, les stations de métro et les trains de banlieue. Elles sont minimalistes : un simple tube orange et bleu, un nom de produit et ses indications d'emploi – dépression, problèmes de tension, manque d'énergie : pervitine. Dans le même temps, tous les praticiens de la ville reçoivent une lettre signée Temmler. Si ce produit vous a séduit, pourquoi ne pas le recommander autour de vous ? À titre gracieux, sont jointes des pilules de trois milligrammes ainsi qu'une enveloppe de retour préaffranchie : « Très cher Docteur ! Vos expériences, bonnes ou moins bonnes, avec la *pervitine* nous sont très précieuses pour délimiter au mieux les domaines d'indications thérapeutiques. Nous vous serions donc très reconnaissants de nous faire part de vos observations sur cette carte[1]. » Un peu de produit pour la phase de test. C'est le vieux truc du dealer : la première dose est gratuite.

Les représentants des usines Temmler écument les gros cabinets médicaux, les CHU et les hôpitaux de tout le pays ; ils tiennent des exposés et distribuent la nouvelle drogue qui donne confiance en soi, tonifie et promet de vous réveiller. Dans la présentation commerciale, on peut lire que « le retour de la joie de vivre chez les personnes résignées est l'un des plus précieux bienfaits que ce nouveau médicament dispense aux malades ». Même « la frigidité féminine peut être soignée par les comprimés de pervitine. Le traitement est des plus simples : tous les jours quatre demi-comprimés, bien avant l'heure du coucher, et ce dix jours par mois pendant trois mois. On peut ainsi obtenir de bons résultats grâce à un renforcement de la libido et de la vigueur sexuelle de la femme[2] ». La notice explique en outre que le médicament peut compenser les états de manque en cas d'arrêt de l'alcool, de la cocaïne et même des opiacés. Autrement dit : une sorte de contrepoison qui doit remplacer toutes les drogues, surtout quand elles sont illégales. Consommer *cette* substance n'est en effet pas sanctionné. La méthamphétamine est alors considérée comme une sorte de remède universel.

On assigne même au médicament un rôle stabilisateur pour le système en place : « Nous vivons après tout dans une époque en flux tendu, qui exige un haut rendement et impose de grands devoirs comme jamais auparavant », écrit le médecin-chef d'un hôpital. Les comprimés élaborés en conditions de laboratoire sont purs et de qualité stable ; ils doivent aider à enrayer les baisses de régime et permettre d'intégrer au monde du travail « les simulateurs, les tire-au-flanc, les râleurs et les grincheux[3] ». Felix Haffner, pharmacologue à Tübingen, voit même dans la prescription de pervitine un « précepte des plus impérieux » dès lors qu'il s'agit

---

1. Archives régionales de Berlin, A Rep. 250–02–09/N°. 218, imprimé publicitaire sans date. Voir aussi T. HOLZER, *Die Geburt der Drogenpolitik*, *op. cit.*, p. 225.

2. Cité *in* W. PIEPER, *Nazis on Speed*, *op. cit.*, p. 118 *sq.* Ce sont ainsi six milligrammes qui sont consommés au cours de la journée – une dose à laquelle le corps s'habitue vite. Au bout de quelques jours, les effets du produit se font moins ressentir que lors des premières prises. Cette accoutumance incite à augmenter les doses afin de retrouver les agréables sensations du début. La consommation s'emballe, l'arrêt du médicament ne se fait plus sans difficulté, le patient devient dépendant.

3. C. PÜLLEN, « Bedeutung des Pervitins (1-Phenyl- 2-methylamino- propan) für die Chirurgie », *Chirurg*, vol. 11, n° 13, 1939, p. 485-492, ici p. 490 et 492. Voir aussi W. PIEPER, *Nazis on Speed*, *op. cit.*, p. 119.

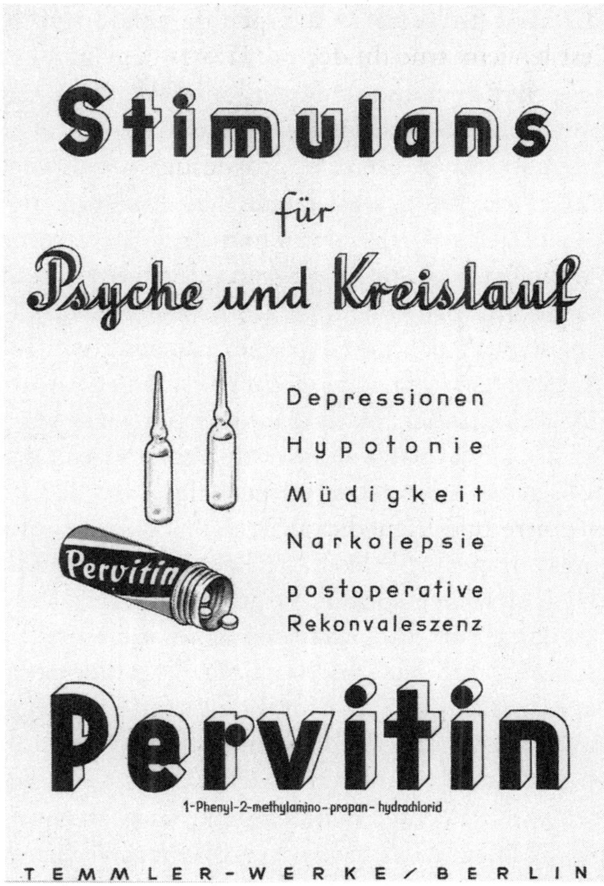

Ill. 3 Panneau publicitaire pour remède universel. *Source* : Landesarchiv Berlin.

d'un « enjeu crucial pour la communauté » : une sorte d'« injonction chimique »[1].

Toutefois, point n'est besoin d'ordonner aux Allemands de prendre ce médicament euphorisant. La soif de substances psychotropes était déjà bien présente. La consommation n'a pas été imposée, comme on pourrait s'y attendre pour une dictature, de haut en bas mais s'est faite du bas vers le haut[2]. Ce que

1. F. Haffner, « Zur Pharmakologie und Praxis der Stimulantien », *Klinische Wochenschrift*, vol. 17, n° 38, 1938, p. 1311. Voir également W. Pieper, *Nazis on speed*, *op. cit.*, p. 119.

2. Stephen Snelders et Pieters Toine, « Speed in the Third Reich : methamphetamine (Pervitin) use and a drug history from below », *Social History of Medicine*, n° 24, novembre 2011, p. 686-699.

l'on appelle alors la « revitamine » fait l'effet d'une bombe, se répand comme une traînée de poudre et se vend comme des petits pains. En consommer devient bientôt aussi naturel que de prendre une tasse de café : « La pervitine est devenue un véritable phénomène de société, raconte un psychologue, on la trouve dans les cercles les plus larges. Les étudiants en prennent pour supporter la fatigue des examens, les opératrices téléphoniques et les infirmières pour tenir le coup durant leurs services de nuit, les travailleurs intellectuels et ceux avec des tâches physiques particulièrement exigeantes pour atteindre un niveau de rendement élevé [1]. »

Qu'il s'agisse de secrétaires voulant taper plus vite à la machine, d'acteurs se rafraîchissant les idées avant une représentation, d'écrivains utilisant la méthamphétamine pour passer des nuits blanches à leur bureau ou de travailleurs à la chaîne dans les usines qui augmentent leur production : la pervitine se répand dans toutes les couches sociales. Les déménageurs déplacent plus de meubles, les pompiers éteignent les incendies plus rapidement, les coiffeurs coupent les cheveux plus vite, les gardiens de nuit ne s'endorment plus, les conducteurs de train font leur travail sans rechigner, les chauffeurs routiers foncent sans faire de pause sur la nouvelle autoroute qui a été construite en un temps record. La sieste d'après-déjeuner est unanimement supprimée. Les docteurs en prennent pour se soigner eux-mêmes, les hommes d'affaires pour se ragaillardir entre deux rendez-vous. Les membres du Parti en croquent aussi, tout comme les SS [2]. Le stress décline, l'appétit sexuel augmente, la motivation est artificiellement gonflée.

Un médecin écrit ainsi : « En faisant des essais sur moi-même, j'ai constaté une agréable recrudescence d'énergie, physique et mentale, ce qui m'a incité depuis six mois environ à recommander la pervitine à mes collègues, aux travailleurs manuels et intellectuels, notamment quand ils sont soumis à des périodes de stress particulièrement longues, mais aussi aux orateurs, aux chanteurs (pour le trac) et aux candidats à des examens. Une dame en prend volontiers (env.

---

1. Aujourd'hui encore, la méthamphétamine est particulièrement appréciée par cette catégorie professionnelle. Voir aussi Müller-Bonn Hermann, « Pervitin, ein neues Analepticum », *Medizinische Welt*, n° 39, 1939, p. 1315-1317. Cité *in* T. Holzer, *Die Geburt der Drogenpolitik*, *op. cit.*, p. 230 et W. Pieper, *Nazis on Speed*, *op. cit.*, p. 115.

2. Voir W. Seifert, « Wirkungen des 1-Phenyl- 2-methylamino- propan (Pervitin) am Menschen », *Deutsche Medizinische Wochenschrift*, vol. 65, n° 23, 1939, p. 914 *sq.*

2 x 2 comprimés) avant d'apparaître en société ; une autre avec de bons résultats quand elle a une journée de travail particulièrement fatigante (jusqu'à 3 x 2 comprimés) [1]. »

La pervitine devient un symptôme de la société productiviste qui se développe alors. Des pralinés aux amphétamines font même leur apparition sur le marché. Chaque chocolat ne contient pas moins de quatorze milligrammes – soit presque cinq fois plus qu'un comprimé de pervitine. « Les pralines Hildebrand sont toujours un plaisir », annonce le slogan de cette friandise explosive – *Mother's little helper* chanteraient les Rolling Stones. On recommande d'en manger trois à neuf tout en précisant que, contrairement à la caféine, ces chocolats sont sans danger [2]. Le travail de la femme au foyer se fait en un tour de main et ces bonbons extraordinaires font même fondre les kilos en trop puisque la pervitine, nouveau secret minceur, est aussi un coupe-faim.

Le Dr Fritz Hauschild prend une part active à cette campagne en publiant un article dans le prestigieux hebdomadaire médical *Klinische Wochenschrift*. Ici, comme dans un second texte qui paraîtra trois mois plus tard sous la rubrique « Nouvelles spécialités [3] », il se fait l'écho des effets extrêmement stimulants de la pervitine, du gain d'énergie, de confiance en soi et de détermination que dispense ce produit. Les associations d'idées se font plus rapidement, les travaux physiques s'accomplissent plus facilement. Ses diverses applications possibles en médecine interne et générale, en chirurgie ou en psychiatrie semblent lui assurer un vaste domaine d'indications thérapeutiques tout en soulevant des questions scientifiques inédites.

Et en effet, un peu partout en Allemagne, les universitaires ne tardent pas à se saisir de ces nouvelles problématiques. Dans une première étude, le professeur Schoen de la polyclinique de Leipzig fait état d'« une stimulation psychique pouvant durer des heures, la disparition de la fatigue et du sommeil, remplacés par l'activité,

---

1. Erich NEUMANN, « Bemerkungen über Pervitin », *Münchener Medizinische Wochenschrift*, n° 33, 1939, p. 1266.

2. Fritz EICHHOLTZ, « Die zentralen Stimulantien der Adrenalin-EphedrinGruppe », *Deutsche Medizinische Wochenschrift*, 1941, p. 1355-1358.Voir aussi *Reichsgesundheitsblatt*, vol. 15, n° 296, 1940. À la demande de l'office de la Santé du Reich, la production de ces pralines cesse. La firme Hildebrand a également commercialisé les chocolats caféinés « Scho-Ka-Kola » qui existent encore aujourd'hui.

3. Fritz HAUSCHILD, « Über eine wirksame Substanz », *Klinische Wochenschrift*, vol. 17, n° 48, 1938, p. 1257-1258.

Ill. 4 Plus de joie dans les foyers : la praline à l'amphétamine.

l'euphorie et la volubilité [1] ». La pervitine devient rapidement en vogue chez les chercheurs – sans doute aussi parce qu'on se réjouit dans un premier temps de pouvoir en consommer. Il est alors de bon ton d'expérimenter soi-même le produit : « Qu'il nous soit tout d'abord permis de faire part de notre expérience personnelle après la prise répétée de 3 à 5 comprimés (soit 9 à 15 mg) [2]

1. Rudolf Schoen, « Pharmakologie und spezielle Therapie des Kreislaufkollapses », *Verhandlungen der Deutschen Gesellschaft für Kreislaufforschung*, 1938, p. 80-112, ici p. 98, cité *in* T. Holzer, *Die Geburt der Drogenpolitik*, *op. cit.*, p. 219.

2. Cette quantité correspond plus ou moins à celle d'une prise de crystal meth aujourd'hui.

– expérience à partir de laquelle nous nous intéressons ensuite aux effets psychiques de la pervitine [1]. » De nouvelles qualités sont constamment mises au jour tandis que l'on parle peu des éventuels effets secondaires. Les professeurs Lemmel et Hartwig de l'université de Königsberg font état d'une capacité de concentration accrue et prêchent ainsi : « En ces temps riches en événements, en conflits et en expansions, l'un des devoirs les plus importants du médecin est de maintenir la productivité individuelle et, si possible, de l'accroître [2]. » Deux chercheurs de Tübingen spécialisés dans l'étude du cerveau prétendent avoir démontré une accélération du processus cognitif ainsi qu'une hausse générale d'énergie, tandis que l'indécision, les scrupules de toutes sortes et les dépressions semblent amoindris. Un test d'intelligence présente des résultats sensiblement en hausse. Un certain professeur Püllen de Munich fournit des données tirées de « plusieurs centaines de cas » qui confirment ces dires. Il évoque une stimulation complète du télencéphale ainsi que de la circulation sanguine et du système nerveux autonome. Par ailleurs, il a constaté « une diminution claire du sentiment de peur après l'absorption, en une seule prise, d'une forte dose de 20 mg [3] ». Rien d'étonnant donc à ce que la firme Temmler ravitaille par la poste des médecins si enthousiastes et les tienne régulièrement au courant des dernières innovations en la matière.

La pervitine est à l'unisson avec l'Allemagne nazie. En effet, quand le produit se met à conquérir le marché, tout dans l'esprit du temps porte à croire que le pays sort enfin de sa dépression généralisée. C'est du moins l'impression qu'ont les Allemands qui profitent économiquement de la dictature nazie, et, plus généralement, du redressement économique et militaire. Au moment de la prise de pouvoir par les nazis, le pays compte 6 millions de chômeurs et ne dispose que de 100 000 soldats mal équipés. En 1936, malgré une crise économique mondiale qui perdure, le plein emploi est quasiment atteint et la Wehrmacht passe pour l'une des

1. Otto Graf, « Über den Einfluss von Pervitin auf einige psychische und psychomotorische Funktionen », *Arbeitsphysiologie*, vol. 10, n° 6, 1939, p. 692-705, ici p. 695.

2. Gerhard Lemmel et Jürgen Hartwig, « Untersuchungen über die Wirkung von Pervitin und Benzedrin auf psychischem Gebiet », *Deutsches Archiv für Klinische Medizin*, vol. 185, n° 5 et 6, 1940, p. 626 *sqq.*

3. C. Püllen, « Erfahrungen mit Pervitin », *Münchener Medizinische Wochenschrift*, vol. 86, n° 26, 1939, p. 1001-1004.

armées les plus puissantes d'Europe[1]. À l'extérieur, les victoires s'accumulent également, qu'il s'agisse de la remilitarisation de la Rhénanie, de l'annexion de l'Autriche ou du « rapatriement des Sudètes dans le Reich ». Les puissances occidentales ne sanctionnent pas ces violations du traité de Versailles mais font au contraire toujours plus de concessions dans l'espoir d'éviter une nouvelle guerre européenne. Cependant, Hitler ne se laisse pas amadouer par ces succès diplomatiques. « À l'instar d'un morphinomane qui ne peut plus se passer de sa drogue, il ne pouvait plus s'empêcher de planifier de nouvelles prises de pouvoir, de nouveaux coups par surprise, des ordres d'invasion secrets et des entrées triomphales », écrit l'historien Golo Mann pour dépeindre le petit empereur de Braunau[2]. Les Alliés se trompent : Hitler n'est *jamais* satisfait. Les bornes seront sans cesse dépassées à tous les niveaux – surtout quand il s'agit de bornes frontalières. On passe du Reich allemand au Grand Reich allemand, jusqu'au projet d'un Reich germanico-mondial : toujours augmenter les doses est dans l'ordre des choses chez les nazis. La soif inextinguible de nouveaux territoires en est un exemple de premier ordre. Des slogans comme « Retour au Reich » (*Heim ins Reich*) ou « Peuple sans espace » (*Volk ohne Raum*) résument parfaitement cette avidité.

Le Dr Morell met directement la main à la pâte dans le démantèlement de la Tchécoslovaquie. Dans la nuit du 15 mars 1939, Emil Hácha, président à la santé fragile, séjourne à Berlin dans la nouvelle Chancellerie pour une visite d'État plus ou moins forcée. Il refuse toutefois de signer le document que les Allemands lui présentent – *de facto* une reddition de ses troupes à la Wehrmacht –, puis il tombe en syncope et n'est dès lors plus en état de participer aux discussions. Hitler convoque Morell en urgence. Le médecin accourt avec seringues et bagages pour administrer un tel remontant au président évanoui que celui-ci revient pour ainsi dire d'entre les morts en l'espace de quelques secondes. Il signe le papier qui scelle provisoirement la fin de son pays. Dès le lendemain matin, les troupes d'Hitler entrent sans coup férir dans Prague. Dans les années qui vont suivre, Hácha, désormais à la tête du « protectorat de

1. Sebastian Haffner, *Un certain Adolf Hitler*, trad. de l'allemand par Ole Hansen-Løve et Sylvie Courtine, Paris, Grasset, 1979.

2. Golo Mann, *Deutsche Geschichte des 19. und 20. Jahrhunderts*, Francfort/Main, S. Fischer, 1958, p. 177.

Bohême-Moravie », demeurera l'un des fidèles clients du Dr Morell. La pharmacologie est simplement la continuation de la politique par d'autres moyens.

Dans cette première moitié de l'année 1939 – c'est-à-dire les derniers mois de paix –, la popularité d'Hitler atteint son paroxysme. « Que n'a pas accompli cet homme ? » est une phrase qui revient souvent à cette période. Beaucoup de ses congénères veulent aussi faire montre de leur productivité. C'est une époque où les efforts semblent à nouveau payer. Une époque de devoirs envers la société : il *faut* prendre part et il *faut* réussir – ne serait-ce que pour ne pas éveiller la suspicion. La reprise engendre en même temps la crainte de ne pas pouvoir tenir le rythme. La division et la standardisation accrues du travail confrontent l'individu, simple rouage dans la machine, à de nouvelles exigences. Pour se mettre en train, toute aide est la bienvenue – y compris les adjuvants chimiques.

La pervitine permet ainsi à l'individu de prendre part à l'enthousiasme collectif et à la vague d'« autoguérison » nationale qui submergent prétendument le peuple allemand. Cette substance aux effets redoutables se mue en une *denrée alimentaire* que son fabricant n'entend pas circonscrire au seul domaine médical. « Allemagne, réveille-toi ! » criaient les nazis. La pervitine se charge désormais de la garder éveillée. Échauffé par un cocktail mortel de propagande et de médicaments, le peuple sombre de plus en plus dans un état de dépendance.

L'utopie d'une harmonie sociale, d'une communauté soudée par ses convictions : voici une image dont la propagande nazie se fait volontiers le chantre et qui se révèle largement trompeuse. En réalité, les intérêts économiques individuels se concurrencent dans la société productiviste moderne. La méthamphétamine comble les fissures qui apparaissent bientôt dans ce beau tableau et la logique de dopage se répand dans les moindres recoins du IIIe Reich. La pervitine permet à l'individu de fonctionner sous la dictature. C'est du national-socialisme en gélules.

Deuxième partie

Blitzkrieg meth (1939-1941)

« La musique m'est parfois d'une grande consolation (au fait, n'oubliez pas la pervitine, elle me rend de merveilleux services, surtout après les nuits ponctuées d'alarmes) [1]. »

Heinrich BÖLL.

1. Heinrich BÖLL, *Briefe aus dem Krieg 1939-1945*, Cologne, Kiepenheuer und Witsch, 2001, p. 15.

Ce soldat du front qui écrit ici à sa famille deviendra un jour prix Nobel de littérature. Même après la guerre, il ne pourra renoncer aux « merveilleux services » que lui rend la méthamphétamine quand il s'assied à sa table de travail. Il en est devenu tributaire quand il était soldat – afin de rester opérationnel et de supporter le poids de la guerre : « Pensez s'il vous plaît à m'envoyer à la prochaine occasion de la pervitine, sous enveloppe si possible. Père peut bien prendre sur l'un de ses paris perdus [1] », lit-on dans une autre lettre de guerre.

Heinrich Böll parle avec un tel naturel de sa consommation de pervitine que l'on est en droit de supposer que les effets de la drogue lui sont familiers, à défaut de ses dangers : « Si la semaine prochaine passe aussi vite que la dernière, je pourrai déjà m'estimer heureux. À l'occasion, envoyez-moi encore de la pervitine. J'en aurai bien besoin avec tous ces tours de garde ; et aussi un peu de lard, si c'est possible, pour cuire avec les pommes de terre [2]. » La manière aussi lapidaire que fréquente dont il évoque ce remontant laisse penser que sa famille est elle aussi coutumière du produit et qu'elle ne condamne absolument pas son usage : « Chers parents, chers frères et sœurs ! J'ai enfin un peu de temps et surtout assez de calme pour vous écrire. Je suis bien entendu très fatigué. La nuit dernière, je n'ai pu dormir que deux heures et la nuit prochaine, je ne dormirai guère plus de trois heures, mais il faut que je parvienne à rester

1. *Ibid.*, p. 16.
2. *Ibid.*, p. 30.

éveillé. La pervitine fera bientôt son effet et m'aidera à surmonter la fatigue. Dehors, la lune est très claire, le ciel étoilé, très froid[1]. » Encore et toujours, le sommeil semble être pour Heinrich Böll le principal adversaire : « Je suis mort de fatigue et voudrais tout laisser tomber à l'instant. Si vous le pouvez, envoyez-moi encore de la pervitine et des cigarettes Hillhall ou Kamil[2]. » Et dans une autre lettre encore : « Nos journées de service sont astreignantes et il vous faudra être compréhensifs si je ne vous écris à l'avenir que tous les deux à quatre jours. Aujourd'hui, je vous écris surtout pour de la pervitine[3] ! »

Le soldat de première classe Böll était-il un cas isolé ? Ou l'armée, à l'instar des civils, a-t-elle abusé de la drogue à très grande échelle ? Des centaines de milliers, voire des millions de soldats étaient-ils sous méthamphétamine quand ils partirent conquérir l'Europe ? Ce produit qui devait fournir des renforts d'énergie a-t-il pu avoir une incidence sur l'issue de la guerre ? Ici commence un voyage dans le tréfonds des archives.

En quête de preuves : Archives militaires fédérales allemandes, Fribourg

Enceint d'une grille surmontée de fils barbelés et surveillé par un gardien au parler saxon, le centre des Archives militaires de la République fédérale se trouve à Fribourg dans la région de Brisgau. Celui qui montre patte blanche et des motifs de recherches valables se voit ouvrir des portes d'acier à cellules photoélectriques où il s'engouffre pour parvenir jusqu'à des salles de travail à la propreté méticuleuse. L'accès au matériau se fait par un système informatique connecté à des entrepôts remplis de documents, où des classeurs mobiles posés sur des trolleys sont empilés de bas en haut. Des millions de morts ont laissé des millions de dossiers. Il est ici possible d'enquêter sur cette tragédie que fut la guerre allemande.

En théorie du moins. Car si beaucoup d'obstacles ont été levés, ce fatras d'archives reste difficile à explorer. Il n'est pas aisé de

1. *Ibid.*, p. 26.
2. *Ibid.*, p. 81.
3. *Ibid.*, p. 22.

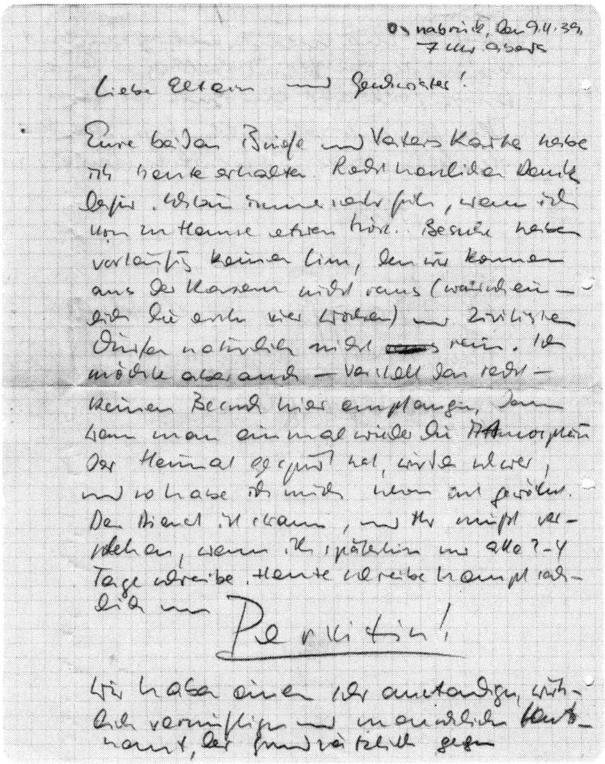

Osnabrück, den 9.11.39,
7 Uhr abends

Liebe Eltern und Geschwister!

Eure beiden Briefe und Vaters Karte habe ich heute erhalten. Recht herzlichen Dank dafür. Es ist immer sehr fein, wenn ich von zu Hause etwas höre. Besuche haben vorläufig keinen Sinn, denn wir kommen aus der Kaserne nicht raus (wahrscheinlich die ersten vier Wochen) und Zivilsachen dürfen natürlich nicht rein. Ich möchte aber auch – vielleicht 'ne recht – keinen Besuch hier empfangen, denn wenn man einmal wieder die Atmosphäre der Heimat geschnuppert hat, wird es schwer, und so habe ich mich nun erst gefügt. Der Dienst ist stramm, und Ihr müßt verstehen, wenn ich späterhin nur alle 3-4 Tage schreibe. Heute schreibe ich hauptsächlich um

Pervitin!

Wir haben einen sehr anständigen, wirklich vernünftigen und menschlichen Hauptmann, der grundsätzlich gegen

Ill. 5 Une des nombreuses lettres à la pervitine du futur prix Nobel de littérature. *Source* : Archiv Erbengemeinschaft Heinrich Böll, © Samay Böll.

trouver des informations précieuses dans le gigantesque fichier central engendré par la collectionnite des bureaucrates. Les mots clés à disposition dans les serveurs informatiques et à partir desquels s'effectue toute recherche ne touchent que quelques aspects restreints de chaque dossier. La tâche se complique encore quand on sait que cette terminologie a été établie il y a plusieurs décennies, à une époque où d'autres axes de recherche prévalaient. Dans les années d'après guerre, on attachait par exemple beaucoup moins d'importance à la petite histoire médicale. De même, la prise en compte des impressions vécues ou les descriptions d'atmosphère devaient céder le pas au cours officiel des événements. Ainsi, l'accès au passé, quand bien même il s'appuie sur les technologies modernes, se fonde sur une conception de l'histoire dépassée.

L'armée découvre la drogue (allemande)

La carrière de la méthamphétamine dans la Wehrmacht est indissociable de celle d'un médecin-major à l'apparence austère. Le professeur Otto F. Ranke a un visage en lame de couteau, le teint hâlé et un regard brûlant sur toutes les rares photos qui restent de lui. Il n'a que trente-huit ans lorsqu'il est nommé à la tête de l'Institut de physiologie militaire – un poste clé, même si personne ne le soupçonne encore.

La physiologie n'est alors qu'une discipline mineure pour la médecine de cette époque. Elle traite de la synergie des processus physiques et biochimiques qui s'opèrent dans les cellules, les organes et les tissus. En somme, c'est une sorte de vue d'ensemble et d'approche globale visant à mieux comprendre l'organisme. La physiologie *militaire*, quant à elle, s'intéresse plus spécifiquement aux fardeaux qui pèsent sur les soldats – avec, pour but avoué, d'optimiser médicalement leurs performances tout en prévenant les dommages causés par une trop forte sollicitation des troupes ou par des facteurs externes. À une époque où l'armée commence à se concevoir comme une organisation moderne et où les soldats sont qualifiés de « machines dotées d'une âme [1] », la tâche de Ranke consiste à éviter que ces moteurs ne se grippent, c'est-à-dire deviennent inaptes au service. Il doit en huiler les pièces détachées pour que les machines tournent à plein régime. Son travail se situe entre celui de coach personnel pour l'armée de terre et inventeur de gadgets. Au fil des ans, Ranke va mettre au point des objets aussi variés qu'un appareil de vision permettant de déceler le vert artificiel (des habits de camouflage par exemple), de nouvelles lunettes protégeant les motards de la poussière, des casques à l'épreuve des balles mais laissant passer la sueur pour l'Afrika Korps ou encore des micros espions permettant aux services de renseignements d'effectuer des écoutes dans des directions bien précises.

L'Institut de physiologie de Ranke est un département de l'Académie de médecine militaire alors située dans l'Invalidenstraße à Berlin : une vaste construction de style néobaroque frédéricien qui accueille désormais le ministère fédéral de l'Économie et de

1. K. Wenzig, « Allgemeine Hygiene des Dienstes », *in* Anton Waldmann et Wilhelm Hoffmann (dir.), *Lehrbuch der Militärhygiene,* Berlin-Heidelberg, J. Springer, 1936, p. 288-307.

l'Énergie. *Scientiae humanitati patriae*, « À la science, l'humanité et la patrie », lit-on sur le relief de son fronton. C'est ici que, de 1934 à 1945, l'armée de terre allemande forme ses aspirants médecins. Cette très prussienne institution d'élite possède alors la plus grande bibliothèque médicale d'Europe ainsi qu'une impressionnante collection d'appareils scientifiques qu'abrite un bâtiment de deux étages disposant de laboratoires équipés de la technologie dernier cri. Elle bénéficie également de cabinets de lecture, d'amphithéâtres, de salles des actes et de réception ainsi que d'une cour d'honneur où trônent les bustes de Rudolf Virchow, Hermann von Helmholtz, Emil Adolf von Behring et d'autres médecins ou chercheurs qui, selon la formule consacrée, se sont illustrés par leurs services rendus à la science. Le complexe comprend également une piscine et un gymnase des plus modernes ainsi qu'une aile de cinq étages permettant de loger dans de confortables chambres doubles les huit cents élèves officiers, surnommés *Pfeifhähne* (« coqs siffleurs »). Cette déformation berlinoise du français fait référence à la « Pépinière », l'ancienne école de médecine militaire des rois de Prusse dont est sortie la fine fleur médicale du XIXe siècle. En effet, les orgueilleux étudiants de l'Académie, arborant l'aigle impérial et la croix gammée sur leur bel uniforme, se voient comme les descendants de cette prestigieuse lignée. L'école possède en outre une écurie pourvue de quatre-vingt-dix chevaux, ainsi que des manèges, des box d'infirmerie avec des vétérinaires et même sa propre forge.

Les départements de recherche scientifique sont regroupés dans un bâtiment tout en longueur, qui clôt la cour intérieure. On y trouve l'Institut de pharmacologie et de toxicologie militaires, le laboratoire de conservation des sérums, l'Institut de recherche en médecine aéronavale du professeur Hubertus Strughold (qui, avec Wernher von Braun, rendra possibles les voyages spatiaux américains après la guerre) et, enfin, l'Institut de physiologie militaire qui, outre Ranke, ne se compose en 1938 que d'un médecin assistant, trois internes et quelques employés de bureau civils. Cependant, le professeur a bien l'intention d'étendre rapidement son institut et, pour ce faire, il va être aidé par l'un de ses sujets d'étude – une petite molécule promise à un grand avenir.

Pain blanc, pain noir et cellules grises

Ranke a un ennemi juré. Ce ne sont ni les Russes à l'est ni les Français ou les Britanniques à l'ouest. L'adversaire auquel il veut faire mordre la poussière se nomme Fatigue – un ennemi étrange, insaisissable, qui met régulièrement les soldats au tapis, les terrasse, les force au repos. Un soldat qui dort est un soldat inutile, inapte au service. Mais c'est aussi un soldat en danger – puisque l'ennemi, lui, ne dort peut-être pas. Quand on est fatigué, on vise mal, on tire à l'aveuglette, on conduit moins bien les motos, les voitures et les chars. Selon les mots de Ranke : « Le jour du combat, la fatigue peut décider de la victoire. […] L'endurance pendant le dernier quart d'heure d'affrontement est souvent un élément crucial[1]. »

Ranke a ainsi fait de la lutte contre la fatigue son domaine de prédilection et quand, en 1938 – soit un an et demi avant l'entrée en guerre –, il entend Hauschild dans les pages de la *Klinische Wochenschrift* chanter les louanges de la pervitine, qui permettrait d'accroître le volume respiratoire de 20 % tout en augmentant le taux d'oxygène absorbé, il décide de vérifier ces affirmations. Il organise donc des expériences d'abord sur quatre-vingt-dix, puis sur cent cinquante élèves officiers médecins, tous volontaires, auxquels il donne de la pervitine (P), de la caféine (C) ou un placebo (S). Il leur demande ensuite de résoudre des problèmes mathématiques ainsi que d'autres exercices durant toute la nuit (la seconde expérience dure même de 20 h 00 à 16 h 00 le lendemain). Les résultats sont apparemment sans appel : au petit matin, les individus du « groupe S » gisent sur les bancs tandis que les « P » continuent leur travail, presque maniaques, mais avec un « visage frais […], physiquement et intellectuellement vifs », ainsi qu'on peut le lire dans le compte rendu d'expérience. Même après plus de dix heures d'efforts et de concentration, ils se sentent assez bien « pour avoir envie de faire une sortie »[2].

---

1. Otto Ranke, « Ärztliche Fragen der technischen Entwicklung », *Veröff. a.d.Geb.d. Heeres-Sanitätswesens*, n° 109 (1939), p. 15. Voir aussi dans les Archives fédérales de Fribourg (BArchFreiburg RH 12–23/1882, p. 7 *sq.*), le discours de Ranke du 19 février 1939 pour l'anniversaire de la fondation de l'Académie de médecine militaire : « La pervitine prend toute son importance pour des activités comme conduire un véhicule ou piloter un avion, tâches qui durent longtemps mais n'exigent pas de gros efforts physiques et où le pire ennemi reste encore le sommeil. »

2. Rapport d'Otto Ranke du 4 octobre 1938 à l'Inspection sanitaire des armées, BArch-Freiburg RH 12–23/1882.

Cependant, Ranke ne voit pas que des choses positives à l'examen. Les activités qui exigent des efforts d'abstraction soutenus posent des difficultés particulières aux sujets sous pervitine. Le calcul mental se fait certes plus rapidement mais avec plus de fautes. En outre, pour un individu aux prises avec des tâches complexes, aucun accroissement notable des facultés de concentration et d'attention n'est observé, seulement une hausse marginale pour les opérations les plus abrutissantes. Aucun doute : la pervitine préserve du sommeil ; elle ne rend pas plus intelligent. Idéal pour le soldat, conclut très sérieusement le rapport de ce qui reste la première expérimentation systématique de drogues dans l'histoire militaire : « Un excellent moyen pour galvaniser des troupes fatiguées. [...] On comprend aisément que réussir à éliminer, pour un moment donné et par des mesures médicales, la fatigue naturelle des troupes peut jouer un rôle de première importance militaire le jour du combat. [...] Une substance militairement précieuse[1]. » Avec ces premiers résultats, Ranke se sent pousser des ailes et propose de mener une vaste batterie de tests destinés aux troupes régulières[2]. À son grand étonnement, le projet ne rencontre pas un écho favorable. Au Bendlerblock, le siège de l'administration générale des armées (et aujourd'hui du ministère fédéral de la Défense), on ne mesure pas encore le potentiel de cette drogue – son utilité pas plus que ses dangers. D'un côté, un scientifique visionnaire en est déjà à concevoir le soldat du futur, équipé d'alcaloïdes de synthèse agissant directement sur le cerveau de manière alors inédite[3]. De l'autre, ses supérieurs découvrent à peine la poudre à canon. La bureaucratie militaire et l'inspection sanitaire hésitent encore entre le pain noir ou le pain blanc pour nourrir les troupes, tandis que Ranke met au point une alimentation directement branchée sur les cellules grises. Ce faisant, il devance

---

1. Et bon marché qui plus est : Ranke calcule que, en moyenne, la dose pour un soldat se monterait à quatre comprimés par jour, ce qui – au prix de vente dans les pharmacies – coûterait 16 pfennigs au prix de vente alors que le café reviendrait à environ 50 pfennigs par nuit : « les médicaments stimulants sont donc plus économiques ». Voir le projet d'exposé de Ranke sur les médicaments stimulants : BArch-Freiburg RH 12-23/1882, février 1940, p. 6. Voir aussi le rapport de RANKE, *Bericht an die Lehrgruppe C über leistungssteigernde Mittel*, 4 mai 1939.

2. D'autant plus que la pervitine est utilisée pour la première fois avec des résultats concluants lors de l'invasion des Sudètes par les troupes allemandes en 1938. Voir BArch-Freiburg RH 12–23/1882, *Berichte über Pervitineinsatz, hier bei Einheit N.A. 39.*

3. Voir le discours de Ranke du 19 février 1939, « Leistungssteigerung durch ärztliche Maßnahmen », BArch-Freiburg RH 12–23/1882, p. 7.

4^{00}Uhr 3.5.39. Müdigkeit der S-Leute.

4^{15} Uhr Krampfhaftes Wachhalten der S-Leute.

Ill. 6 à 9 S pour placebo, B pour benzédrine, C pour caféine, P pour pervitine. La drogue et ses premiers tests systématiques de l'histoire militaire.
Source : Bundesarchiv-Militärarchiv Freiburg.

5⁴⁰ Uhr 26.4.39. Teilnahmslosigkeit der S-Leute.

5²⁰ Uhr Schlafen und Teilnahmslosigkeit der S- Leute.

de quelques années les déclarations programmatiques de Gottfried Benn. Formé à l'époque wilhelmienne dans l'école qui précéda la Militärztliche Akademie, le médecin et écrivain berlinois décrit ainsi l'homme moderne : « Ce n'est pas le lait toutefois qui nourrit les cerveaux puissants, mais les alcaloïdes. Un si petit organe, et si vulnérable, qui réussit non seulement à envisager les pyramides et les rayons gamma, les lions et les icebergs, mais à les produire et à les penser, on ne saurait comme un myosotis l'arroser d'eau stagnante, il trouve déjà bien assez d'insipidités[1] », peut-on lire dans son essai *Vie provoquée*. Et les provocations que Benn évoque, ce sont les bouleversements du circuit neuronal, ce sont les nouvelles pensées, ces idées fraîches qui éclosent dans un cerveau repu de nourritures peu ordinaires.

Rien d'étonnant donc si la réputation de cette vitamine aux effets fulgurants parvient rapidement aux oreilles des jeunes élèves officiers. Soumis par leurs études à une pression constante, les aspirants médecins attendent du médicament qu'ils fassent des miracles. Ils en consomment toujours plus, en véritables précurseurs des étudiants de nos universités actuelles où les pilules dynamisantes comme la Ritaline et les dérivés d'amphétamine sont monnaie courante. Ranke entend bientôt parler de cette mode qu'il a lui-même contribué à lancer par ses expériences. Quand il apprend qu'on a aménagé une salle à l'université de Munich pour les « cadavres à pervitine », autrement dit une cellule de dégrisement pour les étudiants en surdose, il ne peut plus ignorer les dangers du produit. Force est de constater que, dans sa propre Académie de médecine, la prise de pervitine à haute dose en période d'examens est d'ores et déjà l'usage. Les effets obtenus laissent plus qu'à désirer et un de ses collègues, soucieux, lui écrira même plus tard : « Les résultats d'examen des étudiants ayant avoué en avoir pris étaient si mauvais qu'on pouvait bien se douter qu'une personne dans un état normal n'aurait jamais tenu de propos aussi absurdes[2]. »

Ranke annule précipitamment une autre batterie de tests prévus pour 1939. Il adresse une lettre aux autres chefs de département de l'Académie pour les mettre en garde contre de possibles risques de

---

1. Benn Gottfried, *Vie provoquée, in Un poète et le monde,* trad. de l'allemand par Robert Rovini, Paris, Gallimard, 1965, p. 253.
2. Lettre du 8 décembre 1941 du directeur de l'Institut de physiologie de l'université de Vienne à Otto Ranke, BArch-Freiburg 12–23/1882.

dépendance et les exhorter à complètement bannir la pervitine du campus[1]. Mais la boîte de Pandore ne se referme pas si facilement. La méthamphétamine continue de se répandre et n'épargne plus aucune caserne dans les mois qui suivent.

Le pays vit ses derniers jours de paix. Les médecins de troupe préparent leur équipement en vue de l'intervention imminente en Pologne et raflent des stocks entiers dans les pharmacies. En effet, la Wehrmacht n'a pas officiellement constitué de provision de pervitine – du moins, pas encore. Ranke ne peut que les regarder faire. Une semaine avant le début de la guerre, il écrit à un médecin général de l'état-major : « C'est évidemment utiliser une arme à double tranchant que de donner aux troupes un nouveau médicament sans restreindre son emploi aux cas d'urgence[2]. » Mais ces avertissements arrivent trop tard. Une expérimentation gigantesque, sans aucun contrôle, se met en place : pourvue de drogue à foison mais privée d'indications posologiques, la Wehrmacht fond sur le voisin polonais qui, lui, n'est pas dopé et n'a pas idée de ce qui l'attend.

Comme des robots

> « Je suis responsable d'un train sanitaire et, de ce fait, souvent exposé aux risques de surmenage – ce en quoi vos pilules m'ont grandement servi ainsi qu'à mon personnel. »
> « Les difficultés semblent plus facilement surmontables. »
> « Maintenant, je suis à nouveau comme neuf[3]. »

Les rapports sanitaires concernant l'usage de la méthamphétamine lors de l'invasion polonaise du 1er septembre 1939 à l'origine de la Seconde Guerre mondiale remplissent un classeur entier dans les Archives militaires de Fribourg. Ce sont des descriptions jetées en vrac et qui ne prétendent pas plus à l'exhaustivité qu'à la représentativité.

1. Lettre du 4 mai 1939 de Ranke au groupe d'étude C, BArch-Freiburg 12–23/1882.
2. Lettre du 25 août 1939 de Ranke au médecin général Kittel, BArch-Freiburg 12–23/1882.
3. Rapports adressés à Ranke concernant l'utilisation de la pervitine, BArch-Freiburg 12–23/1882.

Pourtant, Otto Ranke, qui vient d'être nommé physiologiste référent auprès de l'Inspection sanitaire des armées, ne dispose de rien de plus : il n'y a pas d'étude raisonnée car il n'y a pas non plus d'emploi raisonné de la substance. Elle est administrée arbitrairement, au gré de tel ou tel commandant, médecin officier ou simple soldat.

Ainsi, la 3e division blindée franchit la Vistule à Grudziądz, puis bifurque en direction de la Prusse-Orientale, continue son incursion vers Brest-Litovsk et envoie le rapport suivant : « De l'euphorie souvent, une attention accrue, hausse sensible de l'efficacité. Le travail s'abat plus facilement, forte impression de vivacité, sensation de fraîcheur. Travail toute la journée, dépression effacée, retour à l'état normal[1]. »

La guerre comme un travail à abattre : la drogue semble aider les hommes de la division blindée à ne pas se poser trop de questions sur ce qu'ils sont venus faire dans ce pays étranger. Elle leur permet de faire leur job – même si tuer des hommes est à l'ordre du jour : « Tout le monde est frais et joyeux, discipline excellente. On s'encourage, excitation. Pas d'accident. Effets durent longtemps. Voit double et avec couleurs après la 4e pilule[2]. » De légères hallucinations, apparemment pas désagréables, accompagnent ces hommes bientôt ivres de victoire dans leur offensive contraire au droit international et qui, au bout du compte, permettra les futurs crimes nazis en Pologne. « La sensation de faim s'estompe. Très bénéfique aussi : apparition d'un besoin pressant de s'activer. L'effet est si tangible qu'il ne peut reposer sur l'imagination. »

Un lieutenant-colonel relate l'expérience agréable qu'il a lui-même faite de la drogue : « Pas d'effet après coup, pas de mal de crâne, pas de bourdonnement d'oreilles, l'esprit tout à fait en éveil. » Pendant trois jours et trois nuits, il mène d'une humeur guillerette les négociations avec les Russes à Brest-Litovsk afin de se partager le pays désormais pris en étau. Et quand, sur le chemin du retour, il croise des soldats polonais, la méthamphétamine lui permet d'être « particulièrement dégourdi[3] ». Le rapport ne précise pas combien d'hommes ont perdu la vie à cette occasion.

---

1. Annexe au rapport 214a du 8 avril 1940 adressé à l'Institut de physiologie de l'Académie de médecine militaire, BArch-Freiburg 12–23/1882.

2. Rapport adressé à Ranke sur la prise de pervitine, BArch-Freiburg 12–23/1882. *Id.* pour les deux citations suivantes.

3. Rapport du 30 décembre 1939 au Dr Wirth, concernant « L'emploi de la pervitine comme fortifiant », 12–23/1882.

Pour beaucoup, la drogue apparaît même comme la compagne idéale sur un champ de bataille. Elle balaye les scrupules. Combattre semble plus facile. On s'en sert pour les marches nocturnes, en prévision desquelles « tous les chefs de section et les conducteurs de véhicule en consomment pour bénéficier d'une vigilance accrue vers minuit ». On en prend également pour dégager un tank qui est tombé en panne ou encore pour effectuer mécaniquement des « gestes automatiques [1] ».

Durant l'offensive qui coûtera la vie à cent mille soldats polonais et soixante mille civils avant la fin 1939, ce remontant aide à tous les égards les Allemands à opérer « sans signe de fatigue, et ce jusqu'à ce que la mission soit accomplie ». Un médecin officier du 9e corps d'armée rapporte ainsi, dithyrambique : « Je suis convaincu que, dans le cas d'un effort soutenu où l'unité doit puiser dans ses dernières ressources, une troupe dotée de pervitine prime sur celle qui en est dépourvue. De ce fait, le médecin soussigné a déposé une demande d'approvisionnement auprès de la TSA (*Truppensanitätsausrüstung*, Fourniture sanitaire des troupes – NdA) [2]. »

« De même, il est parfaitement évident que les pilotes de char ainsi que les officiers de l'arme blindée furent plus efficaces lors des combats qui se sont prolongés du 1er au 4 septembre grâce à ce produit. Pareillement, la section d'éclaireurs en a fait une utilisation tout à fait probante pour assurer la longue et éprouvante conduite de nuit ainsi que pour maintenir et accroître leur vigilance quand ils guettaient les troupes ennemies », peut-on lire dans un autre rapport. « Il faut souligner en particulier l'excellent effet qu'a eu le produit sur les capacités de travail ainsi que sur le moral des officiers d'état-major qui étaient fortement mis à contribution et qui ont tous observé, d'un point de vue aussi bien objectif que subjectif, une hausse de leur productivité. »

Les pilotes de char ne sont pas les seuls à bénéficier d'une « vigilance accrue » grâce à la pervitine. Un médecin-major décrit ainsi : « Des efforts gigantesques sont exigés des motards en particulier. Dès l'aube jusqu'à la tombée de la nuit, ceux-ci doivent accomplir de longs trajets sur de mauvaises routes, harassés par la poussière et conduisant sous une chaleur écrasante, de la Silésie jusqu'en

---

1. Comme, par exemple, dans la 20e division d'infanterie. Voir le rapport du médecin-major Dr Krüger *in* BArch-Freiburg RH 12–23/1842.

2. Rapport adressé à Ranke concernant l'utilisation de la pervitine, BArch-Freiburg RH 12–23/1882. *Id.* pour les deux citations suivantes.

Bohême-Moravie, et de la Slovaquie jusqu'à Lemberg en Pologne. On leur a distribué des pilules sans donner d'explication quant à leur utilité. Toutefois, leur effet foudroyant a rapidement fait comprendre à quoi elles pouvaient bien servir[1]. » La drogue des usines Temmler et les lunettes anti-poussière de Ranke dans une version teutonique d'*Easy Rider*.

Inversement, on suppose que les troupes courent automatiquement des risques plus élevés quand elles ne disposent pas du stimulant. Un médecin-major regrette : « On aurait pu éviter tellement d'accidents imputables au surmenage des conducteurs si on avait pu leur administrer en temps et en heure un analeptique comme la pervitine[2]. » De la méthamphétamine pour éviter les accidents ? Il faudrait expliquer cela aux agents de la circulation.

Toutefois, des voix dissonantes se font aussi entendre. Le médecin général de la 6e armée – qui sera plus tard défaite à Stalingrad – collecte les témoignages de plusieurs de ses subalternes et les transmet à Ranke : « Ces rapports contradictoires montrent sans aucun doute possible qu'il ne s'agit pas là d'un produit anodin. Il paraît tout à fait inopportun de laisser l'emploi de la pervitine à la discrétion des troupes[3]. » Apparemment, on ne se sent pas encore très à l'aise avec la consommation de ce stimulant. Toutefois, le produit a suscité l'intérêt général. La phrase qui clôt le rapport de la 4e armée est symptomatique à cet égard : « Afin de procéder à de plus amples expérimentations [...] on a commandé une plus grande quantité de comprimés de pervitine[4]. »

Burn-out

La pilule de l'invasion de la Pologne ne passe cependant pas pour tout le monde. Le 3 septembre 1939, l'Angleterre et la France

1. Rapport du 6 avril 1940 par le médecin-major Grosselkepple, BArch-Freiburg RH 12–23/1882.

2. Rapport du 25 mars 1940 par le médecin-major Schmidt à Ranke, BArch-Freiburg RH 12–23/1882. Voir aussi : rapport du 13 janvier 1940 par Ranke au groupe d'étude C, BArch-Freiburg RH 12– 23/271, ainsi que le rapport du médecin-capitaine Dr Krüger, BArch-Freiburg RH 12–23/1882.

3. Dr Haubenreisser, rapport du 15 avril 1940, « Erfahrungen mit Pervitin und ähnl. Stoffen », BArch-Freiburg RH 12–23/1882.

4. Dr Günther, rapport du 8 avril 1940, « Erfahrungen mit Pervitin, Elastonon usw. », BArch-Freiburg RH 12–23/1882.

déclarent la guerre à l'Allemagne. Toutefois, les ennemis se regardent d'abord en chiens de faïence durant les longs mois d'une guerre dite de positions. Personne n'a envie de se battre. De part et d'autre, le traumatisme de 14-18 – ces quatre années durant lesquelles les adversaires ont à peine bougé mais où des millions de soldats ont péri – est encore profondément ancré dans les mémoires. Des banderoles sont accrochées : « On ne tire pas tant que vous ne tirez pas [1]. » Contrairement à 1914, il n'y a pas d'orgueil nationaliste. On ne peut pas dire que l'on soit très pressé d'en découdre des deux côtés. « Les Allemands ont commencé la guerre, écrit l'historien Golo Mann, mais ils n'ont pas envie de la faire : ni les civils, ni les soldats et encore moins les généraux [2]. »

Le seul qui ne l'entend pas ainsi, c'est Hitler. Le Führer veut passer à l'offensive aussi vite que possible et attaquer la France dès l'automne 1939. Un problème subsiste néanmoins : les Alliés ont clairement l'avantage technique et numérique sur les Allemands. Contrairement à ce que la propagande nazie donne à voir, la supériorité militaire de l'Allemagne est un leurre : après la campagne de Pologne, l'armée doit renouveler son équipement de toute urgence. Seulement la moitié des divisions est opérationnelle. La plupart sont insuffisamment équipées [3]. L'armée française en revanche passe pour être l'une des plus puissantes au monde, tandis que l'Angleterre, grâce à un empire colonial qui s'étend sur tout le globe, dispose de ressources quasi illimitées lui permettant de soutenir une économie de guerre.

Les chiffres parlent d'eux-mêmes : du côté allemand, trois millions de soldats ; de l'autre, un bon million de plus. Les 135 divisions de la Wehrmacht font face aux 151 des Alliés ; 7 378 pièces d'artillerie se dressent à l'est, environ 14 000 à l'ouest. Pour les blindés aussi, le rapport de forces est assez clair : 2 439 chars allemands contre 4 504 véhicules dont le blindage est en outre deux fois plus épais – 30 millimètres pour la Wehrmacht, 60 millimètres pour les Français et pas moins de 80 millimètres pour les Britanniques. La

---

1. Hanno BALLHAUSEN (dir.), *Chronik des Zweiten Weltkrieges*, Munich, Chronik Verlag, 2004, p. 27.

2. Golo MANN, *Deutsche Geschichte des 19. und 20. Jahrhunderts*, *op. cit.*, p. 915 *sq.*

3. Bernhard R. KROENER, « Die personellen Ressourcen des Dritten Reiches im Spannungsfeld zwischen Wehrmacht, Bürokratie und Kriegswirtschaft 1939-1942 », *in* Rolf-Dieter MÜLLER et Hans UMBREIT (dir.), *Das Deutsche Reich und der Zweite Weltkrieg*, vol. 5.1 : *Organisation und Mobilisierung des Deutschen Machtbereichs, Kriegsverwaltung, Wirtschaft und personelle Ressourcen 1939-1941*, Munich, Deutsche Verlag-Anstalt, 1988, p. 826.

Luftwaffe, quant à elle, peut aligner 3 578 avions de combat quand les Alliés ont 4 469 machines à leur disposition [1].

En règle générale, pour qu'une offensive réussisse, il faut théoriquement compter trois attaquants pour un défenseur. Rien d'étonnant donc à ce que l'état-major de la Wehrmacht [*Oberkommando der Wehrmacht* – OKW [2]] ne parvienne pas à mettre sur pied un plan crédible. Mais Hitler s'entête : l'instinct guerrier de l'Aryen l'emportera d'une manière ou d'une autre. Grisé par la victoire stupéfiante en Pologne, il ne cesse d'évoquer « la bravoure miraculeuse des soldats allemands [3] ».

En réalité, le dictateur est lui aussi très embarrassé. Les déclarations de guerre de la France et de l'Angleterre l'ont pris au dépourvu. Jusqu'à la dernière minute, il avait espéré que les Alliés réagissent aussi mollement à l'invasion de la Pologne qu'au démantèlement de la Tchécoslovaquie. Mais cela ne se passe pas comme prévu, et l'Allemagne se retrouve en guerre contre toute l'Europe occidentale sans y avoir été suffisamment préparée. Hitler a conduit le Reich dans une impasse et il est maintenant dos au mur. Hadler, son chef d'état-major, le prévient : « Dans l'ensemble, le temps va jouer contre nous si nous ne parvenons pas à l'utiliser au mieux. La supériorité économique est dans l'autre camp [4]. » Hitler opte pour une fuite en avant. L'OKW, habitué à des plans froidement calculés, s'épouvante de cette ruée. Au demeurant, le soldat de 2e classe Hitler n'a pas vraiment la cote auprès des généraux prussiens qui le prennent pour un amateur. Ils méprisent autant ses idées fantaisistes que ses brusques intuitions. Une attaque mal préparée ne pourra manquer de conduire à nouveau l'Allemagne à la défaite comme pour la Première Guerre mondiale. Un coup d'État se prépare même pour renverser le dictateur. Walther von Brauchitsch, commandant en chef de l'armée de terre, et son chef d'état-major Franz Halder ont l'intention de faire arrêter Hitler s'il donne l'ordre de passer à l'offensive. Toutefois, après l'attentat raté de Georg Elser le 8 novembre 1939 dans la brasserie munichoise du Bürgerbraukeller, ce projet de putsch est abandonné.

1. Karl-Heinz Frieser, *Le Mythe de la guerre-éclair*, *op. cit.*, p. 77-106.

2. Commandement suprême de la Wehrmacht, créé par arrêté du Führer le 4 février 1938 [note du traducteur].

3. Albert Speer, *Au cœur du Troisième Reich*, trad. par Michel Brottier, Paris, Fayard, 1971, p. 591.

4. Dossier de procédure de Hans-Adolf Halder, BArch-Freiburg RH 2/768, p. 6 (verso).

Automne 1939 : c'est à cette époque-là que deux hauts gradés de l'armée allemande élaborent à Coblence un plan particulièrement hardi. Leur rencontre est décisive. Erich von Manstein, un général berlinois de cinquante-deux ans, à l'humeur fougueuse et aux joues enflammées, et le général Heinz Guderian, d'un an son cadet, originaire de Prusse-Orientale et commandant des troupes blindées, suggèrent de mener une offensive éclair avec une armada de tanks qui passeraient par les Ardennes belges, jusque-là réputées infranchissables, pour atteindre en quelques jours la ville de Sedan et, de là, poursuivre l'assaut jusqu'à la côte atlantique. Puisque les Alliés s'attendent à une attaque au nord et qu'ils y massent leurs troupes, ce « coup de faucille » pourrait prendre de court le gros de leurs forces qui se retrouveraient alors encerclées. L'Allemagne éviterait ainsi une guerre d'usure et de positions qu'elle ne peut pas remporter tandis que les puissants Alliés seraient coupés de leur base arrière et forcés à la reddition. Le plan B comme Blitzkrieg, pourrait-on dire.

Au sein de l'état-major, cette audacieuse proposition ne provoque que les hochements de tête désapprobateurs. À cette époque, les chars ne sont considérés que comme de pesants mastodontes, certes bien utiles pour appuyer d'autre types d'armes mais incapables de mener une guerre de mouvement comme une unité agissant de manière autonome – et ce encore moins sur un terrain montagneux et difficilement praticable. Cette ébauche de plan est jugée tout bonnement absurde et, pour doucher le téméraire von Manstein, on l'affecte à la ville portuaire de Szczecin, près de la mer Baltique et très éloignée du futur théâtre des opérations. Par la suite, les généraux trouveront toujours de nouvelles excuses pour ne pas céder aux exhortations d'Hitler qui les somme de se jeter dans la bataille. Le mauvais temps est à lui seul invoqué une douzaine de fois pour éviter de passer à l'attaque. De fait, comme on le dit à l'époque, la Wehrmacht ne possède qu'un armement pour le beau temps, tributaire qu'elle est du ciel pour déployer son aviation.

Sur le front, les furies de la guerre jouent donc les Belles au bois dormant. Ranke le constate quand il se rend en octobre 1939 dans la cité baroque de Deux-Ponts, dans le Palatinat rhénan, non loin de la frontière lorraine : les dents de dragon – ces barrières antichars – sont dressées vers le ciel mais, derrière, la plupart des soldats jouent aux cartes, au *Skat* ou au *Doppelkopf*, en fumant leur ration de cigarettes – sept par jour. Ils font des parties de football, aident à la récolte de pommes de terre et charment par leur cordialité les Français stationnés à quelques kilomètres à peine.

Cela n'exclut toutefois pas que les Allemands soient prêts à changer de ton au moindre signal. Ils gardent dans leurs poches des pilules à portée de main. Ranke s'aperçoit très vite qu'« une grande partie des officiers ont toujours de la pervitine sur eux. [...] Tous ceux que j'ai interrogés, qu'ils relèvent des troupes motorisées ou autres, m'ont confirmé l'effet bénéfique du produit [1] ». Malgré le calme sépulcral, tout le monde en est bien conscient : l'orage peut éclater à chaque instant. Il faudra alors se réveiller d'un coup et être en pleine forme. Mieux vaut donc avoir déjà une certaine pratique de la pervitine.

Alarmé par l'usage prophylactique que les soldats font du produit, Ranke écrit : « La question n'est pas de savoir si l'on doit ou non instaurer l'emploi de la pervitine, mais bien plutôt comment on peut reprendre la main sur sa consommation. La pervitine est massivement utilisée et sans aucun contrôle médical. » Il appelle fermement à établir une ligne de conduite, une notice explicative afin de réguler la consommation du produit et de « tirer des leçons pour l'ouest des expériences faites à l'est (campagne de Pologne) » [2]. Pourtant, encore une fois, rien n'est entrepris dans cette direction.

La pervitine est devenue une évidence et son usage ne cesse de se répandre : en atteste le simple fait que Ranke lui-même en consomme régulièrement et qu'il n'en fasse pas mystère dans sa correspondance ou son journal de travail. En temps normal, il allège son labeur quotidien par deux comprimés de chez Temmler qui l'aident à surmonter le stress lié à son travail et le mettent de bonne humeur. Bien que conscient des risques de dépendance, il n'en tire – lui, l'expert autoproclamé de la pervitine – aucune conclusion personnelle. À ses yeux, ce produit reste un médicament qu'il peut s'administrer aussi souvent qu'il le juge utile. Quand bien même des effets secondaires font leur apparition, le médecin ne les reconnaît pas comme tels et continue de se voiler la face : « Malgré la pervitine, j'ai des maux de tête et de ventre qui vont croissants depuis 11 heures du matin. » Pourtant, il affirme simplement à ses

1. Otto Ranke, « Pervitin », rapport du 16 octobre 1930 à l'Institut de physiologie militaire, BArch-Freiburg H 20/285/7. Voir aussi sa lettre du 16 octobre 1939 à Winkler ainsi que RH 12–23/1644 et le journal de guerre de Ranke, entrée du 4 janvier 1940.

2. O. Ranke, « Journal de guerre », entrée du 8 décembre 1940, BArch-Freiburg RH12–23/1644.

collègues : « Cela aide [...] à se concentrer et donne une impression d'aisance face aux tâches ardues. La pervitine n'a pas qu'un effet stimulant, elle met aussi de bonne humeur. Même à forte dose, aucune lésion durable n'a été observée. [...] On peut en outre travailler 36 à 40 heures d'affilée sans ressentir la moindre fatigue[1]. »

Rester éveillé deux jours et deux nuits devient ainsi la norme pour le physiologiste. Au cours des premiers mois de guerre, il travaille sans répit, à plein régime. Il est submergé de tâches et prend de plus en plus de pervitine pour ne pas sombrer. Il ne lui faut pas longtemps avant d'atteindre le seuil critique – un *burn-out* des plus classiques, même si cette notion n'existe pas encore. Dans son journal, il affirme certes vaillamment : « Personnel : dépression surmontée. Je suis depuis le 08/11 à midi de nouveau en état de travailler[2]. » Pourtant, fréquemment, il se couche très tard, passe « une nuit sans dormir du tout » et se plaint le lendemain d'être « pratiquement plié en deux ». Cette chute insidieuse dans la toxicomanie est exemplaire. En recourant à une substance chimique, Ranke cherche à repousser ses propres limites quand bien même il est déjà au bout de ses forces. Au demeurant, il n'y parvient pas toujours : « 19/11/1939 : complètement incapable de travailler, à cause de la pression du discours et de l'inspection qui approchent[3]. » Il n'est toutefois pas le seul à être épuisé par les obligations de la guerre et sa consommation de pervitine. Sa correspondance témoigne qu'un nombre croissant d'officiers prend le médicament pour réussir à tenir le coup.

La soif de drogue grandit aussi dans la population civile. La fièvre pervitienne reprend de plus belle à partir de 1939. Elle touche aussi bien les femmes au foyer, qui « s'enfilent les pilules comme si c'étaient des bonbons[4] » pour atténuer les effets de la ménopause, que les

1. O. RANKE, lettre du 24 janvier 1940 à Zechlin, BArch-Freiburg RH12–23/1644, Brief Ranke an Zechlin vom 24.1.1940. Voir aussi le discours de Ranke du 19 février 1939 pour l'anniversaire de la fondation de l'Académie de médecine militaire : « Pour ma part et au nom de tous mes assistants, je peux affirmer que, sous l'effet de la pervitine, nous nous sommes toujours mis au travail avec enthousiasme en ayant l'impression que même les pires problèmes se régleraient facilement. La décision notamment de s'attaquer aux tâches les plus lourdes se prend avec légèreté » (« Leistungssteigerung durch ärztliche Maßnahmen », BArch-Freiburg RH 12–23/1882, p. 5).

2. O. RANKE, « Journal de guerre », BArch-Freiburg RH12–23/1644, p. 6.

3. *Ibid.*, p. 16.

4. Eva KRAMER, « Die Pervitingefahr », *Münchener Medizinische Wochenschrift*, vol. 88, n° 15, 1941, p. 419 *sqq.*

jeunes mères allaitantes qui surmontent ainsi le baby blues, ou encore des veuves en quête du compagnon idéal qui avalent de fortes doses pour vaincre le tract d'un premier rendez-vous. Le spectre d'utilisation de la pervitine ne connaît plus de bornes. Pour l'obstétrique ou contre le mal de mer, le vertige, le rhume des foins, la schizophrénie, les angoisses, la dépression, l'apathie, les troubles cérébraux – qu'importe si ça les chatouille ou si ça les grattouille, les Allemands prennent de plus en plus l'habitude de piocher dans le petit tube bleu et rouge[1].

Puisque le café est difficile à trouver depuis l'entrée en guerre, la méthamphétamine est désormais fréquemment employée comme ersatz pour donner un peu de tonique à la chicorée. « Au lieu d'être ingurgitée par les pilotes de bombardier et les troupes du génie dans les bunkers, la pervitine pourrait être employée sciemment dans les classes d'études supérieures pour modifier les rythmes cérébraux », écrit Benn à propos de cette époque exceptionnelle à tous égards, y compris dans le domaine de l'industrie chimique. « Ce qui semblera sans doute aberrant à beaucoup, [...] n'est que la suite naturelle d'une idée de l'humanité. Qu'il s'agisse de rythme, de drogue ou du dressage automatique moderne, c'est toujours l'antique aspiration de l'humanité à surmonter des oppositions devenues intolérables [...][2]. »

À la fin de l'automne 1939, l'office de la Santé du Reich réagit à cette mode qu'elle ne peut plus ignorer. Son secrétaire d'État Leonardo Conti – une sorte de ministre de la Santé – tente, un peu tard, d'empêcher que « tout un peuple ne bascule dans la drogue[3] ». Il avertit des « contrecoups néfastes [qui] annulent complètement les effets bénéfiques liés à la prise du médicament ». Il s'adresse au ministère de la Justice afin de durcir la législation en vigueur et « fait part de son inquiétude qu'une accoutumance à la pervitine puisse tétaniser des pans entiers de la population [...]. Celui qui veut éradiquer la fatigue par la pervitine peut être certain de voir ses forces physiques et mentales décliner insidieusement, et ce jusqu'à l'effondrement inévitable ».

Dans un style typiquement national-socialiste, il lance un appel personnel à tous les travailleurs bénévoles de la lutte contre la drogue : « En ces temps graves, aucun Allemand, aucune Allemande

1. Liebendörfer, « Pervitin in der Hand des praktischen Nervenarztes », *Münchener Medizinische Wochenschrift*, vol. 87, n° 43, 1940, p. 1182.

2. G. Benn, *Vie provoquée*, *op. cit.*, p. 252.

3. Conti au ministère de la Justice du Reich, le 21 octobre 1939, BArch-Berlin R22/1475, f.395. *Id.* pour les deux citations suivantes.

n'a le droit de s'adonner à des plaisirs pernicieux. Il est aujourd'hui opportun et plus que jamais nécessaire au vu des circonstances présentes de montrer soi-même l'exemple en refusant les drogues. [...] Aidez-nous par votre travail à protéger la famille allemande et à la rendre plus forte, partout où elle est menacée par l'usage de stupéfiants. Vous renforcez ainsi de l'intérieur la résistance de notre peuple[1]. »

En novembre 1939, il impose une « obligation systématique d'ordonnance[2] » pour la délivrance de pervitine en pharmacie. Quelques semaines plus tard, à l'hôtel de ville de Berlin, il tient un discours devant les membres de l'Union des médecins nationaux-socialistes et les met en garde contre ce « grand et nouveau danger qui ne nous sera pas épargné, avec le cortège des symptômes de la dépendance[3] ». Ses paroles ne sont toutefois pas vraiment prises au sérieux et la consommation ne cesse d'augmenter. Beaucoup de pharmaciens restent assez laxistes face aux nouvelles règles de prescription, certains délivrant même aux clients sans ordonnance des boîtes à destination des hôpitaux. On ne rencontre toujours aucun problème pour s'y procurer quotidiennement plusieurs ampoules de pervitine injectable ou y acheter d'un seul coup quelques centaines de comprimés[4].

Il en va de même pour les soldats. Il faut dire que l'obligation de prescription médicale ne concerne que les civils. Pourtant, Conti ne s'avoue pas vaincu. Une véritable guerre dans la guerre est déclarée. Ayant observé que « nos jeunes soldats ont une mine épouvantable, parfois carrément grise et décrépite », le chef de la Santé du Reich demande à l'armée de s'expliquer au sujet de « l'usage et des abus de la pervitine ». Cependant, l'office sanitaire de Conti relève de

---

1. Leonardo Conti, « An die ehrenamtlichen Mitglieder der früheren R.f.R. », 19 octobre 1939, BArch-Berlin R36/1360.

2. *Reichsgesetzblatt* n° 1, 1939, p. 2176 ; *Reichsgesundheitsblatt*, 1940, p. 9 : « Le phenylaminopropane et ses sels (par ex. Benzédrine, Actedron, Elastonon) ainsi que le phenylmethylaminopropane et ses sels (par ex. pervitine) sont par décret policier du ministère de l'Intérieur sur les préparations à base de foie et autres médicaments désormais soumis à prescription pour pouvoir être délivrés en pharmacie. »

3. L. Conti, « Vortrag des Reichsgesundheitsführers Dr. Conti vor dem NSD-Ärztebund, Gau Berlin, am 19. März 1940, im Berliner Rathaus », *Deutsches Ärzteblatt*, vol. 70, n° 13, 1940, p. 145-153, ici p. 150.

4. Ernst Speer, « Das Pervitinproblem », *Deutsches Ärzteblatt*, vol. 71, n° 1, 1941, p. 4-6 et 15-19, p. 19. Voir aussi T. Holzer, *Die Geburt der Drogenpolitik*, *op. cit.*, p. 238 *sq.*

l'administration civile et l'armée a tôt fait de brocarder cette intrusion : « Quand bien même elle doit recourir à des moyens médicaux, la Wehrmacht ne peut renoncer [...] à accroître pour quelque temps sa productivité ou à faire reculer la fatigue », rétorque sans détour l'inspecteur sanitaire général Waldmann, chef des services de santé de l'armée de terre[1].

Le 17 février 1940 – soit le jour où Conti envoie sa lettre de protestation –, la chancellerie de Berlin est le théâtre d'une rencontre décisive entre Hitler, le général von Manstein et Erwin Rommel, nouvellement promu commandeur d'une division panzer. Von Manstein, les mains dans les poches comme à son habitude, est autorisé à exposer en détail au Führer l'audacieux plan d'attaque dont l'OKW ne veut pas entendre parler. Au contraire, Hitler, qui en temps normal interrompt sans cesse ses généraux, écoute comme fasciné le militaire lui expliquer doctement comment il veut passer à l'attaque à travers des montagnes presque infranchissables afin de prendre Français et Britanniques à contre-pied[2]. Bien que le Führer ne supporte pas ce général et son arrogance affichée d'expert militaire – « sûrement une tête bien faite, doué pour mener les opérations, mais je ne lui fais pas confiance[3] » –, il est immédiatement convaincu par cette stratégie qui fait tout reposer sur l'effet de surprise. Plutôt que l'équipement seul, c'est le temps, la vitesse, le concept même de cette attaque qui doivent aider à l'emporter. L'infériorité matérielle des Allemands ne constitue plus un frein à l'offensive. Sans hésiter, Hitler saisit la perche qu'on lui tend. Non sans fierté, von Manstein conclut dans son carnet de notes : « Le Führer fait part de son consentement. Peu après, le nouvel ordre de marche définitif est communiqué[4]. »

Reste à savoir si une percée à travers les Ardennes est tout bonnement possible. Il n'est que trop facile de s'enferrer dans ces terrains escarpés pour être ensuite tenu en échec par une défense même

---

1. Lettre du 17 février 1940 de L. Conti à Siegfried Handloser et réponse du 26 février 1940 de Handloser à Conti, BArch-Freiburg RH 12–23/1575.

2. « En mettant l'accent sur l'aile sud, nous devrions réussir à isoler et ainsi à anéantir les importantes forces ennemies qui sont à prévoir dans le nord de la Belgique », RH 19 I/41, dossier HGr 1 : brouillon des notes de Manstein pour le journal de guerre, 17 février 1940, annexe 51 (f. 174 *sq.*) ; voir aussi BArch RH 19 I/26, notes concernant l'exposé devant le Führer, f. 121 *sq.* Voir également Karl-Heinz FRIESER, *Le Mythe de la guerre-éclair*, *op. cit.*, p. 127.

3. Cité *in ibid.*, p. 661.

4. BArch-Freiburg, archives Erich von Manstein, notice n° 32.

fragile. Si cela devait se produire, les Alliés auraient alors le temps de rameuter des renforts au nord et au sud pour prendre les Allemands en tenaille. Le « coup de faucille » ne peut réussir que si les troupes blindées avancent nuit et jour, sans s'arrêter et surtout sans dormir. Hitler balaye tous les doutes : évidemment qu'un soldat allemand est prêt à combattre nuit et jour si la situation l'exige. Il n'en allait pas autrement pendant la Grande Guerre quand il servait en tant qu'estafette dans les tranchées des Flandres.

Dans les faits, les soldats n'auront pas besoin d'épuiser leur prétendue force de volonté. À quoi bon la pervitine sinon ? Dans le haut commandement de l'armée de terre, on s'apprête fébrilement pour le nouvel ordre de marche, ce qui passe entre autres par des préparatifs sanitaires. L'on se souvient alors des tests effectués par l'Académie de médecine militaire. Le 13 avril 1940 – soit bien trois semaines avant le début de l'assaut – l'inspecteur sanitaire général Waldmann fait un exposé devant le général von Brauchitsch, commandant en chef de l'armée de terre. Le sujet : « La pervitine en questions. Décret pour un usage prudent mais nécessaire dans certains cas[1] ». Ranke est convoqué pour des entretiens consultatifs. Il va et vient entre l'Académie de médecine militaire d'Invalidenstraße et le Bendlerblock où siège le haut commandement de l'armée de terre, au bord du Landwehrkanal. En toute hâte, il doit préparer un exposé qu'il tient devant l'état-major, mais aussi rédiger une fiche récapitulative sur la pervitine, sorte de notice d'utilisation spécialement destinée à la Wehrmacht[2].

Le 15 avril, Ranke reçoit une lettre du médecin-chef de la Panzergruppe von Kleist, le groupement blindé qui doit mener l'assaut dans les Ardennes et qui, en attendant, s'entraîne à grands coups de pervitine : « En tant que stimulant, [elle] semble apte à réduire les besoins en sommeil et à enrayer les signes de fatigue après d'importants efforts physiques et psychiques, notamment chez les soldats et les effectifs chargés de travaux intellectuels [...] dont on exige une fraîcheur d'esprit ainsi qu'une capacité de jugement, de concentration et d'assimilation à toute épreuve. Ces observations [...] ont été réalisées en partie durant la campagne de Pologne, en

1. A. Waldmann, journal intime inédit, entrée du 13 avril 1940, fonds d'études de l'histoire militaire du service de santé de la Bundeswehr.

2. Voir BArch-Freiburg RH 12–23/1882, « Leistungssteigerung durch ärztliche Maßnahmen », ainsi que l'exposé préparé (mais non tenu) en février 1940 par Ranke sur les excitants.

partie durant des exercices de marches et de manœuvres, aussi bien sur les troupes que sur de nombreux officiers et officiers médecins qui l'ont expérimentée eux-mêmes[1]. »

Pas de doute : le compte à rebours a commencé. Ranke presse les usines Temmler d'augmenter la production sans plus attendre. Deux jours plus tard, le 17 avril 1940, un document inédit dans l'histoire militaire commence à circuler au sein de la Wehrmacht.

Ce qu'on a appelé l'« arrêt sur les stimulants » est communiqué à un millier de médecins de troupe, plusieurs centaines de médecins en chef, au commandement sanitaire et à leurs homologues de la Waffen-SS. Le premier paragraphe est sec mais explosif : « L'expérience de la campagne de Pologne a montré que, dans certains cas, vaincre la fatigue qui pèse sur des troupes fortement sollicitées peut avoir une influence cruciale sur le succès militaire. Si le sommeil compromet la victoire, le vaincre peut dans certains cas s'avérer plus important que toutes les précautions prises contre d'éventuels dommages concomitants. Afin de surmonter la fatigue, [...] des produits stimulants sont mis à disposition. Conformément aux plans, la pervitine a été intégrée à l'équipement sanitaire[2]. »

Rédigé par Ranke, le texte est signé de Brauchitsch, commandant en chef de l'armée de terre. La dose quotidienne a été fixée à un comprimé dans la journée, puis dans la nuit « deux comprimés en prise préventive à court intervalle, et si nécessaire 1 à 2 comprimé(s) supplémentaire(s) après 3-4 heures ». Pour les situations exceptionnelles, on peut « empêcher [de dormir] au-delà de 24 heures » – et une invasion n'est-elle pas une situation exceptionnelle ? Parmi les éventuels symptômes d'intoxication, l'arrêt parle d'une « humeur batailleuse ». Mais est-ce une mise en garde ou un encouragement ? On peut lire plus loin : « Par un juste dosage, la confiance en soi est sensiblement accrue tandis que l'on renâcle moins à entreprendre les tâches les plus harassantes. Les inhibitions disparaissent sans que les sens en soient négativement affectés, contrairement à l'alcool[3]. »

La Wehrmacht devient ainsi la première armée au monde à tabler sur la drogue chimique. Et c'est Ranke, le physiologiste accro à la

1. *Ibid.*, lettre du 15 avril 1940 du médecin-chef Dr Schmidt du groupement von Kleist à Ranke.

2. *Ibid.*, chef des services de santé de l'armée de terre, 17 avril 1940, « Betr. Weckmittel », y compris les annexes 1 et 2.

3. *Id.*

pervitine, qui est en charge de sa régulation. Une nouvelle forme de guerre va faire son apparition.

Les temps modernes

Usines Temmler, département fabrication : des douzaines d'ouvrières en blouse blanche sont assises devant des machines circulaires, aux allures de tartes mécaniques. Une fois terminés, les milliers de comprimés sont poussés par des coulisseaux sur des tapis roulants où ils se mettent à danser, secoués qu'ils sont par les appareils et bientôt prêts pour l'inspection manuelle. Des doigts gantés de blanc s'affairent, palpent, glissent sur cette écume de pilules pour les trier sur le volet : les mauvaises au rebut, les bonnes dans des emballages spéciaux qui iront dans le sac à dos des soldats, les sacs à dos dans les paquetages de la Wehrmacht et les paquetages dans des caisses ornées de l'aigle du Reich. Toutes ces petites mains font des heures supplémentaires. Car l'Académie militaire fait pression : tout doit être livré le plus vite possible au client.

On peut fabriquer 833 000 comprimés par jour, production d'autant plus nécessaire que la Wehrmacht a passé une commande gigantesque pour l'armée de terre et la Luftwaffe : trente-cinq millions de doses [1]. Heinrich Böll n'aura plus jamais à demander à ses parents de le ravitailler.

Le temps, c'est de la guerre

> « La victoire réside dans la rapidité. Il s'agit de surprendre la défense, encore et toujours [2]. »
>
> Extrait de l'ordre d'attaque
> de la Panzergruppe von Kleist.

Les bandes phosphore accrochées à mi-hauteur sur les chênes éclairent un chemin fraîchement débroussaillé qui mène à un monticule d'apparence anodine. C'est ici que se trouve la salle des cartes

1. BArch-Freiburg RH 12–23/1884, « Auslieferung von Pervitin und Isophen vom Hauptsanitätspark an Heer und Luftwaffe ».

2. BArch-Freiburg RH 21–1/19, Ia/op n° 214/40 du 21 mars 1940, p. 2.

Ill. 10 à 13 Grosse commande chez Temmler : 35 millions de doses de méthamphétamine pour l'aviation et l'armée de terre.
Source : Temmler Pharma GmbH & Co KG, Marbourg.

du poste de commandement, une baraque en bois d'à peine deux mètres de large. Dedans, une simple table et une seule chaise paillée. Accroché au mur, un relief des Flandres qui a un effet d'autant plus esthétique quand on regarde, par la fenêtre, le paysage vallonné de l'Eifel et, au loin, les Ardennes. Hoffmann, le reporter photo du Reich et vieux compère de Morell, s'est posté à l'extérieur de la baraque et photographie frénétiquement ce qui se passe à l'intérieur.

C'est le quartier général du Führer, le *Felsennest* (le « nid d'aigle rocheux »), non loin de Bad Münstereifel, petit village aux chemins de terre et aux maisons à colombages. Nous sommes le 10 mai 1940, il est 7 heures du matin : le général de brigade Jodl expose la situation. Au nord de la Belgique, les parachutistes allemands partis de Cologne dans la nuit ont réussi à prendre le fort d'Eben-Emael, de première importance stratégique. Toutefois, il ne s'agit là que d'un leurre pour conforter les Alliés dans l'idée que l'offensive sera lancée à partir de cette zone. En fait, le gros des forces de la Wehrmacht se tient prêt dans un tout autre secteur, à la frontière du Luxembourg, c'est-à-dire bien plus au sud. Là-bas, les tanks prennent déjà position dans un vacarme de cliquetis ininterrompus. Reconnaissable à son antenne radio, le char de commandement du général Guderian est légèrement en tête. L'humeur toutefois n'est pas vraiment à la bataille : « Partout où l'on allait régnait un calme pesant, pour ne pas dire un profond abattement [1] », rapporte un officier.

Un simple fait suffit à témoigner de la confusion et de l'incertitude qui prévalent alors chez les assaillants : l'invasion que les Allemands ont si longtemps peaufinée reste d'abord bloquée dans les embouteillages. Le premier jour, c'est un bouchon interminable ou presque. Au lieu de démarrer en trombe et d'exploiter chaque minute de cet effet de surprise considéré comme crucial, c'est une pagaille sans nom, une circulation complètement paralysée alors que l'on se trouve encore sur le territoire allemand. La raison de ce fiasco est assez révélatrice : les chariots de l'infanterie engorgent les grandes routes pourtant nécessaires à la circulation des tanks.

---

1. Karl WAHL, *... es ist das deutsche Herz*, Augsbourg : éd. par l'auteur, 1954, p. 246. Voir Wilhelm Ritter von LEEB, *Tagebuchaufzeichnung und Lagebeurteilungen aus zwei Weltkriegen. Aus dem Nachlaß*, éd. par Georg Meyer, Stuttgart, Deutsche Verlags-Anstalt, 1976, p. 184.

Bientôt, rien ne va plus. La Panzergruppe von Kleist, la plus grande formation motorisée de l'histoire militaire, se retrouve dans les bouchons – soit 41 140 véhicules, dont 1 222 chars d'assaut côte à côte, pare-chocs contre pare-chocs. Ce qui devrait être un déluge de tôle et de métal piétine sur plus de deux cent cinquante kilomètres : un cortège qui s'étend jusqu'au Rhin. C'est, aujourd'hui encore, le plus gros embouteillage de l'histoire européenne. Les Alliés auraient aisément pu bombarder ces forces ennemies qui leur étaient servies sur un plateau, embourbées qu'elles étaient dans leurs manœuvres. Ils auraient ainsi tué l'offensive dans l'œuf. Cependant, personne ne s'attend alors à une attaque dans un tel dé à coudre et l'embouteillage passe inaperçu. Côté français, les services de reconnaissance ne voient rien venir et ne peuvent donc pas tirer avantage de ces heures chaotiques de la Wehrmacht.

Côté allemand, cette confusion est tout simplement due au fait que personne dans l'OKW ne pense les chars d'assaut capables de mener l'offensive à bien. De là, le peu de routes qui leur sont réservées ; de là aussi l'absence de zones d'action spécifiques. On ne parle pas de Blitzkrieg pour le moment. Personne n'a compris et encore moins intégré ce concept – hormis quelques généraux au premier rang desquels Guderian, qui passe des appels radio désespérés, donnant l'ordre à l'infanterie de libérer le passage. Celle-ci considère cependant les chars d'assaut comme des rivaux et compte bien mener l'attaque comme elle l'a toujours fait. Ses camions de transport de troupes, ses chariots tirés par des chevaux, ses fantassins, dont beaucoup portent les mêmes armes que leurs pères durant la Première Guerre : tous continuent d'engorger les routes. Néanmoins, après d'interminables va-et-vient, quand les chars d'assaut parviennent à se dépêtrer de ce bourbier, ils montrent tout de suite de quoi ils sont capables face à cette chaîne de montagnes, fonçant à travers les vallées encaissées et les routes escarpées. Ils rattrapent bientôt le temps perdu. Plus rien ne pourra les arrêter jusqu'à la Manche. Plus rien ou presque.

« Flânez pas, foncez[1] ! »

« La tâche impartie à l'armée allemande est très difficile », note dans son journal le général Franz Halder, chef de l'état-major de l'armée de terre. « Une tâche que l'on ne peut accomplir au vu du terrain (la Meuse) et du rapport des forces en présence – notamment pour l'artillerie. [...] Nous devons recourir à des moyens inhabituels et encourir les risques afférents[2]. » Or la méthamphétamine est l'un de ces moyens inhabituels. Elle devient cruellement nécessaire aux soldats quand le général Guderian leur ordonne : « J'exige de vous que vous ne dormiez pas pendant trois jours et trois nuits si cela est nécessaire[3]. » Et il le faudra bien : c'est au plus tard dans ce laps de temps que les Allemands doivent atteindre Sedan et franchir la Meuse s'ils veulent pénétrer dans le nord du pays avant l'arrivée du gros des troupes ennemies qui se trouve encore en Belgique ou, plus avant vers le sud, sur la ligne Maginot.

Niveau ravitaillement, tout est prêt du côté de la Wehrmacht. Sergents fourriers et intendants généraux ont commandé les pilules en temps voulu. Le général von Kielmansegg[4], par exemple, s'en fait livrer vingt mille rations pour sa 1re Panzerdivision[5]. Dans la nuit du 10 au 11 mai 1940, on fait bombance de pervitine. Des milliers de soldats sortent leur dose du revers de leur calot[6] ou la reçoivent des mains de leur médecin officier, ils la posent sur la langue, avalent et boivent un coup pour faire passer.

Vingt minutes plus tard, c'est parti : les cellules nerveuses déversent leurs neurotransmetteurs dans le cerveau. Tout d'un coup, la perception est exacerbée par la dopamine et la noradrénaline qui placent l'organisme en état d'alerte. La nuit s'illumine : personne

---

1. L'une des expressions préférées de Guderian, selon ses propres dires. Voir Heinz GUDERIAN, *À la tête des panzers : souvenirs d'un soldat*, trad. de l'allemand par François Courtet, Paris, Plon, 1962, p. 92.
2. Cité *in* Karl-Heinz FRIESER, *Le Mythe de la guerre-éclair*, *op. cit.*, p. 178.
3. *Ibid.*, p. 209.
4. Le comte Johann von Kielmansegg deviendra dans les années 1970 le commandant en chef des forces terrestres de l'OTAN en Europe.
5. Cette division compte près de quatre cents officiers, deux mille sous-officiers et environ neuf mille trois cents soldats.
6. BArch-Freiburg RH 12–23/1882 : voir par exemple la « présentation d'un rapport quant aux stimulants » datée du 23 février 1940, p. 2 : « [...] deux comprimés sont donnés à chaque pilote et copilote avec pour instruction de les ranger dans le revers du calot et de les prendre si besoin est, mais à une heure du matin au plus tard. »

ne dort, on avance à la lueur des phares et l'immense dragon de la Wehrmacht s'ébranle vers la Belgique, en dévorant tout sur son passage. La morosité et la frustration des premiers jours font désormais place à de drôles de sensations. À ce moment s'amorce un élan qu'on peinera plus tard à expliquer. Un feu glacé consume les soldats de l'intérieur. Il ne s'agit pas encore de l'orage d'acier de la Grande Guerre ; mais la tempête chimique gronde, les esprits sont zébrés d'éclairs euphoriques, les troupes s'agitent dans le branle-bas de combat. Les conducteurs conduisent, les radiotélégraphistes radiotélégraphient sur des appareils de cryptage à l'apparence futuriste tandis que les tirailleurs sont prêts à tirailler, en treillis noir, chemise grise et avec, déjà en joue, leur fusil à lunette. On ne s'arrête plus. Un assaut psychotrope, sans répit, s'est déclenché dans le cerveau. La pression artérielle augmente jusqu'à vingt-cinq pour cent et le cœur tambourine sur le carénage de la poitrine.

Au petit matin survient la première escarmouche : des défenseurs belges se sont retranchés dans des bunkers sur les hauteurs de la ville de Martelange, une petite commune frontalière. Ils ont face à eux une pente dégagée sur plusieurs centaines de mètres : un terrain imprenable, sauf à la rigueur par une attaque de front qui semble néanmoins suicidaire. Et c'est exactement ce que vont faire les fantassins dopés de la Wehrmacht, fonçant tête la première dans ce corridor mortel. Effrayés par leur témérité, les Belges préfèrent battre en retraite. Au lieu de sécuriser leurs positions comme le voudrait l'usage militaire, les assaillants complètement déchaînés poursuivent l'ennemi et le mettent définitivement en déroute. Ce début des hostilités sera symptomatique de la suite des événements.

Le troisième jour, le commandant de la division signale que ses troupes ont bel et bien atteint la frontière française : les Allemands sont aux portes de Sedan. Beaucoup d'entre eux n'ont pas fermé l'œil depuis le début des opérations. Mais il leur faut encore se hâter : l'artillerie doit ouvrir le feu à 16 heures pile, en une attaque coordonnée avec la vague de bombardiers qui apparaît déjà dans le ciel. Les pilotes, en de périlleux piqués, rasent à toute vitesse les positions françaises, faisant hurler les sirènes de leur *Stuka*, les fameuses « trompettes de Jéricho » qui précèdent toujours de violentes explosions. Partout dans la ville, les fenêtres vibrent, les maisons tremblent. Bombe après bombe, la méthamphétamine enflamme les cerveaux, largue des neurotransmetteurs qui crépitent entre les synapses, crèvent le ciel cérébral et déversent leur cargaison explosive : les voies neuronales tressaillent, les espaces synaptiques commencent à scintiller, tout n'est que bourdonnement et vrombissement. Au sol, les défenseurs sont recroquevillés dans des bunkers vacillants tandis que les sirènes leur percent les tympans et mettent leurs nerfs à vif[1].

Au cours des prochaines heures, ce ne sont pas moins de 60 000 hommes, 22 000 véhicules motorisés et 850 chars d'assaut qui passent le fleuve : « Nous nous trouvions dans une sorte d'extase, un état d'exception », rapporte un belligérant. « Nous étions assis dans les camions, recouverts de poussière, épuisés et survoltés[2]. » Pris d'une griserie jusqu'alors inconnue, les Allemands conquièrent Sedan. « L'ardeur au combat inextinguible permettra de vaincre l'ennemi à la loyale », lit-on dans le rapport officiel de la Wehrmacht[3]. En réalité, la drogue a largement attisé une ferveur guerrière qui, durant la Grande Guerre, était surtout poussée par des sentiments nationalistes.

Les renforts militaires français accourent et arrivent quelques heures plus tard – trop tard. Elles cèdent alors à la panique, réaction qui scellera leur destin. Les Allemands ont déjà franchi la Meuse, le barrage a bel et bien cédé. Jusqu'à la capitulation, les Français n'arriveront plus à endiguer cette dynamique. Ils vont toujours agir trop lentement, ils vont toujours être surpris, débordés, et ne pourront jamais reprendre la main. Un rapport de la Wehrmacht explique ainsi : « En voyant tout d'un coup apparaître nos panzers, les Français se sont tellement dispersés qu'ils ne purent opposer qu'une maigre défense[4]. »

Mobilisé en mai-juin 1940 sous les drapeaux français, l'historien Marc Bloch évoque une défaite « intellectuelle » : « Nos soldats ont été vaincus, ils se sont, en quelque mesure, beaucoup trop facilement laissé vaincre, avant tout parce que nous pensions en retard. » Et parce que les cerveaux des Français ne sont pas dans un état d'alerte légèrement euphorique. « Les Allemands, eux, couraient un peu partout, à travers les chemins », note Bloch, décrivant ainsi l'irrémédiable chaos provoqué par les assaillants : « Ils croyaient à l'action et à l'imprévu. Nous avions donné notre foi à l'immobilité

---

1. Voir K.-H. Frieser, *Le Mythe de la guerre-éclair, op. cit.*, p. 277 *sqq.*

2. Wolfgang Fischer, *Ohne die Gnade der späten Geburt : Antwort an meinen Sohn*, Munich, Herbig, 1990, p. 62 *sqq.*

3. « Aus dem 3. Bericht über die Fahrten des Kommandierenden Generals während des Einsatzes in Frankreich », f. 008, BArch-Freiburg N 802/62, archives Guderian.

4. *Ibid.*, f.10.

et au déjà fait. [...] Tout le long de la campagne, les Allemands conservèrent la fâcheuse habitude d'apparaître là où ils n'auraient pas dû être. Ils ne jouaient pas le jeu. [...] En sorte que certaines défaillances, qui, je le crains, ne sont guère niables, ont eu leur principale origine dans le battement trop lent auquel on avait dressé les cerveaux[1]. »

Les pertes françaises en ce premier jour de bataille à Sedan sont, avec cinquante-sept victimes, relativement faibles. Plus importants en revanche sont les dégâts psychologiques causés par l'attaque de ces Allemands déchaînés qui semblent prêts à tout dévaster. Or cette campagne va se jouer sur le terrain de la psyché. À propos de ce passage éclair de la Meuse et de la faillite du système défensif, un rapport d'enquête français parlera ainsi d'un « phénomène d'hallucination collective[2] ».

Chrono-meth

> « Le Blitzkrieg a été mené grâce à la méthamphétamine, pour ne pas dire qu'il était fondé sur l'usage de la méthamphétamine[3]. »
>
> Peter STEINKAMP,
> historien de la médecine.

Les avantages que présente un produit stimulant pour une invasion militaire sont évidents : la guerre se joue dans l'espace et le temps ; la rapidité est un élément clé. La Première Guerre mondiale fait figure d'exception avec ses infimes conquêtes territoriales en plus de quatre ans de combat. En revanche, bien des choses se seraient trouvées changées si Napoléon avait pu mener ses troupes deux heures plus tôt sur le champ de bataille de Waterloo.

Un rapport de la Wehrmacht décrit ainsi l'assaut gorgé de méthamphétamine que conduit Guderian : « Le général décide promptement de quitter seul la rive sud de la Meuse et de partir avec son véhicule tout-terrain en direction de Donchéry [...] usant

1. Marc BLOCH, *L'Étrange Défaite*, Paris, Société des Éditions Franc-Tireur, 1946, p. 67 *sqq.*

2. Cité *in* K.-H. FRIESER, *Le Mythe de la guerre-éclair*, *op. cit.*, p. 308.

3. Cité *in La Pilule de Göring*, film documentaire de Gorch Pieken et Sönke el Bitar, Arte, 2010.

de toutes les ressources de son moteur, sans pause ni répit, nuit et jour, aussi loin que le carburant le lui permet [1]. » La réalité est toutefois beaucoup moins légère que ce que laissent entrevoir ces lignes. Il s'agit d'une guerre de conquête qui va faire plusieurs milliers de victimes et qui, par une stratégie novatrice, tout simplement inouïe, va servir de modèle pour les autres campagnes militaires [2]. Guderian, le général aux moustaches grises et aux jumelles toujours pendues au cou, parle d'un miracle mais c'est pourtant bien lui qui, au fil des jours et surtout des nuits, a donné naissance au Blitzkrieg. En à peine une centaine d'heures, les Allemands gagnent plus de terrain qu'en quatre ans durant la Première Guerre. L'ordre de bataille a octroyé à la Panzergruppe von Kleist, qui dépend aussi de Guderian, une liberté d'action qui vaut tant que le groupe peut se mouvoir rapidement et faire avancer la ligne de front. Que les chars soient freinés, et ils réintègrent le régime commun. Cette consigne se révélera particulièrement avisée : la Panzergruppe va tout faire pour ne pas se laisser réincorporer.

À partir de Sedan, Guderian escorté par ses officiers d'ordonnance va se déplacer de manière quasi autonome à bord de son véhicule radio blindé. Sécuriser les positions ou construire une tête de pont comme dans les manuels militaires, ce n'est désormais plus son affaire. Une fois la ville frontalière prise, il continue son offensive alors qu'il a formellement reçu l'ordre de faire halte. Grisé par la victoire, il opte pour la désobéissance. Couvrir ses flancs ? On n'en est plus là. Ce qui compte désormais, c'est d'aller plus vite que tout ce qui pourrait tenter de l'intercepter. Assurer le ravitaillement ? Pourquoi donc ? Il dispose de tout ce dont son unité a besoin. Un astucieux système de jerricans permet un approvisionnement suffisant en essence aux premières lignes. Et puis, la réserve sanitaire centrale [*Hauptsanitätspark*], pharmacie géante de la Wehrmacht, se charge de la pervitine [3].

---

1. Cité *in* K.-H. FRIESER, *Le Mythe de la guerre-éclair*, *op. cit.*, p. 500.

2. Cela ne concerne pas seulement la Seconde Guerre mondiale, mais aussi les guerres conventionnelles de notre époque où les chars d'assaut jouent toujours un rôle majeur.

3. C'est le fameux principe dit du « sac à dos », sorte de distribution à la volée où un camion chargé de bidons préalablement remplis à l'abri remonte la colonne de blindés en distribuant au passage les jerricans (*jerrycan*, « bidon boche »), faisant ainsi gagner un temps considérable à l'unité [NdT]. Dès les premiers jours de la campagne, on voit à quel point l'issue d'un combat peut être déterminée par la logistique. Voir à ce sujet Johann Adolf von KIELMANSEGG, *Panzer zwischen Warschau und Atlantik*, Berlin, Verlag « Die Wehrmacht », 1941, p. 161.

Quatre jours plus tard, la tactique allemande déconcerte toujours autant des Alliés totalement pris de court. Ils ne parviennent pas à s'adapter à cet assaillant imprévisible, qui ne procède pas méthodiquement et qui n'a en tête qu'un seul objectif : atteindre le plus vite possible la côte atlantique et parachever l'encerclement des troupes ennemies. La voie pour y parvenir se fera selon une feuille de route improvisée au jour le jour mais où la pervitine joue un rôle central.

« Nous conduisons aussi vite qu'il est possible de le faire en convoi. Le général veille par l'intermédiaire de ses hommes à ce que la circulation soit fluide. Des distances gigantesques ont été parcourues aujourd'hui. Deux officiers français d'une colonne de ravitaillement ont été conduits devant le général : "Oh, les Allemands sont très *schnell* – très, très vite." Ils sont stupéfaits d'avoir été si brusquement capturés. Ils n'avaient aucune idée de quand et où nous devions arriver. [...] Nous poursuivons notre chemin vers Montcornet. Tous les véhicules roulent plein pot durant le trajet. Le général doit dresser une nouvelle feuille de route. Tout va tellement vite [1] », peut-on lire à propos de l'assaut mené par Guderian. Le rapport se poursuit : « Sur la place du marché, quelques Français sortent de leur voiture, ils roulent un moment avec notre convoi. Personne ne se soucie de savoir le nom du lieu. Le général s'arrête à une église avec son adjudant et ils règlent la circulation. Une division à droite, une division à gauche. Comme pour une course, tout le monde fonce à travers la ville [2]. »

Le Blitzkrieg est désormais en roue libre. Dans ces frénétiques journées printanières de 1940, il incarne une modernité fugace, changeante, faisant sauter toutes les entraves, transgressant toutes les limites. Drogues et excitants lui sont dorénavant indispensables.

Piège de cristal

Erwin Rommel n'est pas à cette époque un fin connaisseur en matière de panzers. Il vient de l'infanterie, autrement dit de la

1. Cité *in* K.-H. Frieser, *Le Mythe de la guerre-éclair*, *op. cit.*, p. 230.
2. BArch-Freiburg N 802/62, archives Guderian, *loc. cit.*, f.007 et f. 011/012.

piétaille de la Wehrmacht, et ignore tout des colonnes d'acier ou de leur capacité de mouvement. Pourtant, c'est justement cette ignorance qui va permettre au Souabe de mener une campagne peu ordinaire. Il conduit sa 7e Panzerdivision à l'intuition, comme s'il s'agissait de troupes d'assaut de l'infanterie. Il n'attend même pas que les hommes du génie construisent des ponts pour faire franchir les fleuves à ses véhicules de plusieurs tonnes – et cela marche. Winston Churchill, nommé Premier ministre dès le début de l'offensive allemande, se fourvoie complètement quand il cherche à rassurer son homologue français, le président du Conseil Paul Reynaud : « L'expérience nous a appris qu'une offensive est toujours suivie d'une accalmie au bout d'un certain temps. [...] Dans quatre ou cinq jours, ils devront s'arrêter à cause du ravitaillement, ce qui ouvrira le champ à une contre-offensive [1]. »

Sauf que Rommel ne s'arrête pas. Trop leste pour offrir une quelconque prise à l'ennemi, il va, roule, fonce sans relâche, profitant comme Guderian de l'excellente logistique de l'armée allemande. Il est admiré du quartier général : « J'aimerais être un jour en première ligne sur le front, comme le général Rommel. C'est la tête brûlée par excellence, toujours dans le premier véhicule de sa division [2] ! » Même les ordres de son supérieur, le général Hoth, ne l'atteignent plus. En effet, le temps qu'ils arrivent par écrit au poste de commandement, Rommel est déjà loin, par monts et par vaux, avec le contact radio coupé. Il a perdu tout sens du danger – symptôme typique d'une consommation excessive de méthamphétamine. Il poursuit son offensive de jour comme de nuit, attaque lui-même des positions bien défendues qui se trouvent en travers de son chemin, fait feu de toutes parts et prend constamment ses ennemis à contre-pied. Les Français font désespérément face à ces fauves auxquels on a lâché la bride. Comment réagir ? Les manœuvres d'entraînement ne prévoyaient pas un tel cas de figure.

À la fin de la première semaine de campagne, une scène surréaliste fait apparaître sous un jour plus clair les méthodes allemandes : dans la nuit du 17 mai 1940, Rommel, depuis longtemps émancipé de toute chaîne de commandement, fait route vers

1. Winston CHURCHILL, *La Deuxième Guerre mondiale*. t. 2, *L'orage approche. La drôle de guerre*, 1919-1939, Paris, Plon, 1948, p. 61.

2. Lettre du 3 juin 1940 de Morell à sa femme, BArch-Koblenz N 1348.

Solre-le-Château, situé dans le Nord en direction de l'Avesnois. Le hasard a voulu que la 5e division d'infanterie, une partie de la 18e division d'infanterie et de la 1re division blindée françaises aient justement établi leur camp de nuit à cet endroit. Le général de brigade Rommel n'hésite pas une seconde : il leur fonce dessus, les écrase tous sans exception, tire quelques bordées et poursuit sur dix kilomètres les centaines de chars et de véhicules transportant les morts et les blessés ; il les pousse dans les fossés à droite et à gauche, puis continue son chemin, les chaînes du panzer maculées de sang, debout dans son char entre deux officiers, la casquette tombée sur la nuque – voici comment Rommel donne du cœur au ventre à ses troupes [1].

Le Blitzkrieg de ces Allemands insomniaques ne connaît plus de limites. Les graines des futures débauches de violence sont désormais semées. Rien ni personne ne semble pouvoir faire reculer les soldats qui commencent à croire la propagande nazie : de fait, ils sont en quelque sorte supérieurs. Après tout, la méthamphétamine rend présomptueux et brouille le jugement. Les rumeurs à propos d'une « Wehrmacht invincible » commencent à se répandre. Cependant, Daladier, alors ministre de la Guerre, ne veut pas voir la réalité en face et hurle son incrédulité au téléphone quand Maurice Gamelin, commandant en chef des armées, lui annonce le 15 mars à 20 h 30 qu'il assume la pleine responsabilité de la défaite : « Non ! Ce que vous me dites n'est pas possible ! Vous vous trompez certainement ! Ce n'est pas possible [2] ! » Les « Boches » sont déjà à cent trente kilomètres de Paris – et il n'y a plus aucune troupe en réserve pour défendre la capitale. Tout est donc allé très vite. « Cela veut-il dire que l'armée française est vaincue ? Est-ce que cela signifie que l'armée française est battue ? » demande Churchill. Daladier se ratatine sur lui-même, le visage blême : « J'étais comme assommé », notera le Premier ministre anglais dans ses Mémoires. « Je dois avouer que ce fut là l'une des plus grandes surprises de ma vie [3]. »

En quelques jours à peine, les Allemands ont gagné la guerre en Europe. Du moins, presque gagné.

1. K.-H. Frieser, *Le Mythe de la guerre-éclair*, *op. cit.*, p. 471.
2. Cité *in ibid.*, p. 455. De même pour la citation suivante.
3. W. Churchill, *La Deuxième Guerre mondiale*, *op. cit.*, p. 65.

Une guerre éclair trop rapide

« Pour le moment, cela ressemble fort à la plus grande catastrophe militaire de l'histoire [1]. »

Général Edmund IRONSIDE,
chef de l'état-major britannique,
le 17 mai 1940, à propos
de la situation des Alliés.

« Une journée vraiment morose. Le Führer est incroyablement nerveux. Il a peur de sa propre victoire, ne voudrait plus rien risquer et aimerait que nous nous arrêtions. »

Franz HALDER,
chef de l'état-major de l'armée de terre,
le 17 mai 1940.

« Il fulmine et hurle : on serait sur le point de gâcher toute l'opération et de courir à la défaite [2]. »

Franz HALDER, un jour plus tard.

Ce succès foudroyant surprend tout le monde, y compris au sein de l'état-major allemand. Les bureaux de l'armée travaillent nuit et jour, recueillant les communications longue distance et les rapports sur les différents secteurs, corrigeant sans cesse l'évolution de la ligne de front. Midi et soir, le général de brigade Jodl fait un exposé de la situation devant l'état-major du *Felsennest*, le « nid d'aigle rocheux », non loin des frontières belge et néerlandaise. Mais l'impatient Hitler, en somnambule inquiet, se lève au milieu de la nuit, sort de son bunker et de ses murs de cinquante centimètres en béton armé, traverse la chênaie pour arriver jusqu'à la salle des plans où l'adjudant de Jodl a déjà accroché sur la carte une nouvelle ligne de front, toujours plus à l'ouest. Hitler s'assied alors sur la chaise de paille et reste ainsi jusqu'à l'aurore. Seul l'incessant mouvement de ses mâchoires trahit un profond désarroi et, paradoxalement, une mauvaise humeur.

---

1. Edmund IRONSIDE, *Diaries 1937-1940*, New York, David McKay, 1962, p. 317. Cité *in* K.-H. FRIESER, *Le Mythe de la guerre-éclair*, *op. cit.*, p. 453.

2. Franz HALDER, *Kriegstagebuch. Tägliche Aufzeichnungen des Chefs des Generalstabes des Heeres 1939-1942*, vol. 1, Stuttgart, Kohlhammer, 1964, p 302, cité *in* K.-H. FRIESER, *Le Mythe de la guerre-éclair*, *op. cit.*, p. 448-449.

Car le Guide ne mène pas cette campagne. Il peine à suivre les généraux des divisions blindées qui agissent désormais de leur propre chef. En dépit de leurs victoires, le dictateur a du mal à accepter qu'on lui ait pris des mains les rênes du pouvoir. Est-ce bien encore « sa » guerre ? Après s'être si longtemps opposés à cette offensive, ces beaux Messieurs de l'armée de terre progressent beaucoup plus vite que les plans ne les autorisaient à le faire. Ne seraient-ils pas en train de prendre toute l'initiative ? Le complexe du soldat de seconde classe Hitler face à ces militaires beaucoup mieux formés que lui à l'art de la guerre joue ici à plein. Il reproche à ses généraux de s'enivrer de leur victoire, de ne pas couvrir leurs flancs, de trop s'exposer : et que se passerait-il si les Alliés décidaient d'une contre-attaque par le sud de la Belgique pour prendre en étau ce front bien trop étendu ? Cette hypothèse ne sera en fait jamais d'actualité tant la confusion règne dans le camp adverse. Mais Hitler ne voit plus la réalité en face, il est dévoré par son complexe d'infériorité latent et cède finalement à ses propres peurs.

Ainsi, au printemps 1940, Hitler, commandant suprême mais dépassé, va commettre une erreur cruciale en décidant de refroidir l'ardeur des cerveaux surexcités d'une Wehrmacht qui tourne à plein régime. Sans le dire, il cherche à mettre sur la touche l'état-major de l'armée de terre : quoi qu'il en coûte, celui-ci ne doit plus jouer le rôle de centrale de commandement. Reste encore à trouver le moyen d'y parvenir. Tout le monde doit voir qui mène la barque, qui est le Führer.

Hitler n'est pas le seul à paradoxalement vivre ces enivrants jours de victoire comme une défaite, une rebuffade personnelle. Son médecin aussi. Morell est constamment de garde mais ses services sont à peine sollicités. Il écrit à sa femme : « Il y a peu, j'ai demandé au Führer s'il avait quelque sujet de plainte quant à sa santé. Il a répondu par la négative. Il se porte comme un charme. Il est frais et dispos. D'un point de vue médical, il n'y a quasiment rien à faire ici [1]. » Le civil désœuvré se sent complètement exclu dans ce poste de commandement militaire en ébullition vingt-quatre heures sur vingt-quatre. L'homme gêne de surcroît tout le monde ; beaucoup éprouvent une répugnance instinctive à son égard, du fait de sa corpulence et de son statut de pékin. L'uniforme fantaisiste, avec ses pattes de col gris-vert ornées de bâtons d'Esculape

1. Lettre du 26 mai 1940 de Morell à sa femme, BArch-Koblenz N 1348.

dorés, qu'il a fait réaliser à partir de ses propres dessins pour ne plus avoir à se promener en civil, n'arrange rien. Cet accoutrement ridicule ne lui vaut que les moqueries des généraux. Quand, pour en imposer, il arbore une boucle de ceinture SS, il se fait immédiatement rabrouer. Il n'est pas membre des *Schutzstaffeln* et doit retirer cet accessoire. Un peu à court d'idées, il le remplace par une boucle de ceinture dorée, digne d'un costume d'opérette. Il regarde avec envie son rival, le chirurgien d'Hitler qui arbore, lui, un vrai grade de l'armée : « Le Dr Brandt porte depuis aujourd'hui les épaulettes de lieutenant de l'armée de terre[1]. » Morell tente à son tour d'obtenir, en tant que transfuge, un titre militaire mais toutes ses demandes sont rejetées. Hitler ne soutient pas non plus les ambitions de son médecin. Car c'est justement ce qu'il apprécie chez lui : tant que Morell reste un pion isolé, sans poste officiel dans le Parti, la Wehrmacht ou toute autre organisation de masse, il ne peut qu'être difficilement instrumentalisé pour des intrigues ou manipulé par un cacique de l'appareil nazi. Il appartient au Führer et à lui seul.

Tandis que les panzers écrasent l'ennemi, Morell, seul dans le *Felsennest*, est taraudé par une peur du lendemain. D'autres dans le sillage d'Hitler – tel Hoffmann, son photographe – profitent largement des succès du Reich, à tel point que l'entourage du Führer s'apparente bientôt à une horde de pillards des temps modernes. Morell pourtant ne reçoit qu'un salaire de base mensuel de 3 000 Reichmarks pour le traitement administré au Führer ainsi que le suivi médical des adjudants. « Comme tout le monde a très peu de temps libre, je reste continuellement seul dans mon coin. [...] S'il ne s'agissait pas du Führer, je préférerais parfois être à la maison. Je vais bientôt avoir cinquante-quatre ans », se lamente-il dans une lettre à sa femme où il se plaint de ne pouvoir conserver sa « villa de Schwanenwerder qu'avec d'importants revenus stables ». « Je dois donc gagner beaucoup d'argent par mon activité de médecin (alors que ma force de travail s'amenuise) ou me trouver une source de revenus dans le domaine chimique-pharmaceutique[2]. » Il optera pour la seconde solution. Ce choix aura d'importantes répercussions, et pas seulement pour ses patients.

1. Lettre du 28 mai 1940 de Morell à sa femme, *ibid.*

2. Le salaire de Morell sera plus tard revalorisé à hauteur de 60 000 Reichmarks par an. À cela s'ajoutent des privilèges fiscaux pour ses activités commerciales.

S'arrêter à Dunkerque : une interprétation pharmacologique

> « Nous allons perdre quasiment tous nos soldats opérationnels dans les deux prochains jours – à moins d'être sauvés par un miracle[1]. »
>
> Général Edmund IRONSIDE,
> chef de l'état-major britannique.

Le 20 mai 1940, un avion de liaison du ministère de la Propagande se pose dans le *Felsennest* et livre la dernière édition, tout juste montée – sous la direction de Goebbels – de la *Wochenschau*, le journal hebdomadaire filmé. Hitler descend à pied la côte qui mène au *Hack*, le débit de boisson du village. Il s'assied dans une pièce attenante, inspecte les bobines trois fois d'affilée et dicte les modifications à apporter. Puis, il va se laver aux bains publics et se fait reconduire au poste de commandement[2]. Le lendemain matin, le film est réexpédié à Berlin et projeté, à partir de jeudi dix heures, sur tous les écrans des grands cinémas du Kurfürstendamm. Bien entendu, dans cette édition du 22 mai 1940, pas un mot sur les psychotropes. On préfère parler du « glaive allemand qui écrit ici une nouvelle page de l'histoire » ainsi que de l'« invincible esprit guerrier aryen[3] ».

Entre-temps, Guderian lance l'assaut sur Abbeville, importante ville portuaire des côtes de la Manche. Toutes les troupes belges, françaises et britanniques au nord du « coup de faucille » sont désormais isolées des formations stationnées plus au sud. Il ne reste plus qu'un seul port ouvert sur l'Atlantique, une seule issue de secours : Dunkerque. Guderian prend à nouveau ses adversaires de vitesse et, au bout de cinq jours, atteint la ville flamande. Il pourrait couper en quelques heures seulement les dernières voies de repli et encercler ainsi près d'un million de soldats alliés. En effet, ceux-ci sont encore aux prises avec les 6e et 18e armées allemandes, complètement à la merci du danger qui arrive dans leur dos. Après seulement dix jours de combat, l'Empire britannique est au bord du gouffre.

Ce matin-là, Göring est l'invité d'Hitler dans le *Felsennest*. Conséquence de la grave blessure au ventre qu'il a reçue lors du

1. E. IRONSIDE, *Diaries 1937-1940*, *op. cit.*, p. 333.
2. Hans-Josef HANSEN, *Felsennest, das vergessene Hauptquartier in der Eifel*, Aix-la-Chapelle, Helios, 2008, p. 81.
3. *Die Deutsche Wochenschau* n° 22, 22 mai 1940.

putsch raté de Munich en 1923, le deuxième homme du régime nazi souffre depuis des années d'une sérieuse dépendance à la morphine[1]. Avant de quitter sa chambre à coucher, « Möring » – ainsi qu'on l'appelle en secret – sort d'un étui en cuir lisse sa seringue en verre artisanal, ornée d'une bague en or ; il la remplit d'un geste expert, retrousse la manche de sa robe de chambre de velours vert, se bande le bras, plisse les yeux et se pique d'un coup sec. Il ne faut que quelques secondes à la morphine pour agir. Le monde est à ses pieds ; ravi, le cerveau baigné d'opium, il ne s'imagine absolument pas abandonner la victoire et les honneurs à ces arrogants chefs de l'armée de terre. Sinon, craint Göring, les généraux jouiront d'un tel prestige aux yeux du peuple qu'ils pourraient lui faire de l'ombre ainsi qu'à Hitler. Et puis, une telle mission serait bien méritoire pour la Luftwaffe. Pensez donc : écraser l'ennemi depuis le ciel. Ses avions ont simplement besoin qu'on leur laisse le champ libre. Les panzers doivent reculer un peu pour ne pas se retrouver sous les bombardements. Satisfait, Göring hoche la tête en pensant à cette idée géniale et change ses pantoufles pour de hautes bottes noires. Tandis qu'un indicible sentiment de bien-être lui parcourt les veines, il s'en va à grands pas dans la forêt du *Felsennest*. Hitler accueille favorablement la suggestion de son bras droit. Les anciens frères d'armes se vouent une confiance aveugle. Hitler se sent sur la même longueur d'ondes que « Möring » – bien plus qu'avec les généraux sous pervitine. À ses yeux, la « force aérienne nationale-socialiste » a une plus grande valeur idéologique que l'« armée de terre prussienne ». Il consent ainsi à la folle proposition que lui soumet son maréchal d'Empire et, faisant valoir le *Führerprinzip*, saisit l'occasion pour mettre comme prévu l'état-major de l'armée de terre au rencart. Le matin même, il s'envole pour Charleville où se trouve le quartier général du groupe d'armées A. À 12 h 45, il donne un ordre qui sera cause de migraines pour bon nombre d'historiens à venir. C'est le fatidique « ordre d'arrêt » de Dunkerque que l'on peine encore à expliquer rationnellement de nos jours.

Lorsque les Britanniques réalisent que les panzers font tout d'un coup halte, ils ont du mal à croire à ce cadeau tombé du ciel. De suite, ils entament une manœuvre d'évacuation sans précédent vers Dunkerque. Bientôt, ce sont 10 000 bateaux de sauvetage qui

1. La Gestapo avait consciencieusement rassemblé des preuves de la toxicomanie de Göring. Voir A. Speer, *Au cœur du Troisième Reich*, *op. cit.*, p. 376.

arrivent dans le port : des contre-torpilleurs de la Royal Navy et autres navires de guerre, des barcasses, des bateaux à vapeur même, des yachts privés que l'on réquisitionne, des péniches venues de la Tamise. Bref, une armada mal assortie et rassemblée en toute hâte pour une opération sans répit. Des planches sont posées sur les camions et les troupes alliées grimpent sur les ponts improvisés pour s'engouffrer enfin dans ces arches de Noé.

Guderian ne peut qu'assister impuissant à la scène. Il observe à la jumelle les opérations de la ville où se presse un flot inextinguible de soldats français et britanniques. Pourtant, on ne l'autorise pas à avancer bien que l'orgueilleux plan de Göring, qui prétendait vaincre par le ciel, a d'ores et déjà capoté. La faiblesse matérielle mais aussi, surtout, stratégique de la Luftwaffe s'est fait jour d'un coup. Le *Reichsmarschall* s'est bercé d'illusions et de morphine. Certes, ses stukas coulent plus d'un millier de bateaux de sauvetage mais, en cette fin du mois de mai 1940, la météo nuageuse gêne leur visibilité. Par ailleurs, la Royal Air Force, dont les bases sont beaucoup plus proches que celles des Allemands, abat l'un de ses atouts : brusquement, des Spitfire apparaissent dans le ciel et prennent rapidement l'avantage. Dans la salle des cartes du *Felsennest*, von Brauchitsch, le commandant en chef de l'armée de terre, est au bord de la crise de nerfs. Il presse Hitler de lui lâcher la bride et de lui permettre d'achever la campagne. Le dictateur s'entête. Il va montrer à l'armée de terre que c'est lui et personne d'autre qui mène cette guerre.

Plus de 340 000 soldats français, belges et britanniques s'échappent ainsi par la mer. Les Alliés ont évité à la dernière minute une défaite complète : pour les Allemands, c'est une « victoire perdante » comme le dira par la suite von Manstein, le père du « coup de faucille ». Le 4 juin, à 9 h 40, après dix jours d'entêtement qu'il ne peut comprendre, Guderian est autorisé à entrer dans Dunkerque. Il n'y trouve plus que le matériel complet des Britanniques – soit 63 000 véhicules, 22 000 motos, 475 tanks, 2 400 fusils, un nombre incalculable de munitions et d'armes de poing – ainsi que 80 000 soldats français qui n'ont pas trouvé place sur les bateaux anglais. Et une ville bombardée, une silhouette fulminante, un squelette calciné qui semble rire au nez du général : les Britanniques se sont tirés des griffes allemandes.

La bataille de Flandres est achevée ; la première phase de la campagne vers l'ouest, nommée « plan jaune », se termine. Contrairement à ce qui pourra être dit plus tard, elle n'a jamais été pensée du début jusqu'à la fin comme un Blitzkrieg. Elle a engendré à partir de Sedan sa propre dynamique, favorisée par l'utilisation massive de pervitine dans le camp allemand – une dynamique qu'Hitler, dépassé par cette rapidité, n'a fait qu'enrayer. Nonobstant, il s'approprie la victoire pour la présenter comme un triomphe personnel. Malgré l'ordre aberrant de s'arrêter à Dunkerque, il se présentera dorénavant comme un stratège infaillible et son entourage, enthousiaste ou apeuré, donnera dans cette farce. La presse allemande parle de la campagne de France comme de « l'événement le plus prodigieux de toute l'histoire de la guerre car on a rendu possible dans les faits ce qui, à tort, était tenu pour impossible [1] ». Wilhelm Keitel, chef de l'OKW, après ce qu'il nomme « la plus grande victoire militaire de tous les temps » en vient à désigner Hitler comme « le plus grand chef de guerre de tous les temps [2] » [*größten Feldherr aller Zeiten*] – surnom que les Allemands, devant l'incompétence flagrante du commandant suprême, transformeront plus tard en l'acronyme moqueur de *Gröfaz* [3].

Le dealer de la Wehrmacht

> « Je vous avais demandé de ne pas dormir pendant quarante-huit heures. Vous avez tenu dix-sept jours [4]. »
>
> Heinz GUDERIAN.

Le 6 juin 1940, les troupes allemandes sont aux portes de Paris. À Berlin, le train d'Otto Ranke quitte la gare de l'Anhalter Bahnhof à 22 h 52 direction l'ouest. Le physiologiste a décidé de se rendre sur le front afin d'étudier les usages de la pervitine et de pourvoir au ravitaillement. Conservé dans les archives militaires de Fribourg, son

1. *Berliner Lokal-Anzeiger, Zentralorgan für die Reichshauptstadt, Tagesausgabe Groß-Berlin*, édition du 1er juin 1940.

2. Cité *in* Reinhard HESSE, *Geschichtswissenschaft in praktischer Absicht*, Wiesbaden, Steiner, 1979, p. 144.

3. L'acronyme renvoie ironiquement à la prédilection des nazis pour les abréviations. Sans être très usité, le terme de *Gröfaz* est désormais passé dans le langage courant et pourrait se traduire par « maréchal piteux » [NdT].

4. Cité *in* Bradley DERMOT, *Walther Wenck, General der Panzertruppe*, Osnabrück, Biblio-Verlag, 1982, p. 146.

journal de guerre livre un témoignage sans fard du « plan rouge », la seconde phase de la campagne de France, visant cette fois à occuper le cœur du pays. Les phrases de Ranke sont souvent hachées, ses descriptions lapidaires, parsemées d'abréviations. Il y est toujours question d'une quantité non négligeable de pervitine : « 14/06/40, vendredi 9 h 00 : entretien avec lieutenant Kretschmar, de Lage. Présentation. Connaît le sujet, prend lui-même tous les 2 j. env. 2 compr., les trouve fabuleux, se sent rafraîchi, pas fatigue ap. coup, pas défaillance intellectuelle sous pervitine, confirmation formelle à ma demande[1]. »

Le doping tient la corde lors de ce tour de France très particulier du Dr Ranke, un périple qui lui fera parcourir le pays de long en large sur plus de quatre mille kilomètres, longeant les côtes, traversant villes et villages. Il est assez révélateur que Ranke suive les deux fers de lance de la Wehrmacht, les inventeurs du Blitzkrieg dans la Panzergruppe von Kleist : le général Guderian et un Rommel complètement allumé. Ranke se trouve toujours là où l'on consomme le plus de pervitine, là où l'ambiance est la plus électrique et où l'on a le plus besoin de lui – en effet, il a apporté une grande quantité de drogue qu'il distribue à foison. « 16/04/1940, dimanche : à 10 h 00, peu avant le départ prévu, arrive une voiture avec Holt au volant. Hourra. Il n'arrivait tout simplement plus à nous retrouver en pleine nuit. Emballage de 40 000 pervitine. Départ à 11 h 00 pour le 14e corps d'armée. 1er chocolat (je conduis). 1re tasse de café au marché de Lormes, on continue jusqu'à Montesauche. De toute la journée, n'ai mangé qu'un paquet de gâteaux[2]. »

Ranke mène souvent son enquête l'appareil photo à la main. Et ses sujets favoris ne manquent pas d'étonner car ce sont des modèles endormis : des soldats allongés dans l'herbe à côté d'un Kübelwagen[3], des pilotes sommeillant dans leur auto, des officiers assoupis dans leur fauteuil, un sergent-chef dans une chaise longue sous un arbre. Les clichés semblent vouloir attester que Morphée, l'ennemi déclaré de Ranke, n'a pas encore été totalement vaincu. Il s'agit de l'avoir à l'œil, ou plutôt de le garder dans le collimateur. Avec de la pervitine, bien entendu.

1. « Bericht über die Kommandierung zur Gruppe Kleist », rapport du 12 juillet 1940, BArch-Freiburg RH 12–23/1931.

2. *Id.*

3. Littéralement « voiture-bassine », véhicule militaire léger et tout-terrain fabriqué par Volkswagen [NdT].

Ill. 14 et 15 Après dix-sept jours sans sommeil : l'assoupissement du Blitzkrieg. *Source* : Bundesarchiv-Militärarchiv Freiburg.

L'ennemi sur le champ de bataille fait, lui, moins de difficulté : quand Paris tombe aux mains des Allemands le 14 juin, les Français n'opposent plus qu'une faible résistance. Cruelle image que le pays donne à voir : « Des champs de ruines, des voitures calcinées et des cadavres de chevaux entassés sur les grandes places, avec des arbres abattus tout autour. Des chars d'assaut et des maisons incendiés. Dans le sillage de la débandade des Anglais et des Français, un amas d'équipements en tous genres, des fusils abandonnés, des tanks en panne, etc. Des deux côtés des routes, des réfugiés tentent de rentrer chez eux, la plupart à bicyclette, avec leurs biens emballés à la va-vite [1]. »

Waldmann, chef des services de santé de l'armée de terre et supérieur de Ranke, voyage aussi dans le pays en guerre et, du haut de son poste d'observation, fait sans la nommer l'éloge de la pervitine : « Ligne Maginot brisée. Avancées incroyables : 60-80 km par jour ! Intendance plus efficace, évacuation : tout est beaucoup mieux qu'en 1918 [2]. » En effet, pendant cette guerre, les Allemands ne piétinent

1. Lettre du 3 juin 1940 de Morell à sa femme, BArch-Koblenz N 1348.

2. Journal de guerre inédit d'Anton Waldmann, chef des services de santé de l'armée de terre, mis à notre disposition par le Dr Volker Hartmann de l'Académie de santé de la Bundeswehr.

pas. Ils foncent avec une rapidité jamais vue à travers les paysages d'été. Rommel évite désormais les routes afin de contourner les dernières poches de résistance françaises. Il coupe à travers champs et, le 17 juin 1940, il établit – avec pas moins de 240 kilomètres parcourus en une journée – une sorte de « record du monde du sprint militaire ». Le chef d'état-major des forces aériennes note lui aussi : « Les avancées sont monstrueuses [1]. »

À la mi-juin, Guderian atteint Pontarlier, à la frontière suisse. Le demi-million de soldats français qui étaient restés sur la ligne Maginot est désormais encerclé. La victoire du Reich sur son voisin est maintenant complète. Mais Hitler est encore une fois dépassé par cette vélocité et toutes ses conséquences : « Votre message est erroné, câble-t-il à son général. Vous voulez dire Pontailler-sur-Saône. » Et Guderian de préciser : « Aucune erreur. Suis personnellement à *Pontarlier*, frontière suisse [2]. » Le récit d'un reporter de guerre allemand relate la vitesse de l'offensive. Dans un style typique de la soldatesque, il écrit :

---

1. Journal de guerre d'Otto Hoffmann von Waldau, chef de l'état-major de l'armée de l'air, mars 1930-10 avril 1942, entrée du 25 mai 1940, BArch-Freiburg ZA 3/163. Voir également Schmid, *Feldzug gegen Frankreich 1940*, BArch-Freiburg ZA 3/163, ainsi que *Überblick über den Einsatz der Luftwaffe bei den Operationen in den Niederlanden, in Belgien und Nordfrankreich*, 3 juin 1940, BArch-Freiburg ZA 3/58, USAF History Project, p. 16, *in* Ob.d.L./Führungsstab Ic, Nr. 10641/40 brochés.

2. H. Guderian, *À la tête des panzers*, *op. cit.*, p. 117.

« Les chars, l'artillerie, les batteries antiaériennes et l'intendance se relayent continuellement. On avance sans cesse, y compris la nuit, à l'aveuglette sur les départementales. Nul ne pense à dormir. Un morceau de chocolat remplace le déjeuner. On avance toujours. Nos colonnes de véhicules ont franchi plus de trois cents kilomètres, parfois à travers des champs de blé, des plaines et des prairies. Comment cela est-il possible ? Seuls ceux qui sont au volant pourraient le dire. En vérité, ces derniers jours, nos pilotes ont réalisé l'impossible. Nous sommes si rapides que la population française n'a pas eu le temps de fuir : "Vous, les Allemands, vous êtes tombés comme un ouragan sur le pays, dit un civil. Un jour à Calais et puis maintenant dans le Sud." Il ne peut que hocher la tête[1]. »

Toutefois, contrairement à ce qu'affirme le *Berliner Lokal-Anzeiger*, on ne déjeune pas que de chocolat. Les petites pilules rondes de chez Temmler sont aussi au menu et servent de coupe-faim. Ranke, qui accompagne Guderian sur près de cinq cents kilomètres en trois jours, s'entend confirmer par un médecin officier que la consommation de pervitine pour chaque pilote oscille entre deux et cinq comprimés par jour de conduite. La propagande écornera largement la réalité quand elle verra dans cette victoire la preuve d'une mentalité guerrière nationale-socialiste. Le journal de guerre de Ranke atteste bel et bien que d'autres forces – chimiques cette fois – sont à l'œuvre : « Le médecin en chef Krummacher a fait lui-même plusieurs fois l'expérience de la pervitine. Prends congé du lieutenant-colonel Kretschmar qui demande avec insistance et finalement réclame de la pervitine. [...] Depuis le début de la campagne, il a consommé un tube de 30 comprimés, parfois 6 comprimés par jour[2]. »

À propos de Kretschmar, qui est en charge de l'intendance pour la Panzergruppe von Kleist, Ranke écrit qu'« à plusieurs occasions la pervitine lui a permis de poursuivre son travail malgré la fatigue. Il souligne son effet positif sur le moral et précise que, sous l'emprise de la pervitine, il est toujours parvenu à accomplir des tâches nécessitant une grande concentration. »

Autrement, ce sont surtout les « officiers de l'état-major [...] qui connaissent la pervitine, en font l'éloge et m'en demandent ». Avec

1. [s.a.] « Sturmfahrt bis zur Grenze der Schweiz », *Berliner Lokal-Anzeiger, Zentralorgan für die Reichshauptstadt, Tagesausgabe Großberlin*, 20 juin 1940, p. 2.

2. O. Ranke, « Bericht über die Kommandierung zur Gruppe Kleist », 12 juillet 1940, BArch-Freiburg RH 12–23/1931, *id.* pour les quatre citations suivantes.

Baumeister, le médecin en chef de Rommel, Ranke a un « entretien cordial, détaillé sur pervitine et science ». Même les Waffen SS, qui se targuent pourtant de leur pugnacité, ne sauraient se passer de pervitine : « Départ à 10 h 00 sur la route de la 10e Panzerdivision. Rencontre en chemin des SS, très disciplinés malgré le long trajet. Ai livré 2 000 pervitine au médecin de l'unité. »

Pourtant, il y aurait aussi à signaler bien des effets secondaires, bien des contreparties de cet acharnement pharmaceutique. Mais Ranke n'en a pas connaissance – à moins qu'il ne les passe sous silence dans ses notes. Ce sont surtout les officiers plus âgés, qui ont dépassé la quarantaine, qui font les frais de cette consommation forcenée. Un colonel de la 12e Panzerdivision, dont on savait qu'il « prenait beaucoup de pervitine[1] », meurt d'un arrêt cardiaque alors qu'il se baigne dans l'Atlantique. Un capitaine fait également un arrêt cardiaque après avoir consommé de la pervitine lors d'une soirée entre camarades. Un général de division se plaint de fatigue alors que les combats ne sont pas encore terminés. Pour y remédier, il prend de la pervitine avant de se rendre, contre l'avis du médecin, sur la ligne d'infanterie. Il y meurt d'une syncope. Un lieutenant-colonel de la 1re unité de remplacement Panzer, qui a « pris pendant 4 semaines 2 compr. 2 fois par j.[2] » durant les combats, se plaint de douleurs au cœur et souligne dans un rapport que « sa tension artérielle était absolument normale *avant* de consommer de la pervitine. » Il dresse ainsi un tableau critique de cet immense doping dicté par le commandement : « Avant le début de l'engagement, les services militaires ont livré et distribué de la pervitine aux officiers et aux chefs de compagnie pour leur propre usage et pour qu'ils les redistribuent aux troupes sous leur commandement avec l'ordre formel de l'utiliser pour les tenir éveillés lors de l'intervention à venir. La Panzergruppe avait donc reçu la consigne claire de consommer de la pervitine. »

D'un autre officier de l'état-major on apprend que, pendant un mois et demi dont trente et un jours au combat, il a pris quatre comprimés par jour avant d'être déclaré inapte au service à cause d'une « hypertension artérielle essentielle[3] ». Par ailleurs, des addictions se font jour. De plus en plus d'hommes souffrent des effets secondaires

1. Lettre du médecin en chef Dr Seyffardt du 16 mai 1941 au médecin principal Dr Althoff, « Obj. : abus de pervitine » BArch-Freiburg RH 12–23/1882.

2. O. Ranke, notes du 25 avril 1941, BArch-Freiburg RH 12–23/1882.

3. Lettre du 27 mai 1941 d'Otto Ranke au médecin principal Dr Scholz, BArch-Freiburg RH 12–23/1882.

liés à ce produit qui les consume de l'intérieur. Apathie, dépression : dès qu'ils ne sont plus sous l'emprise de la drogue, ils se sentent mal, deviennent nerveux. Plus on s'adonne à la méthamphétamine, moins le corps libère de dopamine et de sérotonine dans le cerveau. Et moins l'individu se sent bien, plus il a recours à la pervitine pour compenser ce malaise. C'est le cercle vicieux de la dépendance.

Pourtant, Ranke occulte tous ces inconvénients, suivant la maxime « la guerre, c'est la guerre et la meth, c'est la meth ». Celui qui passe pour un scientifique intègre dans son institut médical de l'Académie militaire va enjoliver l'enquête qu'il destine à Berlin. Le physiologiste, qui connaît la pervitine et ses effets comme personne, est en fait devenu accro et en minimise les conséquences pour lui comme pour les autres. Le cas typique d'un dealer consommateur. La toxicomanie de Ranke a toutefois cela d'inhabituel qu'elle va décider du destin d'innombrables civils et militaires.

Guerre et vitamines

Dans l'euphorie de la victoire, Morell trouve tout de même le temps de réfléchir à son rôle en tant que pionnier de la vitamine et s'attelle à l'élaboration d'un cocktail pharmaceutique baptisé « Vitamultin » et destiné à tout le marché européen. Sa stratégie commerciale est aussi simple qu'aguicheuse : il lui suffit de persuader ses patients, les grands pontes des armées, de vanter les mérites de son produit et tous les autres suivront à coup sûr. Afin de rendre le produit encore plus attrayant aux yeux d'Hitler, Morell fait produire par Nordmark – entreprise hambourgeoise dont il détient la moitié des parts – la classieuse « Vitamultin Nobel ». Celle-ci n'est destinée qu'à un seul et unique client, elle est emballée dans du papier doré et frappée du sigle SF [*Sonderanfertigung Führer*] : « série spéciale Führer ». Le contenu, lui, est un peu moins glamour : poudre de cynorhodon (fruit de l'églantier), citron séché, extraits de levure et sucre raffiné [1].

Se nourrissant presque exclusivement de fruits, de légumes et de salades, Hitler ne souffre pas vraiment de carences en vitamines.

---

1. Pour la version SRK de la Vitamultin, il est indiqué que les ingrédients naturels comportant des vitamines sont : le cynorhodon, les graines de seigle, aneurine et acide nicotinique. Ingrédients aromatisants : lait en poudre, cacao et beurre de cacao. Voir lettre du 27 mai 1941 des Ets Hamma à Morell IfZArch, MA 617, rouleau 2.

Pourtant, il tombe dans le panneau et se jette sur les comprimés comme s'il s'agissait des pommes d'or du jardin des Hespérides. Après tout, un surplus de vitamines ne peut pas faire de mal. Bientôt, il avale quotidiennement plusieurs de ces précieux bonbons et Morell prie la pharmacie Engel, située non loin de la Chancellerie et sorte de fournisseur officiel de la cour, de « toujours conserver un petit stock d'env. 500 à 1 000 Vitamultin-F. [...] Une pleine réserve doit être assurée [1] ». Il tient la recette secrète et enjoint expressément le pharmacien à ne délivrer le produit qu'à lui-même ou au majordome d'Hitler.

Morell aborde la deuxième étape de son plan marketing. Pour le gratin de la Wehrmacht et les plus éminents collaborateurs de l'état-major, l'astucieux médecin confectionne une pastille enveloppée cette fois dans du papier argenté avec le sigle SRK [*Sonderanfertigung Reichskanzlei*] : « version spéciale Chancellerie ». Les officiers s'arrachent bientôt ces friandises au goût plutôt fade et les dégustent de manière ostentatoire lors des réunions. C'est un Morell très satisfait qui écrit ainsi, du quartier général du Führer, à sa femme : « Ici, la Vitamultin se porte pour le mieux. Tous les chefs en font l'éloge et la recommandent à leur famille restée à la maison [2]. »

Ce premier succès va constituer une clef de voûte pour ensuite pouvoir négocier d'importants marchés avec les organisations de masse du IIIe Reich. Usant sans vergogne de son influence en tant que médecin personnel du Führer, Morell s'adjoint les services de la Deutsche Arbeitsfront [3] (DAF) pour plusieurs « opérations Vitamultin ». Des quantités gigantesques sont commandées : tantôt 260 millions, tantôt 390 millions d'unités. En tout, ce sont près d'un milliard de doses de Vitamultin qui vont être acquises par la DAF. Le but est d'accroître la productivité des travailleurs dans l'industrie de l'armement ainsi que d'améliorer leur résistance aux maladies infectieuses. Le Dr Morell fait un appel du pied à la SS, qui reçoit d'abord à titre gracieux 100 000 bonbons vitaminés en « gage d'amitié ». Avec cela, le corps de montagne expéditionnaire en Norvège devrait être conquis. Lors d'un entretien personnel avec Himmler, le chef de la SS, Morell vante l'utilité

---

1. Lettre du 29 octobre 1942 des Ets Hamma au pharmacien Jost, *ibid.*
2. Lettre du 16 mai 1940 de Morell à sa femme, BArch-Koblenz N 1348.
3. Le « Front du travail », organisation des travailleurs et employeurs allemands, substitut aux syndicats [NdT].

de sa Vitamultin en Scandinavie : il a été scientifiquement prouvé qu'un apport accru en vitamine C facilitait la vision de nuit et il fait bien souvent sombre là-haut [1]. Les SS semblent satisfaits du résultat et passent des commandes supplémentaires, à hauteur de plusieurs centaines de millions d'unités. Une marque spécifique est même créée pour le produit qui reçoit le label « SS Vitamultin » [2].

Les troupes au sol sont également dans le collimateur du praticien mercantile : « Ne faudrait-il pas adresser une nouvelle requête à l'armée de terre au sujet de la Vitamultin [3] ? » s'interroge-t-il dans une lettre. Or Morell se heurte ici à Otto Ranke. Le dealer de la Wehrmacht, depuis longtemps habitué à des produits autrement plus puissants, ne se laisse pas impressionner par quelques vitamines et refuse que ces bonbons atterrissent dans le barda des troupes.

Néanmoins, même sans l'armée de terre, la Vitamultin se porte bien. Un refus de l'armée de l'air va même consolider le pouvoir du docteur puisqu'il interprète cette défection comme une attaque personnelle et se met à intriguer contre le Dr Hippke, chef du service de santé de la Luftwaffe : « Par des affirmations fallacieuses, le médecin général Hippke cherche à désavouer un produit des plus précieux et a fait circuler un écrit calomnieux à mon encontre », écrit-il à Göring, le supérieur de Hippke. « Je ne peux tolérer de telles méthodes dans le cadre de mon travail et j'aurais déjà porté plainte si cela était arrivé dans un contexte privé. Je vous demande donc, vénérable *Reichsmarschall*, de juger de l'affaire avec équité. Je vous prie de bien vouloir agréer, Monsieur le Maréchal du Reich, mes salutations respectueuses. Heil Hitler [4]. » Göring s'en émeut et Hippke doit partir. C'est un triomphe pour le médecin du Führer. Sa carrière dans l'industrie pharmaceutique prend son envol.

---

1. Lettre du 26 août 1941 des Ets Hamma au bureau central et aux services de santé de la SS, BArch-Freiburg R43.

2. Les SS ont également utilisé la Vitamultin de Morell durant la campagne de Russie, comme le confirme Himmler le 12 janvier 1942 : « Le Führer a ordonné que les préparations vitaminées idoines soient expédiées aux unités de la Waffen-SS sur le front de l'Est. La fabrication de ces préparations vitaminées est confiée à la firme HAMMA SARL à Hambourg. Chacun est prié d'aider par tous les moyens cette entreprise à acquérir les matières premières et ressources nécessaires à la fabrication, afin que l'ordre du Führer soit exécuté en temps voulu. »

3. Lettre du 16 mai 1940 de Morell à sa femme, BArch-Koblenz N 1348.

4. Lettre de Morell à Göring au sujet de Hippke, Records of Private Individuals (Captured German Records), Dr. Theo Morell, National Archives Microfilm Publication T253, rouleau 35, National Archives, College Park, Maryland.

I believe I can fly

Après le fiasco de Dunkerque, Göring cherche à redorer son blason de chef, du moins tel qu'il se l'imagine dans les vapeurs de morphine. On est alors en pleine préparation de l'« opération Lion de mer », c'est-à-dire l'invasion de la Grande-Bretagne par des troupes au sol. Cette aventureuse traversée de la Manche par plusieurs centaines de milliers de soldats nécessite au préalable de dominer l'espace aérien pour ne pas mettre les troupes en péril : cette mission revient à Göring qui n'attendait qu'une telle opportunité pour impressionner Hitler et continuer à justifier de son poste – ainsi que de son train de vie[1]. Pour imposer sa suprématie, il commence par bombarder les cibles logistiques de la Royal Air Force : aérodromes, hangars, pistes de décollage, avions. C'est le début de la « bataille d'Angleterre ». Toutefois, cette stratégie, jusqu'alors gagnante, est abandonnée après que les Britanniques ont bombardé les quartiers berlinois de Wedding et Kreuzberg dans la nuit du 25 août 1940. En représailles, Hitler ordonne une attaque contre Londres prévue pour le 4 septembre afin de saper le moral de la population civile : une grave erreur tactique puisqu'on en oublie les aérodromes ennemis tandis que les Anglais peuvent consolider leur défense.

Les bombes déferlent sur la capitale ainsi que sur d'autres villes du pays. Plus de 40 000 civils seront tués avant la fin de l'année. Pour la première fois dans cette guerre, on mène des attaques terroristes systématiques. Mais les insulaires rétorquent : « *London can take it*[2] » et la Royal Air Force riposte avec détermination. On ne compte plus les appareils abattus au-dessus du territoire tandis que les Britanniques mènent des expéditions punitives contre les villes allemandes. Il devient bientôt trop dangereux pour la Luftwaffe d'opérer en plein jour. Un pilote de bombardier décrit ainsi la situation : « Nous décollions généralement assez tard, vers vingt-deux ou vingt-trois heures pour arriver ensuite vers une ou deux heures du matin au-dessus de Londres ou d'une autre ville anglaise – et, bien entendu, on était déjà fatigués alors que ce n'était vraiment pas le moment. Dès qu'on le remarquait, on avalait un ou

1. Richard Suchenwirth, *Hermann Göring*, étude inédite, p. 42 *sq.*, BArch-Freiburg ZA3/801.

2. Anthony Aldgate et Jeffrey Richards, *Britain Can Take It. The British Cinema in the Second World War,* 2de édition, Édimbourg, Edinburgh University Press, 1994, p. 120.

deux comprimés de pervitine et ça repartait. [...] J'ai effectué de nombreuses missions de nuit. En tant que commandant, il fallait que je sois réactif à tout moment. Alors, j'anticipais et je prenais de la pervitine à l'avance. Imaginez un commandant qui serait fatigué au moment du combat. Voyons, ce n'est pas possible. [...] On n'allait pas renoncer à la pervitine juste parce que cela aurait pu nuire à notre santé, alors que l'on risquait de se faire descendre dans les heures qui suivaient[1] ! »

Un cas isolé ? Voire. Il n'existe certes aucune statistique sur la consommation de pervitine au sein de la Luftwaffe et nous ne disposons d'aucune preuve historiographique concernant un usage généralisé du stimulant chez les pilotes d'avion – hormis la première commande de trente-cinq millions de doses passée par Ranke pour les armées de terre et de l'air.

Mais le fait est que celui qui veut gagner la guerre doit en dernier ressort dominer les airs. Et, pour cela, il faut le matériel adéquat, qu'il soit d'acier ou de chair et d'os. Les deux doivent fonctionner sans accroc et plus longtemps que ceux de l'ennemi. Alors que les Spitfire se révèlent techniquement supérieurs aux Messerschmitt, la Luftwaffe a une longueur d'avance sur la RAF en termes de drogue. La pervitine reçoit bien vite plusieurs surnoms, laissant deviner l'usage qu'on en fait : les « sels de l'aviateur », les « pilules de Göring » ou « du stuka ». Un chef d'escadre raconte une mission dans la zone méditerranéenne : « Dans la poche latérale de mon pantalon se trouve un sac en lin, grand comme la main et protégé par de la cellophane, contenant cinq ou six comprimés blanchâtres gros comme des carrés de chocolat. Sur le sac est écrit pervitine. Des comprimés contre la fatigue, a dit le Dr Sperrling. J'ouvre le sac et j'en retire deux puis trois dragées ; un rapide coup de masque à oxygène, puis je commence à mâcher. C'est terriblement amer et farineux mais je n'ai rien pour me rincer la bouche[2]. »

---

1. Luttitz Horst, cité *in La Pilule de Göring*, film documentaire de Pieken, Gorch et Sönke el Bitar, Arte 2010.

2. Johannes Steinhoff, *Die Straße von Messina*, Munich, List, 1995, p. 177 *sqq.* De même pour les deux citations suivantes. Steinhoff, qui livre ici un témoignage critique et littéraire de sa mobilisation durant la deuxième guerre, fut dans les années 1950 l'un des principaux artisans de la nouvelle Luftwaffe au sein de l'armée fédérale. Il est ensuite devenu président du comité militaire de l'OTAN avant de se reconvertir dans l'industrie de l'armement. La mission ici décrite a eu lieu en 1943 et donne, à la lecture, la fausse impression que Steinhoff – qui a également pris part à la « bataille d'Angleterre » de 1940 – consomme là de la pervitine pour la première et dernière fois.

Peu après, les effets se font ressentir : « Le moteur tourne tranquillement et proprement. Je suis parfaitement réveillé. Les battements de mon cœur résonnent dans mes oreilles. Pourquoi le ciel est-il soudain si clair ? La lumière vive me brûle les yeux. C'est à peine si je peux supporter cette clarté. Cela va mieux quand je place ma main libre en visière pour me protéger. Le moteur ronronne maintenant à un rythme régulier, sans à-coup – loin, très loin. C'est presque silencieux ici. Tout devient sans importance, abstrait. Irréel, comme si je flottais au-dessus de mon propre avion. »

À l'atterrissage, la réalité semble être devenue un monde étrange pour le pilote planant : « J'ai parfaitement tenu le cap malgré mon indifférence euphorique et cette impression d'apesanteur. J'atterris et je trouve le terrain comme complètement figé. Rien ne bouge, pas un chat, les ruines des hangars [...] entre les cratères des bombardements semblent avoir été désertées. Alors que je regagne le point de stationnement de l'escadre, mon pneu droit crève. J'ai dû rouler sur un éclat de bombe. Plus tard, je tombe sur le Dr Sperrling. Je lui demande en passant quel genre de "saloperie" est en fait la pervitine et s'il ne vaudrait pas mieux avertir les pilotes au préalable. Quand il apprend que j'ai pris trois comprimés, il manque de s'évanouir et m'interdit ne serait-ce que de m'approcher d'un avion pour le reste de la journée. »

Aussi gonflés à bloc que puissent l'être les Allemands, cela ne change rien à la supériorité de la Royal Air Force qui leur tient tête. La « bataille d'Angleterre » est perdue. C'est la première défaite allemande de cette guerre. Hitler doit renoncer à l'« opération Lion de mer » et, par conséquent, à une invasion des îles Britanniques. Il lui faut désormais chercher un autre théâtre d'opérations pour mener sa guerre.

On ne tire pas les conséquences du nouvel échec de Göring, qui réside toujours dans l'imposant bâtiment en pierre de taille situé sur Wilhelmstrasse. Là-bas, les drapeaux de l'armée allemande flottent crânement sur le ministère de l'Air comme pour signifier que même le vent et les nuées sont aux mains du pouvoir nazi et surtout de son *Reichsmarschall.* Pourtant, celui qui passe le portail en fer forgé pour traverser la cour bordée de hautes grilles, celui-là s'engouffre dans un empire ou règnent chaos, alcools, drogues, intrigues et gabegies. Cela ne surprend qu'au premier abord. Avec ses 3 000 salles qui abriteront plus tard le ministère fédéral des Finances, le royaume de Göring n'est que trop symptomatique de la perte de réalité qui frappe le régime nazi et de l'ornière dans laquelle s'est engagé tout le pays.

Un officier décrit ainsi l'arrivée du maréchal d'Empire : « Nous avons du mal à conserver notre sérieux. Il porte une chemise de soie blanche corsetée, avec des manches à volants ; dessus, un manteau de cuir jaune fourré, sans manches. S'ajoute un grand pantalon bouffant comme en portaient les lansquenets, attaché par une large ceinture de cuir sertie d'une boucle en or et sur laquelle frappe un petit glaive celte. De longs collants en soie et des sandales en cuir marocain de couleur ocre complètent le tableau[1]. »

Il se maquille parfois, se vernit les ongles en rouge. Il arrive fréquemment que Göring, cédant au manque d'opium en plein milieu d'un entretien, quitte brusquement la pièce, sans mot dire, pour revenir quelques minutes plus tard – et beaucoup plus frais. Un général décrit ainsi cette prodigieuse métamorphose : « Göring donnait l'impression de renaître ; il avait un air grandiose et nous fixait de ses yeux bleus scintillants. La différence entre ses deux apparitions au début et à la fin de notre entretien était frappante. Pour moi, il était évident qu'il avait pris quelque stimulant[2]. »

Le travail de Göring pâtit de ses fréquents besoins d'évasion. À ses yeux, les conditions requises pour occuper un poste à hautes responsabilités sont moins les qualifications d'une personne que sa capacité à le divertir[3]. Ainsi, Göring balaye d'un revers de main les critiques visant Bruno Loerzer, son plus proche collaborateur mais aussi son « plus paresseux général », comme il le nomme lui-même. Il se contente de répondre aux détracteurs : « J'ai besoin de quelqu'un avec lequel je peux boire le soir une bouteille de vin de Lübeck[4]. »

---

1. Theo Osterkamp, *Avant tout pilote de chasse*, trad. de l'allemand par R. Jouan, Paris, éditions Presses Pocket, 1955, p. 193. Voir aussi A. Speer, *Au cœur du Troisième Reich*, *op. cit.*, p. 368.

2. Wolfgang Falck, *Falkenjahre. Erinnerungen 1903-2003*, Moosburg, 2003, NeunundzwanzigSechs-Verlag, p. 230.

3. Richard J. Overy, *German Aircraft Production 1939-1942. A Study in the German War Economy*, thèse au Queens College, Cambridge 1977, p. 97. Voir également Ernst Stilla, *Die Luftwaffe im Kampf um die Luftherrschaft*, thèse de doctorat à la Friedrich-Wilhelms-Universität, 2005, p. 38. Disponible en ligne : http :/ hss. ulb. uni-bonn. de/2005/0581/0581.pdf (dernière consultation le 22/01/2016)

4. Göring à l'automne 1944 au lieutenant-colonel Klosinski, chef du 4e escadron de bombardiers K.G. 4, cité dans le compte rendu de l'interrogatoire de Klosinski par Suchenwirth, le 1er février 1957, Barch-Freiburg. Voir E. Stilla, *Die Luftwaffe im Kampf um die Luftherrschaft*, *op. cit.*, p. 39.

Ill. 16 Beaucoup d'alcool et davantage de pervitine : le général Ernst Udet (au centre). *Source* : Peter Steinkamp.

Les mêmes raisons ont pu présider à la nomination d'Ernst Udet en tant que commandant général de l'aviation (*Generalluftzeugmeister*), faisant de lui l'un des hommes les plus influents du IIIe Reich. Certes, Udet est bien connu du grand public : après le Français René Fonck, il est le pilote de chasse encore en vie qui comptabilise le plus grand nombre de victoires homologuées. Toutefois, l'aviateur surdoué mais noceur, qui aime à faire des apparitions dans les films de Leni Riefenstahl, se révèle totalement incompétent derrière un bureau situé dans les hautes sphères de la direction du ministère. Göring n'en a cure – une indifférence qui montre de manière très frappante à quel point il mène au gré de ses caprices cette administration où le mot « conseil de surveillance » reste inconnu.

Durant leurs entretiens, le ministre et le général se rappellent volontiers le bon vieux temps de la Grande Guerre, quand sous l'emprise de la cocaïne ils remportaient ensemble des combats aériens[1].

1. La cocaïne n'était pas inhabituelle pour surmonter la fatigue. Dans son exposé (non tenu) de février 1940 (BArchFreiburg, RH 12–23/1882) sur les stimulants, Ranke évoque ce produit mais le rejette pour la situation présente : « Les stimulants sont des médicaments extrêmement puissants. [...] La cocaïne ne peut entrer en ligne de compte pour un usage militaire du fait de la dépendance qu'elle crée, occasionnant des dommages physiques et mentaux. »

En revanche, ils aiment beaucoup moins discuter des derniers problèmes touchant à l'armement, de l'épineux développement de nouveaux types d'appareils et d'autres dossiers tout aussi compliqués. Lors de son discours d'investiture, Udet avait la mine brouillée – suite à une terrible gueule de bois – et reconnut qu'il ne fallait pas trop lui en demander pour ce qui était des tâches administratives, ce qui est problématique quand on sait qu'il a parfois jusqu'à vingt-quatre administrations sous ses ordres. Autant d'offices où va bientôt s'installer un chaos indescriptible. Udet a la réputation de régaler ses visiteurs à toute heure du jour avec du cognac et d'avaler des quantités monstrueuses de pervitine afin de contrebalancer les effets de l'alcool. Même au sein de la pétaudière qu'est le ministère de l'Air, il reste tristement célèbre pour ses éclatantes fautes de gestion.

Il est fort possible que Göring fasse référence *a posteriori* à Udet quand il expliquera en 1943 : « Il y a ici des départements dont vous ne soupçonnez même pas l'existence mais qui remontent d'un coup à la surface quand il s'est passé une saloperie. [...] Et alors, d'un coup, on se rend compte : il y a donc ici un département depuis des années et personne n'en savait rien. En toute honnêteté : c'est déjà arrivé à quelques reprises. Il y a ici des gens qu'on a déjà virés trois fois mais qui réapparaissent dans un autre bureau et à une place toujours plus importante [1]. »

Udet aime passer ses journées de travail à griffonner des caricatures, se pastichant souvent lui-même. Dès qu'il en a l'occasion, il s'éclipse et rentre chez lui pour écumer son bar privé qu'il a décoré de ses souvenirs de voyages à travers le monde. Il invite des amis à le rejoindre car il est incapable de rester seul. À vrai dire, il préférerait tout simplement être aux commandes de n'importe quel coucou et faire à nouveau des prouesses aériennes. Mais il n'a plus le temps de voler. Udet implose sous le poids de ses responsabilités qui ne cessent de s'accumuler. Au cours de l'année 1941, il s'empiffre de pervitine pour continuer à tenir le coup. Il personnifie toute l'hybris d'un commandement militaire allemand qui voit trop grand et qui a depuis longtemps perdu pied avec la réalité. « Udet est à l'origine de la débâcle, dira justement Hitler. Cet homme a réussi à commettre les plus

1. Compte rendu sténographié de l'entretien avec le maréchal d'Empire le 7 octobre 1943, « Obj. : programme de défense de la patrie », BArch-Freiburg ZA 3/326.

grosses âneries de toute l'histoire de la Luftwaffe[1]. » Ce n'est pas peu dire.

Dans *Le Général du diable*, la pièce de théâtre allemande la plus jouée dans le monde de l'après-guerre, Carl Zuckmayer a rendu à son ami Ernst Udet un hommage littéraire bien flatteur à travers la noble et tragique figure du général Harras, nonchalant ruffian de l'armée de l'air. Dans l'adaptation filmique, Curd Jürgens, par le pathos et la grandeur de son jeu d'acteur, passe à côté d'une réalité qui était beaucoup moins séduisante et beaucoup plus pitoyable. Udet n'a pas l'étoffe d'un héros. On peut, au mieux, lui être reconnaissant d'avoir bien involontairement causé de gros dégâts au système nazi par sa toxicomanie et son incompétence. Il n'est ni plus ni moins qu'un guignol, une curiosité historique. Il incarne le genre d'anomalie devant laquelle les historiens battent souvent en retraite[2].

Le 17 novembre 1941, la nouvelle tombe *via* le téléscripteur du bureau de presse national : « Le général d'armée et commandant général de l'aviation Udet [...] est mort d'un accident alors qu'il essayait une nouvelle arme. Il a succombé à ses blessures lors de son transport à l'hôpital. Le Führer a ordonné des funérailles nationales pour cet officier décédé de manière tragique dans l'exercice de ses fonctions[3]. » En vérité, Udet s'est logé une balle dans le crâne alors qu'il était dans sa pompeuse villa de la Stallupöner Allee, le très chic quartier ouest de Berlin. Ce faisant, il a renvoyé d'un seul coup sur le bureau de son vieux compagnon d'armes les mille et un problèmes logistiques et techniques que Göring lui avait délégués. Avant de mettre un retentissant point final à une vie d'ivresses et de se rendre définitivement inapte au service, Udet a écrit un dernier mot d'adieu à son camarade : « Homme de fer, tu m'as abandonné. »

Le suicide de l'orgueilleux Udet préfigure la chute du IIIe Reich. Lors de la cérémonie officielle, Göring s'avance avec le visage de marbre de l'homme repu de morphine et se place derrière le cercueil pour bavasser sur « l'un des plus grands héros de l'histoire allemande » alors que, au même moment, la Wehrmacht

---

1. Heinz LINGE, *Bis zum Untergang : als Chef des persönlichen Dienstes bei Hitler*, Munich-Berlin, Herbig, 1980, p. 219.

2. Repris de Christian MEURER, « Udets Ernst, Spaßpilot, Kriegsverbrecher und komischer Zeichner », *Wunderwaffe Witzkanone – Heldentum von Heß bis Hendrix*, coll. « Essay » n° 9, Münster, Oktober-Verlag, 2005, p. 73 *sqq*.

3. Deutsches Nachrichtenbüro Berlin, 18 novembre 1941, cité *in* Ernst UDET, *Ma vie et mes vols*, trad. de l'allemand par Jacques Marc, Paris, Flammarion, 1955.

est déjà embourbée en Russie. Soixante-quinze ans plus tard, la tombe d'Udet se trouve juste derrière l'Académie de médecine militaire, à quelques pas ou presque de l'endroit où Ranke a testé la pervitine [1].

Du pain bénit pour l'ennemi

Le 13 septembre 1940, le quotidien milanais *Corriere della Sera* mentionne l'existence d'une « pilule du courage », qui d'un emploi à l'origine médical serait passée à un usage militaire en Allemagne. L'efficacité de cette *pillola di coraggio* sur le champ de bataille n'atteint certes pas celles des stukas mais elle garantit à l'état-major une mobilisation de ses troupes à toute heure.

Pour l'Angleterre, qui fera par la suite une utilisation massive de benzédrine – moins puissante que la pervitine mais aux effets secondaires moindres [2] –, cet article est du pain bénit. L'inquiétante pugnacité des Allemands a une explication miraculeusement chimique et non pas idéologique. La BBC produit dans la foulée un reportage sur la distribution de pervitine dans les rangs de la Luftwaffe tandis qu'à Berlin éclate une controverse parmi les hauts fonctionnaires.

Leonardo Conti, le chef de la Santé du Reich, déjà très critique vis-à-vis de la pervitine, écrit au chef des services de santé de l'armée de terre : « Je vous serais reconnaissant de me faire savoir dans quelle mesure et avec quel succès la pervitine est effectivement administrée aux membres de la Wehrmacht. J'aimerais également connaître votre point de vue à ce sujet. [...] [Je ne peux] en aucune manière cautionner l'emploi de la pervitine. Au contraire, j'ai souvent pointé du doigt publiquement la nocivité de ce produit. J'ai déjà réfléchi à la possibilité de durcir les conditions d'ordonnance de la pervitine, par exemple en la catégorisant en tant que drogue. Heil Hitler [3] ! »

---

1. Voir Richard SUCHENWIRTH, *Ernst Udet – Generalluftzeugmeister der deutschen Luftwaffe*, étude inédite, BArch-Freiburg ZA 3/805.

2. D'une part, la méthamphétamine est sensiblement plus puissante que l'amphétamine. D'autre part, sa plus grande neurotoxicité en surdose ou en prises trop régulières a été également prouvée. Elle réduit la formation et les réserves de sérotonine et de dopamine dans le système nerveux central et peut durablement altérer la neurochimie du corps.

3. Lettre de L. Conti du 20.12.1940, BArch-Freiburg RH 12–23/1884.

Cette lettre n'impressionne guère la direction de l'armée de terre. Le professeur Siegfried Handloser, nouveau chef des services de santé, n'y répond qu'un mois plus tard : « La propagande anglaise a déjà affirmé à plusieurs reprises que seule la drogue aurait rendu la Wehrmacht capable de telles prouesses. Ces informations absurdes de la radio londonienne proviennent du fait que les divisions blindées auraient envahi la France en étant elles aussi sous l'emprise de la pervitine. En effet, la pervitine a été utilisée mais par quelques personnes seulement et en infimes quantités [1]. » Voilà qui relève de la mauvaise foi pure et simple : Handloser est forcément au courant de la commande de 35 millions de comprimés et du rapport qu'Otto Ranke a fait de sa mission en France.

Conti ne s'avoue cependant pas vaincu. Il défend pied à pied sa conception de l'homme aryen, hostile à toutes les drogues. Ce faisant, il méconnaît complètement les réalités de la Seconde Guerre mondiale, compétition géopolitique qui requiert le dopage de masse. En désespoir de cause, il demande à un ami scientifique, Ernst Speer, de rédiger la première grande étude critique sur la drogue favorite des Allemands. Paru sous le titre « Le problème de la pervitine » dans le *Deutsche Ärzteblatt*, l'article pointe la dangerosité de ce produit, son fort potentiel addictogène et exhorte, en une phraséologie typiquement nazie, à « éliminer [la pervitine] partout où on la rencontre », qualifiant même de « dégénérée » toute personne dépendante [2].

Le papier rencontre un certain écho dans les cercles scientifiques. On débat de plus en plus des cas de toxicomanie à la pervitine. Il peut aussi bien s'agir de docteurs qui consomment plusieurs doses par jour ou d'étudiants en médecine qui, après avoir pris beaucoup trop de comprimés, ne peuvent plus dormir pendant plusieurs jours et se grattent jusqu'au sang car ils se croient infestés de parasites [3].

Entre-temps, la consommation mensuelle de pervitine en Allemagne a passé la barre du million de comprimés [4]. En

---

1. Lettres de S. Handloser du 20 janvier 1941 et du 29 janvier 1941, BArch-Freiburg RH 12–23/1884.

2. E. Speer, « Das Pervitinproblem », *loc. cit.*, p. 18.

3. T. Holzer, *Die Geburt der Drogenpolitik*, *op. cit.*, p. 242 *sq.*

4. *Ibid.*, p. 245 *sqq.* Ces estimations n'ont toutefois qu'une valeur conservatoire puisque les chiffres officiels se rapportent le plus souvent à des « unités » Ce terme désigne non pas des comprimés pris séparément mais, par exemple, le tube usuel de pervitine (trente comprimés), ce qui induit une consommation beaucoup plus élevée. Par ailleurs, il n'est plus possible d'évaluer la consommation des ampoules, plus fortement dosées et qui étaient destinées à l'injection.

février 1941, Conti tire à nouveau la sonnette d'alarme, cette fois par un courrier interne au Parti : « c'est avec une inquiétude croissante que j'observe les abus monstrueux auxquels s'adonnent les couches les plus diverses de la population. [...] Il s'agit là d'un danger imminent pour la santé et le futur de notre peuple [1]. »

Le chef de la Santé du Reich intervient finalement – ou du moins tente d'intervenir – le 12 juin 1941 en soumettant la pervitine à la législation sur l'opium. La drogue du peuple est ainsi officiellement déclarée produit stupéfiant [2]. Mais cela signifie-t-il pour autant une restriction de sa consommation ? Dans les faits, il ne s'agit que d'une victoire formelle pour Conti et ses fonctionnaires zélateurs. Le chef de la Santé, autrefois l'un des hommes les plus puissants du Reich, mène un combat perdu d'avance qui va, en outre, lui coûter une partie de son influence. La population s'intéresse moins à la lutte contre la drogue, motivée par des questions d'hygiène raciale, qu'il n'écoute son estomac, son addiction au stimulant et l'aide que lui fournit la drogue pour surmonter les affres quotidiennes de la guerre. C'est à peine si les Allemands remarquent son interdiction, et encore moins s'ils la respectent. La consommation civile augmente encore d'un million et demi de comprimés par an [3]. La drogue révèle ainsi les contradictions internes du régime national-socialiste et contribue à son effondrement progressif. Il ne faut pas bien longtemps pour que le nombre de comprimés qui ont atterri dans les estomacs et le sang des Allemands passe la barre des cent millions de doses.

De même, pour ce qui est de la consommation militaire, la condamnation de la pervitine tombe à un moment assez mal choisi. Dix jours plus tard, en effet, l'Allemagne attaque l'Union soviétique. Les soldats se sont depuis longtemps accoutumés au produit. De

1. L. Conti, courrier du bureau central pour la santé du peuple au NSDAP, H3.2.1941, BArch-Berlin NS 20–139–6/Rundschreiben Vg. 9/41, cité *in ibid.*, p. 244.

2. *Reichsgesetzblatt* du 12 juin 1941, p 328 : « 6. Verordnung über Unterstellung weiterer Stoffe unter die Bestimmungen des Opiumgesetzes ».

3. Des médecins officiers aguerris comme Anton Waldmann, chef des services de santé de l'armée de terre, avaient auparavant prévenu : « Le peuple est nerveux, excité. Sa résistance au travail a augmenté – extraordinaire hausse de productivité – mais le danger d'une débâcle complète et brutale est ici latent, si l'on ne réagit pas maintenant et qu'on n'a pas de repos, de sommeil, de récréation et de résultats. » A. Waldmann, journal intime inédit, *op. cit.*, entrée du 1er novembre 1940.

concert avec le ministère de l'Armement et des Munitions, l'OKW a classifié la pervitine comme étant d'« importance stratégique »[1]. De restriction, que nenni. En vérité, l'usage des drogues ne va faire que s'étendre à partir de l'été 1941.

1. Confirmation du 7 mai 1941 donnée par le département « Chimie » du ministère aux usines Temmler. Voir « Gemäß dem Erlass des Vorsitzenden des Reichsverteidigungsrates, Ministerpräsident Reichsmarschall Göring, über die Dringlichkeit der Fertigungsprogramme der Wehrmacht », Landesarchiv Berlin, A Rep. 250 – 02– 09 Temmler.

Troisième partie

High Hitler – le médecin du Patient A

> « En temps de paix comme en temps de guerre, le travail du médecin – pour peu qu'il soit bien fait – est toujours un devoir de gouvernance, au sens propre du terme. [...] La relation de confiance entre le médecin et son malade doit être conçue de telle sorte que le médecin conserve toujours et impérativement le sentiment d'avoir barre sur le malade. [...] Être le médecin signifie être le plus fort des deux[1]. »
>
> Manuscrit d'un discours de Theo MORELL.

1. IfZArch, MA 617, rouleau 2, p. 4. En pur produit de son époque, Morell réunit ici deux citations procédant d'une conception paternaliste de la répartition des rôles entre le médecin et son patient. La « relation de confiance » provient du livre du médecin et écrivain prussien Erwin LIEK (1818-1935), intitulé *Der Arzt und seine Sendung* (1925). La seconde citation est du médecin personnel de Bismarck, Emil Schweniger.

La guilde des spécialistes d'Hitler, quelles que soient les dérives bêtifiantes de certains d'entre eux, a en commun le difficile projet de percer l'énigme du dictateur, le pire criminel et psychopathe de tous les temps, le mal fait homme. Toutefois, cette corporation de chercheurs semble piétiner. Les biographes ont répertorié tous les événements visibles, externes, depuis des décennies. Il existe une vaste littérature secondaire sur le sujet offrant un panel de toutes les sensibilités. On a écrit sur cet homme plus que sur nul autre. Une branche de la psychiatrie nommée « psychopathologie d'Adolf Hitler » se consacre même exclusivement à étudier les possibles maladies mentales de l'homme de Braunau. Et pourtant, le mystère demeure. Un mythe fumeux couve encore.

Se pourrait-il qu'un angle mort ait jusqu'ici échappé aux études hitlériennes malgré toutes leurs ramifications ? Je n'ai pas ici la prétention de décrire les événements historiques tels qu'ils se sont exactement déroulés. En effet, je m'inscris dans un processus de recherches et d'interprétation d'indices sur lequel achoppent bon nombre d'érudits depuis plus de soixante-dix ans. Cela n'a pas été sans donner lieu à de belles escroqueries. Le faux journal intime d'Hitler publié par le magazine *Stern* n'en est que l'exemple le plus célèbre. La méfiance est de rigueur face à certaines sources. On n'apportera pas ici la solution à l'énigme ; on en proposera seulement une lecture particulière.

Pour aborder Hitler, il faut faire un détour par Morell. Le gros docteur en gabardine marron clair n'est pas ce curieux personnage que les historiens ont pendant longtemps relégué au second plan. Cela vaut surtout à partir de l'automne 1941, quand les faiblesses du dictateur deviennent flagrantes – période pour laquelle on constate un certain flottement dans tous les livres sur Hitler tant ils peinent justement à expliquer ces défaillances. Dans *Hitler, une biographie*, ouvrage de référence écrit par Joachim Fest sur plus de mille pages, l'index ne renvoie qu'à sept passages mentionnant brièvement Morell. Le premier d'entre eux se trouve après plus de 700 pages [1]. L'auteur reste toujours allusif : sa description de l'apathie d'Hitler et d'« une immobilité qu'on aurait pu croire provoquée par les narcotiques [2] » n'est jamais vraiment motivée. Il n'est guère utile d'évoquer une « véritable et fatale toxicomanie [3] » si l'on ne parle pas de son ampleur et de ses conséquences, si l'on n'étudie pas le cercle vicieux qui fait glisser Hitler dans un monde parallèle où plus rien ne peut l'atteindre hormis les aiguilles du Dr Morell. Au moment de la publication de sa biographie en 1973, l'historien clôt le sujet : selon lui, il n'y a plus lieu d'« attendre de nouveaux documents susceptibles ne serait-ce que de modifier l'image que nous avons de cette époque et de ses acteurs [4] » – une affirmation qui semble toutefois un peu prématurée.

Les sciences humaines s'efforcent depuis quelque temps de s'intéresser moins aux particularités biographiques d'Hitler qu'aux processus sociaux qui ont déterminé son ascension et qui ont façonné l'image selon laquelle il était perçu. Cependant, en marge de ces travaux par ailleurs judicieux, il subsiste une lacune qu'il s'agit de combler. De fait, parler avec détachement des « petites pilules colorées du Dr Morell [5] » au détour d'une phrase ne saurait suffire. Le Britannique Ian Kershaw, auteur d'une autre biographie célèbre d'Hitler, confond sans doute causes et conséquences quand il affirme que « le nombre croissant de comprimés et d'injections administrés par le Dr Morell – quatre-vingt-dix variétés au total au cours de la guerre et vingt-huit comprimés chaque jour – ne parvint pas à enrayer la dégradation [de la santé du Führer] [6] ».

---

1. Joachim FEST, *Hitler*, 2. vol., trad. de l'allemand par Guy Fritsch-Estrangin, Paris, Gallimard, 1973, vol. 2, p. 1939.
2. *Ibid.*, p. 194.
3. *Ibid.*, p. 246.
4. Cité *in Der Spiegel*, n° 42, 15 octobre 1973.
5. Hans Bernd GISEVIUS, *Adolf Hitler. Versuch einer Deutung*, Munich, Rütten & Löenig, 1963, p. 523.
6. Ian KERSHAW, *Hitler : 1936-1945 : Nemesis*, trad. de l'anglais par Pierre-Emmanuel Dauzat, Paris, Flammarion, 2010, p. 880. Par ailleurs, Kershaw reste étonnamment indécis à un autre endroit (p. 1041) : « En tout état de cause, Morell et ses médicaments n'occupent ni une grande place ni même une petite dans le triste sort de l'Allemagne à l'automne 1944. »

En revanche, l'affaire est entendue pour l'historien allemand Henrik Eberle. Dans un livre minutieusement documenté, écrit en collaboration avec le feu médecin berlinois Hans-Joachim Neumann (*War Hitler krank ?*, « Hitler était-il malade ? »), Eberle en arrive à la conclusion que le dictateur n'était en aucun cas toxicomane et que Morell aurait agi de manière « tout à fait responsable » : « Il respectait les doses maximales prescrites des médicaments et [...] ne les dépassait que rarement. [...] Après 1945, Morell s'est vu en outre reprocher d'avoir administré pendant des années un traitement inadéquat à Hitler et d'avoir ainsi ruiné sa santé. Or, cela n'est pas vrai, comme en attestent notamment les notes extrêmement précises de Morell qui portent la marque d'un praticien scrupuleux[1]. » Mais était-ce bien le cas ? Le médecin semble lui-même contredire ces affirmations. Dans l'une de ses notes, il retranscrit ainsi une discussion avec son fameux patient : « Il m'a sans cesse fallu procéder à des traitements brefs et fortement dosés ; j'ai été bien obligé d'atteindre les limites autorisées. Bien que de nombreux collègues puissent éventuellement m'en blâmer, je dois et peux prendre cette responsabilité car, au vu de la situation présente, l'Allemagne courrait à sa perte si vous deviez vous arrêter plus longtemps[2]. »

Qu'a véritablement pris le dictateur ? Et cela importe-il vraiment ? Les événements et les processus historiques peuvent-ils s'expliquer par des traitements médicaux ? Pendant des années, Morell a scrupuleusement noté les produits qu'il utilisait pour garder son patient bien en train. Il était cependant forcé à de tels comptes d'apothicaire : si quelque chose était arrivé à Hitler, il aurait fallu présenter un rapport détaillé à la Gestapo. Ainsi fut engendré un interminable fatras de notes, gorgé de détails et sans équivalent dans l'histoire de la médecine. Celui qui veut le déchiffrer doit d'abord fouiller dans les différents dépôts où furent éparpillées les archives de Morell. Une partie se trouve dans les Archives fédérales allemandes à Coblence, une autre à l'Institut d'histoire contemporaine de Munich, une dernière – de loin la plus importante – dans la capitale des États-Unis.

---

1. Voir Hans-Joachim NEUMANN et Henrik EBERLE, *War Hitler krank ? – Ein abschließender Befund*, Bergisch Gladbach, G. Lübbe, 2009, p. 97 et 100.
2. T. MORELL, entrée du 8 novembre 1944, BArch-Koblenz N1348.

Aux archives de Washington

Le gigantesque bâtiment de Pennsylvania Avenue n'est pas sans rappeler un temple antique, situé en plein cœur du quartier gouvernemental des vainqueurs de 1945. La Maison-Blanche est à deux pas dans la même rue. *What is past is prologue* peut-on lire, gravé dans la pierre, non loin du portail des Archives nationales : « le passé est un prologue. »

À l'intérieur, dans les saintes halles de dépôt, semble régner une certaine confusion au premier abord, et ce malgré la stricte ordonnance du guide de l'utilisateur. Trouver un document n'est pas chose aisée ; il y en a tout simplement trop. À la manière d'un gigantesque aspirateur, les forces armées et les services secrets américains ont englouti la montagne de dossiers du Reich pour ensuite la recracher à Washington et à College Park, une annexe des Archives nationales – et le plus grand bâtiment d'archives au monde – située dans le Maryland voisin. Bien entendu, des outils de recherche permettent d'explorer un tel fonds : des registres, des index, des ordinateurs mais aussi et surtout des archivistes qui vous aident à retrouver sans peine les termes de jargon allemand comme *Reichssicherheitshauptamt* qu'ils prononcent avec un fort accent américain.

Paul Brown va personnellement m'épauler dans mes recherches sur Morell. Et il douche d'emblée mes espoirs : il sera impossible de retrouver *tout* ce qui a ici trait au médecin. Mes recherches sont comme des pierres ricochant sur l'eau. On ne peut pas tout aborder, on ne peut pas complètement s'immerger. Aucune recherche ne saurait épuiser cette gigantesque panse à documents que sont les Archives nationales. L'histoire, conclut Brown, n'est toujours qu'une spéculation se fondant sur les faits les plus pertinents possible. Il n'a pas de vérité historique à me proposer.

En tout cas, il apparaît rapidement que Theo Morell a fait l'objet d'enquêtes fouillées de la part des services secrets américains dès la fin de la guerre. Une partie d'entre elles fut rendue publique par le *Nazi War Crimes Disclosure Act*, il y a quelques années seulement[1]. Les Américains ont cherché à déterminer quel rôle le médecin avait joué en général, et notamment s'il avait contribué à la détérioration flagrante de la santé

---

1. « Gutachten über Professor Morell », Camp Sibert, 15 janvier 1946, Entry ZZ-5, *in* IRR-Personal Name Files, RG NO. 319, Stack Area 230, Row 86, Box 11, Archives nationales de College Park, Maryland.

d'Hitler qui s'accélère à partir de l'automne 1941, voire s'il n'avait pas tenté de l'empoisonner. La question des drogues et de l'addiction est ici centrale. Peut-être avons-nous là des réponses simples à des événements difficilement compréhensibles ? À moins que le médecin ne se soit plutôt rendu coupable d'avoir artificiellement revigoré Hitler ?

À partir de l'été 1945, et ce pendant deux ans, Morell est incarcéré, interrogé, voire torturé selon ses propres dires – on lui aurait arraché les ongles des pieds pour lui soutirer ses secrets. Les militaires n'ont toutefois pas appris grand-chose de leur prisonnier. Les enquêteurs font état de déclarations contradictoires et leur frustration est sensible dans les rapports secrets des interrogatoires. Le *Medical Assessment File* de Morell le décrit ainsi : « Il est expansif, se perd dans des détails insignifiants au fil de ses déclarations et invente des histoires pour tenter de combler des trous de mémoire par trop manifestes. Il en résulte fréquemment des informations contradictoires. [...] Morell présente un profil psychologique radicalement différent selon les moments. [...] Apparemment, le Dr Morell souffre d'une forme légère de psychose exogène, conséquence de son internement. Il est tout à fait capable de répondre de ses actes. Cependant, on ne peut le considérer comme parfaitement crédible du fait de ses trous de mémoire qu'il cherche à compenser par des affabulations [1]. »

Conclusion du rapport médical : Morell ne veut ou ne peut pas expliquer précisément le bien-fondé de ses activités.

Les expertises de trois pharmaciens et médecins allemands engagés peu après la guerre ne sont pas non plus d'une grande aide [2] et

1. *Id.*

2. Le rapport spécial n° 53 s'est appuyé sur l'expertise du professeur Felix Haffner, directeur de l'Institut pharmacologique de l'université de Tübingen, le professeur Konrad Ernst, également de l'université de Tübingen ainsi que d'un certain Dr Theodor Benzinger : « On 23 April 1947, these three scientists signed a written statement to the effect that from the existing files of information nothing could be found to point to the possibility that Hitler had often received narcotics. » Par ailleurs, ont été consultés le professeur Heubner de l'Institut pharmacologique de l'université de Berlin ainsi que le professeur Linz, directeur du bureau des opiacés à l'office de la Santé du Reich. Tous deux récusent la thèse selon laquelle Hitler aurait pu se procurer des stupéfiants en grande quantité. Néanmoins, les avis divergent. Un membre du bureau des stupéfiants de la police criminelle de Berlin, dénommé Jungnickel, ainsi qu'Ernst Jost le propriétaire de la pharmacie Engel dans le quartier de Mitte et le professeur Müller-Hess, directeur de l'Institut de médecine légale et de criminalistique à l'université de Berlin, également interrogés, ont indiqué qu'il était fort possible qu'Hitler ait été pourvu en opium par son médecin personnel – sans toutefois vouloir ou pouvoir donner d'informations sur la quantité et les possibles effets que la drogue aurait eus sur le dictateur. IRR impersonal Files, RG NO. 319, Stack Area 770, Entry 134A, Box 7 : « Hitler, Poisoning Rumors », XE 198119, Archives nationales de College Park, Maryland.

l'une des enquêtes consacrées à Morell – le rapport spécial n° 53 intitulé *The Rumored Poisoning of Hitler* – vient à conclure que le médecin n'a ni empoisonné son patient ni administré suffisamment de stupéfiants pour que sa santé pût en pâtir. L'étonnante détérioration physique et mentale du Führer serait tout bonnement à mettre sur le compte du stress et de son régime végétarien.

Mais ce diagnostic est-il vraiment fiable ou doit-on le prendre avec précaution ? La proximité des événements a pu biaiser le regard alors que beaucoup de documents n'étaient pas encore disponibles. Le but de l'administration américaine était d'obtenir suffisamment d'informations pour dissiper les nombreux mythes encore attachés à Hitler [1]. Leur projet a échoué avec Morell – du moins, en apparence.

En effet, les notes du médecin, pour peu qu'on les étudie précisément, fournissent quelques réponses – bien que cachées et souvent équivoques. Les archives de Morell consistent en des miscellanées, griffonnées sur son bloc d'ordonnances ou sur des fiches bristol parsemées d'abréviations sibyllines : carnets de notes manuscrites à l'écriture à peine lisible, agendas remplis de haut en bas, feuilles volantes pleines de remarques et de descriptions, enfin une immense correspondance personnelle et professionnelle. Les entrées se répètent, sont légèrement modifiées, réapparaissent sur des cahiers, des enveloppes et des répertoires téléphoniques.

D'août 1941 à avril 1945, le médecin voit et traite son patient de manière quasi quotidienne. Des notes subsistent pour 885 de ces 1 349 jours. Il est fait 111 fois mention de médicaments auxquels s'ajoutent environ 800 injections répertoriées – soit en moyenne près d'une par jour consigné. Ici ou là, des aiguilles sont soigneusement collées sur les pages comme pour donner au lecteur une impression de transparence et de travail scrupuleusement documenté. Car Morell redoutait la Gestapo ; il savait que soigner les puissants est un métier à risques.

Le résultat est une espèce d'amas chaotique, une jungle d'archives très difficile à défricher pour le néophyte, surtout s'il ne maîtrise pas la langue allemande. Cette précision revendiquée, excessive laisse justement beaucoup de choses dans le vague. Une lecture attentive fait apparaître que certaines visites du médecin ne sont pas signalées. Morell, dont les archives des activités commerciales sont autrement

1. *Id.* : « … in order to provide further material for the debunking of numerous Hitler myths. »

plus ordonnées, voulait-il dissimuler quelque chose par cette exhaustivité trompeuse, confuse et finalement incomplète ? A-t-il essayé de cacher un secret qu'ignorait peut-être même son patient ? Que s'est-il passé entre Hitler et son médecin quand la guerre a pris un tour fatal pour le Reich ?

Un mental de bunker

> « Lorsque j'ai eu la chance, l'année passée, de séjourner plus fréquemment dans votre quartier général, ces visites m'ont apporté bien plus, mon Führer, que vous ne pourriez même l'imaginer. J'ai tout mis en œuvre pour transmettre à autant de personnes que possible la force dont vous m'avez rempli [1]. »
>
> Joseph GOEBBELS.

> « On ne peut saisir à travers les conceptions usuelles et les catégories morales ce processus absolument singulier [2]. »
>
> Percy Ernst SCHRAMM.

Si l'on veut pouvoir toucher du doigt la vérité concernant la consommation de drogues d'Hitler, il faut se représenter son lieu de résidence principale entre l'été 1941 et l'automne 1944. Partons le débusquer à l'est de la Pologne : là-bas, des bunkers colossaux gisent dans la forêt ensoleillée de Mazurie, semblables à des vaisseaux spatiaux qui se seraient écrasés au sol. La mousse a désormais tout recouvert ; des bouleaux poussent sur les toits qui se gondolent. Partout, des fissures assez grandes pour qu'on puisse s'y glisser. Les armatures en acier jaillissent, contournées, de ce béton friable. Dans chaque recoin, des panneaux écrits en anglais, polonais, allemand : Danger ! Uwaga ! Achtung ! Risques d'effondrement ! Mais cela n'effraye pas les nombreux touristes, souvent jeunes et venus de toute l'Europe – presque un millier tous les jours. Ils escaladent ces sombres gueules béantes, s'engouffrent dans les fissures, font des vidéos et des *selfies*. Comme s'ils étaient à la recherche de quelque chose.

---

1. J. GOEBBELS, lettre à Hitler, Noël 1943, BArch-Koblenz N1118, archives Goebbels.
2. Percy Ernst SCHRAMM, « Adolf Hitler – Anatomie eines Diktators », *Der Spiegel* n° 10, 4 mars 1964, p. 48-51, ici p. 51.

En 1941, la « Tanière du loup » (*Wolfsschanze*) avait une tout autre allure. La forteresse, située non loin d'une petite ville de Prusse-Orientale nommée Rastenbourg, vient alors d'être construite et mise en service. Entourée d'un champ de mines sur cinquante à cent cinquante mètres, la *Wolfsschanze* se constitue dans un premier temps d'un noyau de dix bunkers, protégés chacun par deux mètres de béton derrière lesquels se trouvent les dortoirs et chambres à coucher. Les tronçons avant, moins fortifiés, font office de salles de travail. Au centre du camp, la cantine rudimentaire où l'on se restaurait rappelle un minable bistrot de campagne. Derrière la massive table en bois qui peut accueillir une vingtaine de personnes, on a dans un premier temps accroché une étoile soviétique, relique d'un drapeau pris à l'Armée rouge. Hitler prend ses quartiers le 23 juin 1941 au soir, soit le lendemain de l'entrée des troupes allemandes en territoire soviétique. La Tanière du loup servira de poste de commandement à l'« opération Barbarossa ». On compte la mener à bien en moins de trois mois. Les troupes n'ont même pas emporté d'uniformes pour l'hiver.

Ce calcul présomptueux explique aussi pourquoi l'emplacement du quartier général de la campagne de Russie a été choisi avec une telle négligence. Après tout, on n'est pas censé y rester bien longtemps, cela va se passer comme pour le *Felsennest*. Un orgueil qui se payera bien cher. Dès les premiers jours, d'aucuns considèrent cette Tanière comme un mauvais présage. Il aurait été difficile de trouver dans toute l'Europe un lieu plus inhospitalier que ce terrain entouré d'eaux stagnantes, entre lacs, étangs et marécages. Le quartier général du Führer est bientôt décrié : perdu en pleine forêt, mal aéré, mal éclairé, envahi par la brume et dont le sol est pourri par le pétrole que l'on répand pour lutter contre cette plaie que sont les moustiques. Un conseiller au ministère écrit à sa femme : « On n'aurait pas pu choisir de coin plus idiot. Des bunkers froids, humides, dans lesquels on gèle misérablement la nuit à cause du système d'aération électrique qui fait un bruit de tous les diables et provoque d'horribles courants d'air. Nous dormons forcément très mal et nous nous réveillons avec des maux de crâne. Le linge et les uniformes sont constamment froids et humides [1]. »

---

1. Cité *in* Ernst Günther Schenck, *Dr. Morell. Hitlers Leibarzt und seine Medikamente*, Schnellbach, Bublies, 1998, p. 110.

« Des bunkers humides, malsains », note également Morell peu après son arrivée. Il a emménagé dans une des étroites chambres du bunker n° 9. Au plafond, un ventilateur qu'on ne peut régler tourne en permanence sans aérer la pièce pour autant. Il ne fait que brasser cette atmosphère froide et viciée : « Température idéale pour la culture de champignons. Mes bottes sont moisies, mes habits humides. Oppression à la poitrine, chlorose, psychose du bunker [1]. »

Tout cela ne semble pas beaucoup déranger Hitler. Lui qui avait apprécié la vie recluse du *Felsennest* trouve ici la destination de ses rêves : un refuge coupé du monde où l'existence se réduit au quotidien réglé de la vie militaire sur le front. Au cours des trois prochaines années, la *Wolfsschanze* deviendra son lieu de résidence principale. Elle s'agrandit peu à peu, jusqu'à compter plus d'une centaine de bâtiments : logements, administrations, commerces, dans des bunkers massifs ou plus légers, une gare ferroviaire même et son propre terrain d'aviation. Plus de 2 000 officiers, soldats et civils sont ici à demeure. Personne n'aime cette Tanière – hormis celui qu'ils appellent entre eux le « patron ». Hitler prétend se sentir ici comme un coq en pâte : son bunker est à température constante, il y règne un froid vivifiant et le système d'aération fournit bien suffisamment d'air frais. D'ailleurs, Morell lui a fait préparer des bouteilles d'oxygène « à inhaler ou éventuellement à diffuser dans la chambre à coucher. Führer *très* satisfait, on peut même dire enthousiaste [2]. »

Bunkers, aération artificielle et remparts en béton : tout ceci donne l'impression que le seigneur de la guerre allemand a pris ses quartiers tout près du front, alors qu'il est plus éloigné que jamais de la réalité des combats. Ce calfeutrement n'est pas inhabituel chez les dictateurs mais il va ici charrier des conséquences catastrophiques. Les années précédentes ont vu le monde se plier à la volonté d'Adolf Hitler dont le pouvoir a été sans cesse conforté par ses triomphes incroyables. Mais qu'il se heurte à une résistance réelle qu'on ne peut balayer d'un simple revers de main, et le *Gröfaz* se retranche dans un monde imaginaire dont la Tanière du loup, cette bulle de béton, n'est qu'un des avatars.

Dès juillet 1941, il devient clair que l'Union soviétique s'opposera farouchement aux rêves de toute-puissance hitlériens. Bien que les Allemands fassent des avancées gigantesques dans les premières

1. Page du calendrier médical de Morell du 18 août 1941, BArch-Koblenz N1348.
2. BArch-Koblenz N1348, Entrée du 9 août 1943 par Morell.

semaines et capturent des centaines de milliers de soldats ennemis, devant eux s'étendent des espaces toujours plus vastes tandis que toujours plus de renforts arrivent des quatre coins de la Russie. Les troupes allemandes remportent une victoire après l'autre, mènent des attaques éclairs, sèment le chaos et encerclent les Soviétiques par milliers – exactement comme cela avait été prévu par leurs chefs. Cependant, l'Armée rouge se comporte comme si elle ne voulait tout simplement pas prendre en compte ces revers militaires. La Russie, qui passait pour un « fragile château de cartes », ne s'écroule pas comme on l'aurait souhaité. D'emblée, les deux camps se livrent un combat sans merci et, pour la première fois, les Allemands encaissent de lourdes pertes en très peu de temps. Comme pour la campagne de France, les officiers de l'armée de terre, notamment, se livrent dès le début de ce gigantesque Blitzkrieg à un doping de masse, qui n'est cependant pas d'une grande utilité cette fois. Avant le déclenchement de l'invasion, le produit a été distribué aux troupes blindées par la voie hiérarchique. Un seul groupe d'armées peut recevoir près de trente millions de comprimés en quelques mois seulement[1, 2]. Mais la pervitine n'apporte pas de victoire rapide sur un plateau. Le temps englouti par les Allemands doit bientôt se payer par un repos forcé qui coûte d'autant plus cher que l'Armée rouge ne cesse d'aligner de nouvelles divisions venues de son immense arrière-pays.

Or c'est justement lors de cette phase primordiale qu'Hitler, en août 1941, tombe malade pour la première fois depuis des années. Comme tous les matins à onze heures, son majordome Heinz Linge, que la vie cloîtrée a déjà rendu blafard, frappe à la porte du bunker numéro 13. Mais aujourd'hui Hitler est encore au lit. Il a de la fièvre, la diarrhée, des frissons et des courbatures. On soupçonne la dysenterie.

« Joint par téléphone, convoqué *de suite* chez le Führer. Est pris soudainement de malaise. Est dans son bunker[3]. » Morell apprend la défection de son patient par le poste de communication n° 190

---

1. Ce sont du moins les chiffres officiels. Toutefois, il faut encore préciser que les usines Temmler livraient directement de la pervitine à la Wehrmacht sans que l'office de la Santé du Reich – à l'origine de ces statistiques – n'en eût connaissance. Ainsi pourrait s'expliquer la différence de 22,6 kilos entre les données du bureau de l'opium de l'office de Santé et les chiffres de vente des usines Temmler.

2. BArch-Freiburg RH 12–23/1884. Voir également T. Holzer, *Die Geburt der Drogenpolitik*, *op. cit.*, p. 247.

3. T. Morell, entrée du 8 août 1941, BArch-Koblenz N1348.

dans ce qu'on appelle la *Drohnenbaracke* (« baraque des parasites »), une salle de travail exiguë, presque aveugle, propice à la claustrophobie et qu'il doit partager avec le fils du reporter Heinrich Hoffmann. Dans la pièce remplie de médicaments et de matériel photographique, Morell se saisit de sa mallette noire et sort précipitamment. Hitler est assis dans son lit, recroquevillé comme une poupée de chiffe, mais il exige d'être guéri tout de suite car il veut absolument assister au briefing de ce matin pour y prendre des décisions cruciales.

Les vitamines et le glucose qui ont servi durant toutes ces années ne suffisent plus. Nerveux, Morell prépare en toute hâte un mélange de Vitamultin et calcium, combiné avec des stéroïdes appelées Glyconorm, une mixture hormonale de sa propre invention qui se compose de tissus cardiaques, de glandes surrénales de bœuf, ainsi que de pancréas de porc et d'autres animaux d'élevage. Autrement dit, un produit dopant. L'injection se passe moins bien que d'habitude : « Aiguille cassée lors de la piqûre[1]. » Pour calmer la douleur engendrée par ce gros malheur, on administre à Hitler vingt gouttes de Dolantin, un opioïde aux effets proches de la morphine[2]. Mais les diarrhées dysentériques ne cessent pas pour autant. Le Patient A doit garder le lit et ne peut assister à la grande réunion d'état-major qui se tient donc sans lui à midi dans le bunker de Keitel et Jodl. Le dictateur est hors service : c'est du jamais vu dans le quartier général.

« Führer très en colère, écrit Morell en ce jour de débâcle personnelle. Je ne l'ai jamais vu d'aussi mauvaise humeur contre moi[3]. » Le médecin garde toutefois son cap pharmacologique et poursuit son traitement revigorant : les injections finissent bientôt par faire effet et les seringues boutent la dysenterie hors d'Hitler. Dès le lendemain, le Führer participe à nouveau aux discussions des généraux, s'efforçant de rattraper sa journée d'absence. Le vieux conflit entre Hitler et son état-major est ravivé. En effet, les généraux ont profité de son repos forcé pour agir comme bon leur semble. La question était de savoir comment poursuivre l'offensive. Contrairement à leur chef, les généraux considèrent Moscou comme

1. *Id.* À propos de la composition du Glyconorm, voir dans les archives de Morell sa lettre du 2 décembre 1944.

2. On désigne par opiacés les alcaloïdes naturels, issus du pavot. Les opioïdes en sont les dérivés synthétiques.

3. *Id.*

l'objectif principal et prévoient de conquérir la ville en une bataille cruciale qui déciderait de toute la campagne. Mais le Führer, remis sur pied, a une tout autre stratégie en tête. Il impose encore une fois ses vues et scinde les troupes : d'un côté, un groupe d'armées pour prendre Leningrad au nord et ainsi couper à l'Union soviétique l'accès à la mer Baltique tandis que, de l'autre côté, le groupe sud de l'armée de terre devra passer par l'Ukraine et cheminer vers le Caucase dont les réserves de pétrole sont vitales pour l'économie de guerre russe.

Cette crise n'est toutefois pas sans conséquences pour le médecin et son concept d'« illico-rétablissement ». Afin que le Patient A ne se retrouve pas une nouvelle fois relégué au fond de son lit, on lui fera désormais systématiquement des injections prophylactiques. Le Dr Morell va fournir un exemple typique de ce qu'on appelle aujourd'hui la polypragmasie, c'est-à-dire l'abus de prescriptions. Il administre toujours plus de produits à des doses variables, essayant ci puis ça [1], n'établissant plus de diagnostic précis mais se contentant d'étoffer toujours plus l'« approvisionnement médicamenteux de base » [2]. On y trouve bientôt des produits aussi divers que : le Tonosphosphane, un médicament des entreprises Hoechst servant à stimuler le métabolisme et aujourd'hui surtout utilisé en médecine vétérinaire ; la Testoviron, hormone permettant de lutter contre la baisse de libido et l'apathie ; l'Homoseran, un complément hormonal et immunitaire obtenu à partir d'extraits de placenta [3], mais aussi l'Orchikrin, produit à base de testicules de taureau et censé remédier à la dépression. Fut également employé du Protakrinum, fabriqué avec des vésicules séminales et des prostates de taurillons.

---

1. Morell a même eu recours aux sangsues, remède de grand-mère qui doit agir comme un anticoagulant et une petite saignée. Hitler les sortit lui-même d'un verre et Morell lui posa derrière l'oreille, à la main car elles ne finissaient pas de glisser de ses pincettes. « Celle de devant aspirait rapidement le sang, celle de derrière très lentement », note-t-il consciencieusement. « Celle de devant a été la première à tomber, se décollant par le bas avant de pendiller. L'autre a tenu une demi-heure de plus, avant de se décoller elle aussi par en bas. J'ai dû l'arracher en haut. Saignement pendant encore deux heures. Führer ne va pas dîner à cause des deux tricostérils. » T. MORELL, entrée du 11 août 1941, BArch-Koblenz N1348.

2. Il en va tout autrement à Moscou par exemple où Staline a à sa disposition toute une clinique composée des meilleurs médecins – qui n'ont pas droit à l'erreur.

3. Philipp KELLER, *Die Behandlung der Haut- und Geschlechtskrankheiten in der Sprechstunde*, Heidelberg, Springer, 1952.

Bien qu'il ne mange pas de viande, Hitler n'est plus végétarien au sens strict du terme. À partir de l'automne 1941, de plus en plus de substances animales coulent dans ses veines. Il s'agit toujours de compenser des états de fatigue physique ou psychique, voire d'y remédier à l'avance et de renforcer le système immunitaire. De fait, grâce à ces traitements qui sans cesse varient et à ces doses qui croissent sans répit, les défenses naturelles d'Hitler sont remplacées par une sorte de bouclier artificiel. Et Morell devient par là même toujours plus indispensable.

À partir de la crise dysentérique, le mode opératoire pour conserver le Führer en bonne santé restera le même : écraser une mouche avec un marteau. La méthode sera employée jusqu'à la fin et sans interruption notable. Lors des rares promenades qu'Hitler fait encore à l'air libre dans le périmètre de sécurité n° 1 de la *Wolfsschanze*, son médecin personnel se tient toujours à ses côtés, suivi à quelques pas d'un assistant qui porte la mallette avec les seringues. Un voyage en train accompli au mois d'août 1941 suffit à montrer à quel point ce traitement est assidûment suivi. Hitler et Mussolini se rendent sur le front : un trajet de vingt-quatre heures dans une Europe de l'Est où des tueries de masse sont déjà perpétrées. À l'ouest de l'Ukraine, ils passent ainsi à proximité de Kamenez-Podolsk où 23 600 Juifs viennent d'être abattus par la SS et un bataillon de policiers allemands – le premier massacre de tous les Juifs d'une même région.

Le Patient A ne doit pas manquer une injection même quand il est en déplacement. Les cahots rendant une piqûre malaisée, le train privé du Führer s'arrête en pleine voie. Le wagon blindé avec ses deux canons antiaériens est sur le qui-vive. On apporte prestement à Morell sa grosse sacoche de médecin, dont il tire une trousse de cuir noire contenant les ampoules ; il en dispose plusieurs à côté de lui sur un plateau métallique, puis ouvre la fermeture Éclair de l'étui à seringues, casse une ampoule, y introduit l'aiguille et pompe. Sur ce, il garrotte le bras très pâle et presque glabre d'Hitler, s'essuie une goutte de sueur sur le front et pique – d'abord dans la veine et, juste après, dans le muscle. Morell décrit fièrement cet arrêt au stand pour le moins inhabituel : « Train stoppé en route pour glucose (intraveineuse) et Tonophosphan forte + Vitamultin et calcium intramusc. au Führer. Ai tout terminé en huit minutes[1]. »

1. T. Morell, entrée du 27 août 1941, BArch-Koblenz N1348.

Une liste alphabétique de ces produits montre, dans toute son ampleur, le caractère délirant du traitement administré à Hitler (les psychotropes sont soulignés – par souci de clarté pour le lecteur français, nous avons parfois ajouté les composants et les indications de ces médicaments entre parenthèses, N.d.T) : Acidol-Pepsin (enzymes digestives – dyspepsie), Antiphlogistine, Argentum nitricum, Belladonna Obstinol (belladonne), Benerva forte, Betabion (thiamine), Bismogenol (bismuth campho-carbonate – adénopathies), Brom-Nervacit (barbiturique), Brovaloton-Bad (troubles du sommeil), Cafaspin (aspirine et caféine – apathie), Calcium Sandoz, Calomel (chlorure de mercure), Cantan, Cardiazol (pentamethylenetetrazol), Cardiazol-éphédrine, Chineurin (quinine), cocaïne, codéine, Coramin (nicethamide glucose – insuffisances cardiaques), Cortiron (acétate de désoxycorticostérone – stimulant musculaire), Digilanid Sandoz (glycosides), Dolantin (péthidine – antalgique classe 3), Enterofagos (bactériophages – pathologies digestives, constipation), Enzynorm (pepsine, chlorhydrate – acides aminés – troubles digestifs), Esdesan (sédatif), Eubasin (sulfamide – antibiotique ORL), Euflat (angélique, papaverine, aloe, extraits biliaires et pancréatiques, café, charbon – douleurs abdominales, constipation), Eukodal (dihydro-hydroxycodéine), Eupaverin (alcaloïde de synthèse dérivé du pavot – douleurs), Franzbranntwein (alcool, huile de pin – liniment), Gallestol (indiqué contre les maladies du foie et les calculs biliaires), Glyconomr Glycovarin, (préparation de vitamines et d'acides aminés – troubles digestifs), Hammavit, Harmin, Homburg 680 (anticholinergique), Homoseran (extraits placentaires – dyspepsies), Intelan (vitamine A, vitamine D, glucose – fortifiant), iode-iodure de potassium-glycérine, Kalzan (vitamine D, calcium), sels de Karlsbad (troubles digestifs), pilules Boxbergers Kissinger (extraits de plantes et sels de Kissinger – obésité), pilules anti-gaz du Docteur Köster (strychnine, belladone – douleurs abdominales), Leber Hamma (préparation à base de foie), Leo-pillen (laxatif), Lugolsche Lösung (solution iodée – pharyngite, angine), Luizym (enzymes digestives – météorisme), Luminal (acideméthyléthylbarbiturique – troubles du sommeil), Mitilax (paraffine – laxatif), Mutaflor (souches non pathogènes d'*Escherichia coli* – douleurs abdominales), Nateina (préparation secrète du Dr Giesing, hémostatique), Neo-Pycocyanase (antibiotique –angine), nitroglycérine, Obstinol (paraffine – constipation), Omnadin, Optalidon (caféine), Orchikrin (hormones sexuelles mâles – dépression), Penicillin Hamma, Perubalsam (pommade cicatrisante), Pervitin, Profundol (acide butylbarbiturique – troubles du sommeil), Progynon (hormone dihydrofolliculaire et ester d'acide benzoïque – constipation), Prostakrin (hormones sexuelles mâles – dépression), Prostophanta (ouabaïne, glucose – cardiotonique), Pyrenol (expectorant, sédatif), Quadro-Nox (acide diaéthylbarbiturique – troubles du sommeil), Relaxol (paracetamol thiocolchicoside – antalgique, myorelaxant), huile de ricin (constipation, purge), Sango-Stop (homéostatique), Scophedal (scopolamine, oxycodone, ephedrine – antalgique classe 3), Septojod (solution iodée contre les infections bactériennes), Spasmopurin (théobromine, théophylline – douleurs spasmodiques abdominales), Strophantin (glycoside – cardiotonique), Strophantose (hétérosides cardiotoniques), Suprarenin (adrénaline), Sympathol (phényléphrine, agoniste adrénergique – insuffisance cardiaque), Targesin (contre les infections des muqueuses), Tempidorm (tryptophane – troubles du sommeil), Testoviron (hormones sexuelles mâles – dépression), Thrombo-Vetren (héparine – coronaropathies), Tibatin (antibiotique : cotrimoxazole – infections), Tonophosphan (phosphore – stimulant), Tonsillopan (infections de la gorge, staphylocoques dorés), glucose, Trocken-Koli-Hamma (souches non pathogènes d'*Escherichia coli* – douleurs abdominales), Tussamag (extraits plantes – toux, expectorations), Ultraseptyl (antibiotique sulfamide – infection des voies aériennes supérieures), Vitamultin (vitamine B1, PP, C, calcium), Yatren (quinoline – dysenterie).

Le procédé n'a rien d'exceptionnel. Il est plutôt la norme. Les piqûres vont rythmer les journées du Führer tandis que son traitement va s'étoffer : plus de quatre-vingts préparations et produits à base d'hormones, de stéroïdes et autres médicaments souvent peu orthodoxes (voir encadré). Le fait que la composition des injections varie légèrement d'un jour à l'autre joue un rôle psychologique important dans ce processus. Jamais Hitler n'aura l'impression de devenir dépendant d'une substance en particulier. C'est tout bonnement le lot d'ensemble dont il ne peut plus se passer. Il a trouvé en Morell le parfait outil d'une automédication qu'il dose à son gré. Un outil dont il ne cessera d'abuser.

Cette polytoxicomanie qui se développe dans la seconde moitié de l'année 1941 est assez surprenante, même pour une époque où la recherche est loin d'imaginer les interactions complexes entre stéroïdes et hormones ainsi que leurs effets particulièrement puissants sur l'organisme. Et Hitler est sans doute le dernier à comprendre ce qu'il est en train de faire de lui-même. Bien qu'il se soit toujours intéressé aux médicaments, il n'a jamais acquis – et n'acquerra jamais – de véritables connaissances médicales. Que ce soit comme drogué ou comme chef militaire, il restera toujours un dilettante. Il se laisse mener par son entourage sans saisir les tenants et les aboutissants. Cela lui sera fatal. Son intuition naturelle qui, jusqu'à l'opération Barbarossa, lui avait si souvent donné raison l'abandonne au moment où les injections que lui administre son médecin bouleversent de plus en plus son organisme. Avec la consommation intensive apparaît l'accoutumance. C'est dans la nature des choses. Le corps s'habitue, il faut augmenter les doses sinon l'effet retombe – et cela, le dictateur ne peut le tolérer.

De ce point de vue, Morell ne donne pas exactement un coup de pouce à son patient. Sans se soucier des possibles risques d'interactions liés à ces produits, il semble ne chercher qu'à satisfaire par tous les moyens les désirs du Führer afin d'éviter tout désagrément et de continuer à profiter de ses privilèges. À l'automne 1941, tandis que le massacre systématique des Juifs d'Europe suit son cours et qu'en Russie la Wehrmacht mène une guerre qui fera des millions de morts, le règne de terreur nazi commence peu à peu à s'empoisonner de l'intérieur.

Ivresse de l'est

> « Mes observations m'ont intimement convaincu que le Führer se portait bien [1]. »
>
> Joseph GOEBBELS.

À la date du 2 octobre 1941, on peut lire dans le journal de guerre de l'OKW : « Au petit matin, par grand beau temps, le groupe d'armées Centre est passé à l'offensive avec toutes ses

1. Ottmar KATZ, *Théo Morell : médecin de Hitler*, trad. de l'allemand par Wanda Vulliez, Éditions France-Empire, Paris, 1983.

unités[1]. » L'attaque de la capitale russe a désormais commencé, avec certes un peu de retard. Au terme d'une gigantesque bataille près de Viazma, à mi-chemin entre Smolensk et Moscou, pas moins de 67 000 soldats de l'Armée rouge sont faits prisonniers. Dans la Tanière du loup, certains disent que la première manche a d'ores et déjà été remportée. Or les Allemands ont perdu un temps précieux, ils se sont trop dispersés, les théâtres des opérations sont trop nombreux pour que la capitale du pouvoir stalinien puisse se laisser prendre en un rapide coup de force. Et quand la météo se dégrade, l'offensive s'embourbe : « Pluies et brouillards persistants. Routes très détériorées qui compliquent grandement toutes les manœuvres et le ravitaillement[2] », écrit-on fin octobre dans le journal de l'OKW. Pour la première fois s'esquisse la possibilité d'une défaite.

Face à cette situation critique, Hitler reste stoïque. Au beau milieu de l'hiver – très précoce cette année –, l'Armée rouge lance une contre-offensive grâce à des divisions d'élite fraîchement arrivées de Sibérie, infligeant ainsi de lourdes pertes à la Wehrmacht. Pourtant, le Führer ignore tous les appels de ses généraux qui lui demandent de retirer ses troupes pour leur épargner de nouvelles défaites. Au contraire, le 16 décembre 1941, il intime un ordre fatidique, qui permet tout d'abord d'éviter le pire mais aura des conséquences catastrophiques sur le long terme : *tenir à tout prix*. Tout mouvement de repli est désormais interdit sans son autorisation formelle. L'armée allemande, auparavant redoutée pour son imprévisible mobilité, n'est de ce fait plus en mesure de réagir aux aléas des événements militaires. Certes, jusqu'au bout, la pugnacité de la Wehrmacht imposera le respect à ses adversaires – mais cela tient également à la tactique dite de « mission type » (*Auftragstaktik*), employée plus systématiquement que dans nulle autre armée et qui octroie une grande liberté aux officiers du moment qu'ils parviennent aux objectifs fixés. Or, les guerres de mouvement et leurs cortèges de victoires médusant la terre entière appartiennent désormais au passé. Il est significatif à cet égard que Guderian, qui a œuvré au triomphe du printemps 1940 en s'émancipant de la chaîne de commandement à l'ouest, tombe en

1. Percy E. Schramm (dir.), *Kriegstagebuch des Oberkommandos der Wehrmacht 1940-1941*, vol. 2., t. 2, Arbeitskreis für Wehrforschung, Stuttgart, 1982, p. 673.

2. *Ibid.*, entrée du 21 octobre 1941, p. 716.

disgrâce auprès d'Hitler qui lui reproche d'être « trop proche des événements » lorsqu'il cherche à le convaincre de retirer les troupes du front moscovite.

Le Führer n'a plus qu'un seul mot à la bouche : « la résistance fanatique ». Qu'importent les pertes subies. On pourrait même dire : qu'importent les réalités du front. La Wehrmacht se retrouvera ainsi en miettes dès le premier hiver de combats. À Moscou, les églises font résonner leurs cloches pour clamer leur confiance, les prêtres orthodoxes passent dans chaque maison, dans chaque bicoque, crucifix à la main pour exhorter hommes et femmes, jeunes et vieux à défendre la sainte terre de Russie. Dans tous les cinémas d'URSS défilent les mêmes images : des soldats armés avec des vêtements rembourrés et de chaussures doublées de feutre face à des prisonniers allemands sans gants ni manteau, pieds nus sur le sol glacé, qui se livrent à une sorte de danse macabre afin de ne pas geler sur place.

Pour les agresseurs, les situations inextricables s'accumulent et la pervitine reste très souvent leur seule planche de salut. Un exemple parmi d'autres : les Allemands sont encerclés dans le village de pêcheurs Vzvad, au sud du lac Ilmen situé entre Moscou et Leningrad. La plupart de leurs abris sont partis en fumée ; le ravitaillement n'arrive que très sporadiquement par les airs ; il fait un froid glacial. Une dernière et minuscule porte de sortie reste toutefois ouverte – et cinq cents hommes à bout de forces, bardas sur le dos et fusils-mitrailleurs à l'épaule, entreprennent une marche de vingt-quatre heures à travers la neige qui leur monte jusqu'aux hanches. Nombreux sont ceux qui sont bientôt, comme le note le rapport officiel, dans « un état d'épuisement total [...]. Vers minuit, le blizzard s'est arrêté et le ciel était clair mais de plus en plus d'hommes voulaient rester allongés dans la neige. En dépit de vigoureux encouragements, impossible de ranimer leur force de volonté. On donna à chacun de ceux-là deux comprimés de pervitine. Au bout d'une demi-heure, les hommes commencèrent à dire qu'ils se sentaient mieux. Ils marchaient à nouveau d'un pas réglé et restaient en rang [1] ». L'anecdote le montre : le stimulant n'est désormais plus employé pour monter à l'assaut et conquérir des territoires

1. Dr. Otto GUTHER, « Erfahrungen mit Pervitin », 27 janvier 1942, BArch-Freiburg RH 12–23/1882.

mais pour tenir le coup et survivre [1]. Une page a bel et bien été tournée.

Un ancien médecin officier raconte

« J'en avais toujours une flopée sur moi », explique Ottheinz Schultesteinberg. Formé à l'Académie de médecine militaire entre 1940 et 1942, il évoque son engagement en Russie en tant qu'aspirant médecin : « Ce truc était tout simplement distribué selon le

1. Cela vaut également pour la marine comme le montre l'histoire de la fuite du croiseur lourd *Prinz Eugen* hors du port de Brest où il était exposé aux attaques répétées de l'aviation britannique. Afin d'éviter qu'il ne soit coulé – avec toute la perte de prestige que cela impliquerait –, Hitler ordonne qu'il batte en retraite avec deux autres cuirassés, le *Gneisenau* et le *Scharnhorst*. Cependant, les bateaux doivent traverser la Manche pendant deux jours avant d'atteindre le sol allemand. Or, depuis des siècles, aucune flotte ennemie n'a jamais réussi à longer, du moins sans subir de lourdes pertes, les côtes anglaises qui s'étendent sur plus de trois cents milles. À plusieurs reprises, le commandant en chef de la marine conteste même l'opération à cause de l'« impossibilité de la mener à bien ». Et pourtant : la nuit du 11 février 1942, le port de Brest est plongé dans le brouillard ; l'équipage du sous-marin britannique chargé de surveiller les troupes allemandes est parti se coucher. Plus personne ne s'attend à une tentative de fuite en cette heure tardive. Et les bateaux larguent les amarres. S'ensuit alors une traversée de quarante-huit heures en état d'alerte permanent, durant lequel personne n'a le droit de dormir. Chaque homme est à son poste sans interruption, que ce soit dans les tourelles, aux machines, aux postes de commandement ou à la manœuvre. « Considérant que [...] toute baisse de concentration ou d'efficacité aurait pu porter préjudice à la réussite de l'opération, on décida de distribuer au préalable du Schokakola (une boîte par personne) et de la pervitine en comprimés », peut-on lire dans le journal de bord du médecin du *Prinz Eugen* à la date du 12 février : « On a distribué trois comprimés par membre d'équipage pour chaque unité de combat. » Vers midi, le convoi passe au large de Douvres. Les Anglais ont entre-temps remarqué ce qui était en train de se passer sous leurs yeux. Sur la côte, l'artillerie fait feu de tous ses canons tandis que décollent plus de deux cent quarante bombardiers qui toutefois seront tenus en échec par 280 avions de chasse allemands. À bord, c'est le branle-bas de combat. Tous les hommes sont sur le pied de guerre, aux pièces d'artillerie et aux canons antiaériens. C'est une bataille navale sous amphétamines : « Le puissant effet stimulant de la pervitine a chassé le sommeil et la fatigue qui commençaient à poindre », rapporte le médecin principal Witte. Le soir du 13 février, les navires atteignent Wilhelmshaven. En Angleterre, cette traversée de la Manche est vécue comme l'une des plus grandes humiliations de l'histoire maritime de Grande-Bretagne. Cette opération est victorieuse mais aussi instructive pour les Allemands. La conclusion du rapport sanitaire tient « pour nécessaire de pourvoir en pervitine les bateaux déployés. Pour un équipage de 1 500 hommes, il faut embarquer environ 10 000 comprimés » BArch-Freiburg RM 92–5221/Bl. 58-60, journal de guerre du cuirassé *Prinz Eugen* 1er janvier 1942-31 janvier 1943, vol. 2, « Geheime Kommandosache – Ärztlicher Erfahrungsbericht über den Durchbruch des Kreuzers *Prinz Eugen* durch den Kanal in die Deutsche Bucht am 11.2.1942 bis 13.2.1942 ».

principe du “Tiens, prends ça !” » L'homme a désormais 94 ans et vit au bord du lac de Starnberger, près de Munich. Il se souvient comme si c'était hier de cette guerre qui l'a mené jusqu'aux portes de Stalingrad. Nous nous retrouvons à la terrasse d'un restaurant croate de la commune de Feldafing : « Je ne prenais pas de pervitine moi-même. En tout cas pas régulièrement. Une fois seulement pour essayer. Pour savoir ce que je donnais, raconte-t-il. Et je peux vous dire que ça faisait de l'effet. Ça m'a tenu éveillé sans arrêt. Mais je n'ai pas voulu en prendre plus souvent. On savait bien que cela rendait dépendant, avec des effets secondaires : psychose, surexcitation nerveuse, états de fatigue. Et en Russie, c'était une guerre d'usure, une guerre de positions. La pervitine ne servait à rien, elle ne faisait que fatiguer encore plus. À un moment ou à un autre, il fallait bien rattraper le sommeil en retard. Ne pas dormir ne donnait tout simplement plus aucun avantage stratégique[1]. »

À Berlin également, on a pris conscience du problème. Le chef de la Santé du Reich, à l'aide d'un « bureau des déclarations du Reich pour la lutte contre la drogue », s'efforce de dresser un fichier le plus exhaustif possible des soldats devenus toxicomanes. Leo Conti fait promulguer un décret selon lequel la Wehrmacht et la SS doivent catégoriser tout combattant démobilisé en fonction de son éventuel penchant pour les drogues, ce afin de décider le cas échéant d'une cure de désintoxication forcée et de la « mise en isolement rapide de l'élément récalcitrant ou incurable[2] ». La formulation est drastique, menaçante et la Wehrmacht réagit en conséquence : elle ne signale que peu, voire pas du tout de tels cas. L'aggravation de la situation militaire n'incite pas l'armée à réprimer l'usage des

---

1. En règle générale, on considère que l'accoutumance à la méthamphétamine survient à partir de trois doses de dix milligrammes (soit trois à quatre comprimés de pervitine à chaque fois) tous les deux à trois jours d'affilée. Bien entendu, chaque individu a son propre seuil d'accoutumance. Certains ont besoin d'augmenter les doses à partir de deux prises afin de commencer à ressentir des effets, d'autres peuvent se tenir à une dose fixe pendant plusieurs jours sans que ne soit observée une baisse notable des effets. Quoi qu'il en soit, la méthamphétamine efface les limites naturelles des capacités physiques (les signaux d'avertissement qu'envoie le corps) par la stimulation artificielle produite dans les cellules nerveuses du cerveau. Les barrières de la fatigue physique comme psychique ne sont plus perçues mais toujours repoussées alors qu'un repos est depuis longtemps nécessaire. Cet effet typique de la drogue pourrait ainsi, dans l'ensemble, se refléter dans le déroulé des événements en Russie.

2. « Bekämpfung des Missbrauchs von Betäubungs mitteln », *Heeresverordnungsblatt* 1942, vol. B, n° 424, p. 276. BArch-Freiburg Rh 12–23/1384. Voir également T. Holzer, *Die Geburt der Drogenpolitik*, *op. cit.*, p. 289 *sqq.*

stupéfiants. À l'inverse, elle choisit même délibérément des collaborateurs de Conti pour les envoyer combattre sur le front, ce qui entrave d'autant plus son combat contre la drogue.

Dans le quartier général du Führer, à la fin de l'année 1941, les premiers doutes commencent à poindre. Le général Halder, chef de l'état-major, résume ainsi la situation : « Nous sommes au bout de nos forces humaines et matérielles[1]. » La stratégie du Blitzkrieg, dont l'effet de surprise doit permettre d'inverser le rapport de forces initial, a ici échoué. Avec elle s'écroulent toutes les conceptions qu'Hitler se faisait de la guerre et qui se révèlent avoir été d'emblée bâties sur du sable et des hypothèses. Les Allemands ne sont pas en mesure de soutenir un combat de longue haleine où l'équipement prend une part décisive contre des Russes supérieurs en nombre et, désormais, en armes. Ce simple constat dont il aurait fallu tirer toutes les conséquences est pourtant ignoré. Le dictateur continue à se voiler la face. Il a coupé les ponts avec la réalité géopolitique. De nouvelles erreurs s'ensuivront. Tant de choses avaient si bien réussi au commandant suprême avant l'automne 1941. La situation va désormais s'inverser.

En décembre 1941, de manière complètement irrationnelle, l'Allemagne déclare la guerre aux États-Unis, comme si nier l'évidence et méconnaître les faits pouvaient suffire à retourner la situation. Le pays est déjà épuisé par les combats qu'il mène sur les différents fronts tandis que le colosse industriel d'outre-Atlantique est, lui, prêt à mener bataille. À cœur vaillant rien d'impossible ? Hitler le présomptueux, qui vient de prendre la direction de l'armée de terre et, avec elle, les fonctions du général von Brauchitsch, n'arrive apparemment plus à considérer la situation avec toute la sobriété requise. Selon ses propres termes, il a ouvert « une porte donnant sur une pièce obscure et encore jamais vue, sans savoir ce que [il allait] trouver derrière elle[2] ». Dans ces ténèbres – au sens propre comme au figuré –, plus rien ne peut toucher le dictateur qui s'est retiré du monde ; la réalité ne l'atteint plus. Seules les aiguilles de son médecin qui le dope aux hormones arrivent encore à percer le blindage du tyran. « Il est tragique que le Führer s'isole ainsi

1. Franz Halder, *Kriegstagebuch. Tägliche Aufzeichnungen des Chefs des Generalstabes des Heeres 1939-1942*, vol. 3, Stuttgart, W. Kohlhammer, 1964, p. 311.

2. Hans Bernd Gisevius, *Adolf Hitler. Versuch einer Deutung*, Munich, Rütten & Loening, 1963, p. 471, cité *in* J. Fest, *Hitler*, *op. cit.*, vol. 2, p. 327.

du monde et qu'il mène une vie inconsidérément malsaine, écrit Goebbels dans son journal intime. Il ne sort plus à l'air libre, ne trouve plus le repos, reste assis dans son bunker[1]. »

En janvier 1942, à Berlin, on décide de l'organisation de la « Solution finale » lors de la conférence de Wannsee. Il devient de plus en plus clair que les agissements d'Hitler tournent à l'idée fixe d'un génocide. Son entêtement maladif à ne pas vouloir céder un pouce des territoires conquis trouve ici une raison plus profonde : que les cheminées fonctionnent le plus longtemps possible à l'est, dans les camps d'extermination d'Auschwitz, Treblinka, Sobibor, Chelmno, Majdanek et Bełżec. Tenir toutes les positions – jusqu'à ce que tous les Juifs aient été tués. S'éloignant toujours un peu plus des lois humaines, le Patient A continue sa guerre contre les faibles.

La Tanière du loup-garou

> « Je vous envie car, étant dans le quartier général du Führer, vous pouvez assister à des événements historiques, d'une portée mondiale. Le génie du Führer, son intervention à point nommé, la formation de notre armée, minutieusement pensée et parfaitement polyvalente, tout ceci nous permet de regarder l'avenir avec confiance. [...] Qu'il lui soit permis de rester en parfaite santé afin qu'il ait la force de parvenir aux ultimes objectifs qu'il a formés pour son peuple[2]. »
>
> Extrait d'une lettre à Theo Morell.

En juillet 1942, le IIIe Reich s'étend du cap Nord jusqu'au Proche-Orient et l'Afrique du Nord. Le délire expansionniste des nazis a atteint son apogée mais, depuis longtemps déjà, la guerre se présente sous de mauvais augures. C'est en ce mois d'été que commence l'« opération Reinhardt » : l'extermination systématique de plus de deux millions de Juifs polonais ainsi que de cinquante mille Roms et Sintis dans la Pologne occupée. Au même moment a lieu un déménagement de vaste envergure : le haut commandement

---

1. Ernst Günther SCHENCK, *Patient Hitler : eine medizinische Biographie*, Bechtermüntz Verlag, Augsbourg, 2000, p. 389.
2. Lettre du 1er mars 1943 d'Alfred Nissle, l'inventeur du Mutaflor, à Theo Morell, IfZArch, MA 617, rouleau 3.

nazi quitte la *Wolfsschanze* et s'envole à bord de dix-sept avions vers un quartier général flambant neuf basé à quelques kilomètres de Vinnytsia, une ville de campagne à l'ouest de l'Ukraine.

Ce déménagement est un énorme cirque, à peine plus qu'une simple farce, qui doit donner l'illusion de se rapprocher du front, autrement dit des réalités de la guerre. Cependant, une confortable distance de plusieurs centaines de kilomètres sépare encore les principales zones de combat de ce camp de huttes qui ont poussé dans la forêt comme des champignons. On est également bien à l'abri des bombardements nourris que les Britanniques font subir aux villes allemandes durant le printemps 1942 : Lübeck, Rostock, Stuttgart mais surtout Cologne ont été durement frappés par ces offensives. Le détachement dont fait preuve Hitler quant à la situation politique et sociale se reflète dans cette nouvelle centrale de commandement, ce néant en plein nulle part, un site high-tech en rase campagne où il peut toujours plus s'abrutir de médicaments et s'éloigner des réalités objectives. Un point d'ancrage comme son vaste appartement munichois de la Prinzregentenplatz n'a depuis longtemps plus lieu d'être dans l'existence du dictateur. Il ne cherche plus désormais que des refuges chimériques.

Albert Speer, nouvellement promu ministre de l'Armement, décrit ainsi le nouveau quartier général : « Une rangée de bungalows, une petite pinède, des jardins semblables à des parcs[1]. » Les souches des arbres abattus sont peintes en vert pour s'accorder au paysage, les places de parking sont ombragées par des buissons et, pour un peu, on aurait l'impression de passer des vacances à la campagne ou dans une maison de repos. Néanmoins, dans cette dizaine de cabanes en rondins bordées par de hauts chênes, se mène une guerre d'une cruauté sans précédent. Hitler baptise son nouveau poste de commandement meurtrier le *Werwolf* (« loup-garou »), un nom qui sied bien à cette zone d'irréalité où peuvent advenir des agissements monstrueux, le tout encadré par des règles de cloisonnement drastiques[2] et des rituels qui ponctuent le quotidien. Ici, Hitler et les milliards de bactéries qui colonisent son estomac peuvent continuer à redouter les microbes de

1. A. Speer, *Au cœur du Troisième Reich*, *op. cit.*

2. « Il est interdit d'avoir un quelconque contact avec la population civile ainsi que de séjourner dans les maisons de la population locale. » Partout, on craint la vermine qui pourrait transmettre des maladies. On met en garde contre les mouches (*Dysenterie !*), contre les punaises, les puces (*Typhus !*) et contre les rats ukrainiens qui pourraient être porteurs de la peste. IfZArch, MA 617, rouleau 1, mesures de sécurité du 20 février 1943 pour le *Werwolf*, quartier général du Führer.

l'extérieur – tandis qu'à l'est, dans les marais et les steppes de Russie, ses soldats font la connaissance de maladies infectieuses bien réelles comme la fièvre des tranchées, la tularémie et la malaria.

Morell est désormais devenu indispensable au chef de l'État, qu'il ne quitte plus, même le temps d'une réunion militaire, au risque de s'attirer les regards condescendants des généraux. Deux fois par jour, le monde y est réduit à des processus abstraits. Les fenêtres restent fermées même par très beau temps et, en dépit d'une fraîcheur sylvestre bien sensible, règne une atmosphère pesante. Hitler ne prête l'oreille qu'aux avis de personnes qui, comme lui, n'ont pas la moindre idée de la situation sur le front [1]. C'est l'heure de gloire des béni-oui-oui dont l'incarnation parfaite est le noueux maréchal Keitel, également surnommé *Lakaitel* (« Keitel le laquais »).

Le 23 juillet 1942, soit près de treize mois après le début de la campagne de Russie, Hitler commet une nouvelle faute stratégique majeure en passant la « consigne n° 45 » qui divise encore une fois les forces allemandes, situées désormais au sud de l'URSS : le groupe d'armées A doit avancer vers Bakou en Azerbaïdjan avec sa région riche en pétrole ; le groupe B, quant à lui, prend la direction de la mer Caspienne pour marcher sur la Volga et Stalingrad. Ce qui était un front de huit cents kilomètres en plein territoire ennemi s'étend ainsi sur près de quatre mille kilomètres – une situation difficilement tenable. L'état-major se répand en protestations. Sous l'écrasant soleil ukrainien, par des températures oscillant entre quarante-cinq et cinquante degrés, il y a « des échanges de paroles blessantes » comme jamais auparavant, relate le chef d'état-major Halder, très critique envers le comportement de son supérieur : « Les décisions péremptoires d'Hitler [...] faisaient des rêves éveillés des lois présidant à l'action [2]. » Le ministre de la Défense Albert Speer parle à ce propos d'une « espèce de trouble mental avec lequel chacun des membres de l'entourage d'Hitler voyait venir la fin inéluctable ». La vérité a depuis longtemps déserté les réunions d'état-major, ces entretiens biaisés que l'on nomme sous cape le « théâtre aux armées » : « Des rapports enjolivés émanant des services de la Wehrmacht font craindre [...] que le caractère critique de la situation ne soit pas reconnu [3]. »

---

1. A. Speer, *Au cœur du Troisième Reich*, *op. cit.*, p. 345 *sq.*
2. Cité *in* J. Fest, *Hitler*, vol. 2., *op. cit.*, p. 343.
3. A. Speer, *Au cœur du Troisième Reich*, *op. cit.*, p. 494 et 505.

Lorsque Erich von Manstein – l'inventeur du « coup de faucille », le vainqueur de Crimée et depuis lors promu maréchal – fait un exposé sur la situation périlleuse des Allemands au sud du front russe, on peut en lire un compte rendu navré dans le journal de guerre de l'OKW : « Une nouvelle fois encore, aucune décision d'ensemble n'est prise, comme si le Führer n'en était plus capable[1]. » S'il est encore bien obligé de les écouter, Hitler ne supporte plus ces généraux qui palabrent, ratiocinent et, selon lui, passent leur temps à tout dénigrer. De manière puérile, il s'entête à ne pas serrer la main au général d'armée Jodl – par ailleurs, le seul membre de l'état-major qui ne soit pas suivi par Morell. Il ne prend plus ses repas en commun dans la cantine, il reste désormais dans sa cabane ombragée par des hêtres qu'il ne quitte que la nuit venue. Lorsqu'à la mi-août il s'envole une dernière fois pour la ligne de front afin de mieux se rendre compte des réalités militaires, il attrape immédiatement un terrible coup de soleil : « visage complètement rouge, grandes brûlures sur le front, fortes douleurs, de ce fait très contrariant[2] » – et aussi très content de revenir au bercail.

De même, les discours publics appartiennent pour ainsi dire au passé. L'écrivain et historien Sebastian Haffner décrit ainsi la retraite d'Hitler le tribun : « Conformément à son plan, il avait substitué au sérieux de l'austérité l'ivresse de masse ; on peut dire que, pendant six ans, il s'administra aux Allemands comme une drogue – dont toutefois il les sèvrera soudainement pendant la guerre[3]. » Inversement, il manque désormais à Hitler ces moments d'extase que déclenchait chacune de ses apparitions et qui étaient sans cesse pour lui comme une nouvelle injection d'un produit narcissique et revigorant. Désormais cloîtré, il lui a bien fallu trouver un substitut chimique à ces contacts avec une foule en délire dont il tirait tant d'énergie – ce qui a encore accéléré la métamorphose du dictateur. « C'était un homme qui avait continuellement besoin d'être artificiellement "rechargé", écrit son biographe Joachim Fest ; en un certain sens, les drogues de Morell remplaçaient pour lui la vieille stimulation des ovations de masse[4]. »

---

1. P. E. Schramm (dir.), *Kriegstagebuch des Oberkommandos der Wehrmacht*, *op. cit.*, entrée du 21 décembre 1942.
2. T. Morell, entrée du 18 août 1942, BArch-Koblenz N1348.
3. S. Haffner, *Considérations sur Hitler*, *op. cit.*, p. 216.
4. J. Fest, *Hitler*, vol. 2, *op. cit.*, p. 360.

Le chef de l'État ne se préoccupe plus guère des charges liées à sa fonction. Il préfère enchaîner les nuits blanches, se couche rarement avant six heures du matin, débat encore et toujours avec Speer de projets architecturaux grandioses – qui n'ont plus toutefois qu'un caractère illusoire. Le fidèle ministre de l'Armement a beau décrire sa collaboration avec le Führer comme des « années d'enthousiasme » et, en un bel acte de refoulement, vanter encore longtemps sa « force de suggestion ». L'architecte préféré d'Hitler n'en est pas moins forcé de reconnaître qu'il le voit « de plus en plus souvent, au cours de ces délibérations, décoller de la réalité pour rejoindre un monde imaginaire »[1].

Cet oubli des réalités pèsera lourdement sur le cours de la guerre. Bien souvent, Hitler envoie ses troupes au combat sans avoir une vague idée de leur équipement concret, de leur puissance offensive et du ravitaillement nécessaire. En même temps et au grand dam des militaires, il se mêle en détail de toutes les questions stratégiques, et ce jusqu'au niveau des bataillons. Il se croit partout indispensable[2]. Chaque mot prononcé lors des réunions d'état-major est désormais sténographié afin qu'il puisse demander des comptes aux généraux qui s'aviseraient de contourner ses ordres toujours plus incongrus.

Hitler a bien montré depuis l'ordre de Dunkerque qu'il n'était qu'un amateur dans le domaine militaire. Il achève maintenant sa mue en général fantasque. Pendant ce temps, ses troupes se perdent dans les plaines d'Abkhazie et les steppes kalmoukes, elles avancent jusqu'à la mer Noire et hissent sur l'Elbrouz à 5 633 mètres d'altitude dans le Caucase un drapeau à croix gammée dérisoire. Sa consommation de seringues monte en flèche au cours de cet été, à tel point que Morell est obligé de passer une commande spéciale à la pharmacie Engel de Berlin pour le quartier général du Führer[3].

À l'automne 1942, Rommel qui, de la campagne de France sous crystal meth, est passé aux tempêtes du désert africain, se trouve dans une situation particulièrement délicate face aux troupes britanniques commandées par Montgomery. Parallèlement, Stalingrad devient pour Hitler une idée fixe relevant de la pathologie mentale alors

1. A. Speer, *Au cœur du Troisième Reich*, *op. cit.*, p. 472, 484 et 652.

2. Staline se comporte, quant à lui, de manière bien différente. Après la défaite de Kharkov en mai 1941 dont il porte la responsabilité, il se tient plus ou moins à l'écart des questions militaires et laisse carte blanche ou presque à son haut commandement, la Stavka.

3. Lettre du 29 août 1942 de la pharmacie Engel à Theo Morell, National Archives Microfilm Publication T253/45.

que son importance stratégique est de moins en moins évidente. Les événements toujours plus dramatiques qui s'y déroulent sont mythifiés par le Führer en une sorte de bataille cruciale – et bien inutile. Sa santé se dégrade rapidement tandis que, sur la Volga, l'étau se referme sur la 6e armée de von Paulus ; des milliers de soldats allemands succombent au froid, à la faim et aux grenades russes. « Flatulences, haleine chargée, malaise [1] », note Morell dans son carnet. Au même moment échoue le ravitaillement aérien en carburant que Göring – toujours aussi fanfaron qu'irréaliste – avait annoncé aux troupes encerclées dans la cuvette de Stalingrad.

Une semaine plus tard, le Patient A demande conseil à son médecin : le même Göring lui a parlé d'un médicament nommé cardiazol qu'il utilise lui-même quand il se sent faible et pris de vertiges. Il voudrait savoir « si cela ne pourrait pas lui faire du bien à lui, le Führer, au cas où, dans certaines circonstances, il se sentirait patraque [2] ». Morell refuse : le cardiazol est un stimulant vasculaire difficile à doser, qui augmente la pression artérielle et peut facilement provoquer des convulsions. Il lui paraît trop risqué de l'administrer à un Hitler sujet, depuis quelque temps, à des troubles cardiaques. Le médecin a toutefois bien saisi le message : son chef exige peu à peu des médicaments plus puissants afin d'avoir suffisamment de nerfs pour surmonter la crise qui s'envenime à Stalingrad. Et Morell relève le défi.

L'abattoir ukrainien

> « Vous devez être sains, vous devez vous garder de tout ce qui empoisonne votre corps. Nous avons besoin d'un peuple sobre ! À l'avenir, on ne jugera l'homme allemand qu'à la mesure des œuvres de son esprit et la vigueur de sa santé [3]. »
>
> Adolf Hitler.

En s'appuyant sur le succès durable de ses petites Vitamultin, Morell a déjà pu racheter les entreprises Heikorn, situées à Olomouk en Moravie, qui comptaient parmi les plus importants producteurs d'huile alimentaire de l'ancienne Tchécoslovaquie et dont les

1. T. Morell, entrée du 9 décembre 1942, BArch-Koblenz N1348.
2. *Ibid.*, entrée du 17 décembre 1942.
3. Cité *in* W. Pieper, *Nazis on Speed*, *op. cit.*, p. 174.

propriétaires juifs avaient été spoliés. C'est Hitler en personne qui lui a procuré ce contrat [1]. Le prix de vente se montait à 120 000 Reichsmarks – une somme dérisoire pour une usine très lucrative que le médecin rééquipe et transforme en principal centre de production pour sa firme Hamma. Il écrit dans ses carnets : « On ne pourra jamais faire un rachat à si bon prix. [...] Et une usine à aryaniser pour moi [2]. » Depuis lors, ce sont plus d'un millier d'employés qui se mettent à produire des marchandises aussi diverses que de l'huile de pavot, de la moutarde, du décapant ou de la poudre « Russla », un anti-poux maison, parfaitement inefficace mais dont l'emploi est obligatoire pour la Wehrmacht. Le gros de la production reste toutefois les préparations vitaminées et hormonales. Et, pour cela, l'ambitieux médecin qui fait son beurre de la terreur nazie a besoin de ravitaillements en permanence.

À huit kilomètres au sud du quartier général du Führer, la ville de Vinnytsia abrite de gigantesques abattoirs ultramodernes, construits avant guerre par l'entreprise américaine Swift selon les dernières innovations techniques, en s'inspirant notamment des usines de Chicago. On devait centraliser l'ensemble des abattages d'Ukraine dans ces lieux où tout est automatisé, y compris le captage des énormes quantités de sang. Morell est impressionné : il n'avait jamais vu cela, même en Allemagne où l'on s'entête encore à « mettre à l'égout de précieuses protéines », comme il l'écrit dans son carnet. Le médecin veut profiter de ces installations à la pointe du progrès. Pendant que, dans sa cabane de rondins, Hitler se retire d'un monde qu'il met à feu et à sang, Morell le pharmacien improvisé se sert de la guerre pour agrandir son entreprise.

Flairant la très bonne affaire, il manigance un plan aussi simple qu'impudent. En bon médecin, il annonce à Alfred Rosenberg, idéologue en chef des nazis et ministre des Territoires occupés à l'est, qu'il veut fonder une « fabrique d'organothérapie » et justifie ainsi sa requête : « Si j'obtiens les déchets produits [...] je pourrai

1. On peut lire dans le contrat de vente du 29 novembre 1943 : « Les biens du Juif Adolf Heikorn et de sa femme Wilma Heikorn née Goldschmied ainsi que de leurs enfants Friedrich et Hedwig Heikorn sont mis à la disposition de la *Geheime Staatspolizei* [Gestapo]. L'acheteur déclare formellement qu'il n'est pas juif et que, de sa partie, aucun Juif, aucune entreprise juive ou aucune compagnie juive n'a pris part à cette opération juridique de quelque manière que ce soit. » IfZArch, MA 617, rouleau 1.

2. Compte rendu d'entretien avec T. Morell, National Archives Microfilm Publication T253/45. *Id.* pour les deux citations suivantes.

approvisionner en hormones toute la région orientale[1]. » Par *déchets produits*, Morell entend : les glandes thyroïdiennes et surrénales, les rognons, les prostates, les glandes de Cowper, les vésicules biliaires, les cœurs et les poumons – rien de moins, en fait, que l'ensemble des glandes, os et organes de toutes les bêtes abattues à Vinnytsia.

Ces abats sont, aux yeux du nouvel entrepreneur, une vraie mine d'or puisqu'il s'agit tout simplement de matières premières destinées à la fabrication de stéroïdes et de produits dopants. Dans les semaines qui suivent, le médecin va parcourir sans relâche tout le pays pour mettre sur pied son sale commerce, s'employant à récupérer tout ce qui peut l'être, et veut même recycler le sang des bêtes en vue d'une nouvelle préparation nutritionnelle à base de légumes (de carottes surtout) et de sang séché[2]. « Je suis toutefois souvent épuisé par ces nombreux déplacements, écrit-il à sa femme. Je parcours trois cents kilomètres tous les deux jours, parfois même tous les jours. Et sur ces mauvaises routes russes en plus[3]. » Morell a bien l'intention d'exploiter jusqu'à la moelle l'Ukraine occupée, de la saigner littéralement jusqu'à la dernière goutte. Il pousse ainsi jusqu'au bout cette absence de scrupules si caractéristique des hautes sphères du pouvoir nazi dès qu'il s'agit de prise d'intérêts personnels. De plus en plus, il use sans vergogne de sa position privilégiée à la cour d'Hitler comme d'une sorte de charge officielle.

Le *Gauleiter* (« chef de district ») Erich Koch, sanguinaire commissaire du Reich en Ukraine, surnommé « le petit Staline » et également patient du Dr Morell, va se faire un plaisir de coopérer. Pour chaque abattage, le médecin a dorénavant le droit « de faire collecter par une personne mandatée [...] les abats susceptibles d'entrer dans la composition de médicaments organothérapeutiques et d'en faire l'usage souhaité[4] ». Morell le remercie et en profite pour annoncer d'autres projets : « Dès que j'aurai mis bon ordre dans cette affaire de glandes et d'organes, je m'attaquerai à l'exploitation

---

1. T. Morell, lettre du 20 août 1942 BArch R42/5281–5182, et lettre du 25 janvier 1943, BA R38/0156– 0157.

2. IfZArch, MA 617, Rolle 1, bordereau du 14 février 1943. Il a également l'intention de « fabriquer une préparation à base d'eau et de moelle épinière (concentré de substance nerveuse) », voir *ibid.*, entretien du 22 septembre 1943 avec le Dr Mulli.

3. Lettre du 22 octobre 1942 de T. Morell à sa femme, National Archives Microfilm Publication T253/45.

4. Avis du 29 août 1942 du commissaire du Reich Koch, National Archives Microfilm Publication T253/35.

des plantes médicinales et d'autres drogues en Ukraine. Vous verrez que cela se goupillera très bien [1]. »

Dans la foulée, il crée les « Usines pharmaceutiques d'Ukraine, ateliers de Vinnytsia, fabrication de produits organothérapeutiques et de médicaments d'origine végétale – droguerie – exportation » [Ukrain. Pharmo-Werke]. Le nom a valeur de programme et l'entreprise est vouée à l'expansion. En effet, Morell ne saurait se satisfaire de la seule Ukraine occidentale. Son regard est déjà tourné vers la juteuse région industrielle de Donetz-Becken. Les steppes de la mer Noire ainsi que la Crimée sont également dans son collimateur. En effet, il a l'intention de se lancer dans « la culture en gros d'herbes médicinales [afin de] prendre part à la construction d'une économie allemande forte [2] ».

Mais c'est surtout Kharkov qui intéresse le Dr Morell. La métropole, située à l'est de l'Ukraine, est alors la quatrième plus grande ville de l'Union soviétique. D'une importance stratégique majeure pour la guerre, elle a été prise en octobre 1941 par la 6e armée. Depuis que la ville est occupée par la Wehrmacht, la peste venue d'Allemagne y fait des ravages : les deux tiers des bâtiments ont été détruits, la population a été décimée, passant d'un million et demi d'habitants à 190 000 personnes. Des civils ont été jetés par-dessus leurs balcons, pendus dans les vestibules, les entrées des banques et des hôtels [3]. Dans les combes de Drobizki, le commando spécial [*Sonderkommando*] 4a et une unité du groupe d'intervention [*Einsatzgruppe*] C, aidés par le bataillon de police 314 massacrent la population juive : 15 000 personnes sont abattues, des femmes et des enfants sont gazés dans des camions. L'occupant déporte de nombreux habitants de Kharkov pour le travail forcé en Allemagne et, quand l'Armée rouge échoue à libérer la ville en mai 1942, 240 000 soldats soviétiques atterrissent dans les camps de prisonniers militaires.

Morell ne se soucie guère de tout cela. Au contraire, la situation tragique de Kharkov semble plutôt l'inspirer : « C'est une mission particulièrement intéressante que d'extirper d'une ville éprouvée par les différents changements de pouvoir tout ce qui peut encore

---

1. Lettre du 22 septembre 1942 de T. Morell à E. Koch, IfZArch, MA 617, rouleau 2.

2. Voir aussi sa lettre du 1er avril 1944 au Dr Möckel : « Tes fructueux travaux de recherche ainsi que ta prédilection pour les drogues m'intéressent. » À cet égard, voir également les lettres des 14 et 17 décembre 1943 de Morell à Koch, National Archives Microfilm Publication T253/35.

3. Voir Karl SCHLÖGEL, « Schaut auf diese Stadt ! », *Die Zeit*, n° 45, 30 octobre 2014, p. 19.

servir à l'économie de guerre [1] », écrit-il au commissaire du Reich. Quand il apprend qu'il existe à Kharkov un institut d'endocrinologie spécialisé dans le traitement des glandes, Morell se tourne une nouvelle fois vers Koch : « Dans la mesure où cet institut, autrefois propriété de l'État soviétique, est inutile s'il n'est pas approvisionné en glandes endocrines et dans la mesure où vous avez eu l'amabilité de me concéder ces organes lors des abattages, je vous prie de m'autoriser à acheter cet institut [afin de] pouvoir tout de suite commencer l'exploitation de ces glandes et de fabriquer les produits dont l'Allemagne a si urgemment besoin [2]. »

La réponse arrive le jour même par téléphone : Morell aura l'institut. On le lui « confie ». Afin de le faire tourner à plein régime, est transmise aux dix-huit abattoirs d'Ukraine la consigne suivante : « Sur ordre du commissaire du Reich en Ukraine, les organes issus des abattages [...] doivent être livrés sans attendre et en exclusivité aux Ukrain. Pharmo-Werke. Ils devront être débarrassés de leurs matières grasses et congelés deux heures après l'abattage à – 15 degrés ou à la plus basse température possible [3]. »

Plus rien n'empêche désormais que l'on développe et produise en masse de nouvelles préparations à base d'hormones. Le médecin se délecte de cette perspective et se montre bien peu coupable de participer à la répugnante curée du front de l'Est : « Nous avons besoin de [...] toutes les glandes que nous pourrons recevoir [4]. » L'entreprise ne pourra jamais être plus rentable : « Pourvu que les équipements d'éviscération-séchage arrivent très rapidement ainsi que le dispositif d'extraction. Les grosses affaires pourront alors véritablement commencer [5]. »

Mais le temps joue contre lui. Cette braderie ne pouvait pas durer éternellement : le front se fissure et, début 1943, l'Armée rouge reprend Kharkov. « Les événements ont été malheureusement les plus forts. Ils ont réduit à néant nos beaux espoirs et nos

---

1. Cité *in* E. SCHENCK, *Dr. Morell, op. cit.*, p. 267.

2. Lettre du 16 octobre 1942 de T. Morell à E. Koch, National Archives Microfilm Publication T253/35.

3. Lettre d'Erich Koch du 31 octobre 1943. L'ordre concerne les abattoirs de Vinnytsia, Kiev, Proskurov, Berdytchiv, Jytomyr, Doubno, Darnitsa, Koziatyn, Kirovohrad, Bila Tserkva, Mykolaïv, Melitopol, Zaporijia, Dnipropetrovsk, Poltava, Krementchouk, Ouman et Korosten (National Archives Microfilm Publication T253/42).

4. Cité *in* E. SCHENCK, *Dr. Morell, op. cit.*, p. 253.

5. Philipp VANDENBERG, *Die heimlichen Herrscher : Die Mächtigen und ihre Ärzte*, Bastei-Verlag Lübe, Bergisch-Gladbach, 2000, p. 256.

travaux préliminaires[1] », raconte le médecin dépité qui va recentrer ses activités sur le traitement des glandes à Olomouc en Moravie. Il remue alors ciel, terre et tous les niveaux de l'État pour trouver le moyen de charger et de convoyer cette matière première sur plus de 1000 kilomètres afin de soutirer un maximum de profit à l'Ukraine. Pour le médecin personnel du Führer, il deviendra alors tout à fait normal d'arguer que ses désirs correspondent à la volonté d'Hitler.

La guerre se trouve à ce moment dans une phase délicate. Les rares – donc très disputées – voies de transport qui subsistent encore sont devenues cruciales pour le ravitaillement des troupes et l'évacuation des blessés. Pourtant, Morell utilise sans gêne la logistique et les moyens de communication à sa disposition dans le quartier général du Führer. Il fait aussi circuler sur un nombre incalculable de kilomètres des centaines de wagons et de poids lourds de la Wehrmacht à travers l'Europe de l'Est. Après tout, il lui faut transporter son butin, ses tonnes de panses de porcs, de pancréas, d'hypophyses, de moelles épinières, de foies de moutons, de bœufs et de cochons. La consigne est stricte : « Ne mobiliser de véhicules qu'en cas de nécessité absolue[2]. » Elle vaut pour tous dans le quartier général, à l'exception de Morell évidemment, qui évacue même des pattes de poulets dont il fait de la gélatine. La liste d'un chargement typique d'un de ses wagons peut s'énumérer comme suit : 70 tonneaux de foies salés, 1 026 panses de porcs, 70 kg d'ovaires, 200 kg de testicules de taureaux. Valeur : 20 000 Reichsmarks[3].

Quotidiennement ou presque, ce genre de livraison arrive en provenance d'Ukraine jusqu'au centre de traitement – aryanisé – en Tchécoslovaquie. Les convois importants de la Wehrmacht peuvent bien rester à l'arrêt si nécessaire. Car Morell se révèle impitoyable : qu'un train des Ukrain. Pharma-Werke circule trop lentement et il décroche son téléphone pour discuter directement « à propos de la disponibilité des wagons[4] » avec la plus haute instance, au moins le poste de commandement des transports mais aussi, bien-

1. Lettre du 12 décembre 1943 de T. Morell au haut fonctionnaire Schuhmacher à Lemberg, National Archives Microfilm Publication T253/35.

2. On peut ainsi lire dans un arrêt de l'*Adjudantur* du Führer : « Celui qui, délibérément ou par négligence, utilise du carburant à des fins qui ne servent pas la guerre sera traité comme saboteur par le conseil de guerre », National Archives Microfilm Publication T253/36.

3. Notes à propos d'un entretien avec le Dr Mulli, le 9 octobre 1943 à 22 heures 35, IfZArch, MA 617, rouleau 3.

4. Lettre du 5 février 1945 des Ets Hamma à T. Morell, *ibid.* De même pour la citation suivante.

tôt, le chef du réseau ferroviaire, voire le ministre des Transports. Il rappelle sa fonction et menace de conséquences fâcheuses si les wagons ne sont pas « mis à disposition en priorité maximale, de préférence avec un bordereau de la Wehrmacht et l'autorisation de circuler malgré les barrages ». Si son interlocuteur obtempère, il sera peut-être récompensé par une recommandation bienveillante auprès d'Hitler ou, au moins, par une boîte argentée de Nobel-Vitamultin [1]. Morell l'emporte toujours : de poste de commandement en poste de commandement, ses désirs deviennent des ordres.

Et cela prend des formes de plus en plus néfastes. Afin de pouvoir maintenir le niveau de production et de rentabilité en temps de guerre, Morell n'hésite pas à recourir au travail forcé : « Nous rencontrons des difficultés pour nous fournir en main-d'œuvre non qualifiée [...] de sorte que le chargement des wagons de Vitamultin ne peut se faire que par des jeunes filles, signale le Dr Kurt Mulli, son chimiste en chef. Je vais essayer de réquisitionner à l'occasion des prisonniers de droit commun. Peut-être vous serait-il possible de m'obtenir par Bormann un document de la Chancellerie attestant de l'urgence de notre travail [2]. » Mulli sait que son chef a même ses entrées chez le très redouté Martin Bormann, le puissant secrétaire du Führer et dirigeant du NSDAP pour l'ensemble du Reich.

Au cours de ces quelques mois, la quantité d'organes accumulés par Morell va excéder ses propres capacités. Cependant, il tient si farouchement à son monopole en Ukraine qu'il préfère encore laisser pourrir la marchandise plutôt que de laisser à d'autres le soin de la traiter : « On ne peut pas me demander d'abandonner la matière première à la concurrence. [...] La collecte et le traitement des glandes et organes en Ukraine me reviennent exclusivement en droit [3]. »

Le médecin accorde une attention toute particulière aux foies. Jouant un rôle important dans le processus de catabolisme, cet organe décompose et élabore diverses matières, notamment un grand nombre de stéroïdes, qu'il s'agisse des hormones sexuelles masculines – dérivées du cholestérol, favorisant le développement de la masse musculaire et la vigueur sexuelle – ou des corticoïdes et glucocorticoïdes, qui passent

---

1. Voir par exemple la lettre du 11 février 1944 de Morell à Wilhelm Ohnesorge, ministre des Postes : « [...] je me suis permis de faire la proposition que le Führer vous invite à faire un exposé », National Archives Microfilm Publication T253/41.

2. Lettre du 10 août 1943 de K. Mulli à T. Morell, IfZArch, MA 617, rouleau 3.

3. Lettre du 28 octobre 1942 de T. Morell à E. Koch, National Archives Microfilm Publication T253/35.

alors pour des produits miracles car conférant en peu de temps beaucoup d'énergie. Morell en vante les vertus salutaires et stimulantes, conformément à l'état des connaissances à cette époque. Or le foie contient aussi des substances, dont des éléments pathogènes très divers qui peuvent provoquer des réactions immunitaires. Une sorte de processus autodestructeur s'enclenche si le corps n'arrive plus à distinguer les substances exogènes ou endogènes, dangereuses ou inoffensives, et mobilise ainsi son système de défense contre les éléments sains.

Plus la guerre s'enfonce dans le chaos et plus la chaîne du froid est fréquemment rompue durant le transport des foies congelés. Des arrêts forcés de plusieurs jours sont souvent inévitables. Il faut parfois trois semaines pour que la marchandise atteigne Olomouc où les organes puants sont ensuite cuits pendant de longues heures dans de grandes cuves avec de l'acétone et de l'alcool méthylique. Cette mixture toxique est ensuite distillée jusqu'à obtenir un résidu brun qui a la consistance du miel. On dilue le tout avec de l'eau puis on en remplit 10 000 ampoules par jour. Et voici le produit fini : le « foie Hamma » des usines Morell.

Mais un tel breuvage va-t-il vraiment parvenir au public ? À partir de 1943, la réglementation de l'économie de guerre prévoit – au grand dam du médecin – de suspendre l'introduction de tout nouveau médicament sur le marché. Le souverain Morell sait toutefois comment contourner cet obstacle. Il s'adresse ainsi à l'office de la Santé du Reich, les services de Leonardo Conti : « Par ailleurs, apprenant les difficultés que j'ai pu rencontrer avec mes médicaments, le Führer m'a accordé la chose suivante : si je fabrique un médicament, que je l'expérimente, puis que j'en fais une utilisation probante dans le quartier général du Führer, alors ce produit peut être utilisé partout en Allemagne sans autre autorisation nécessaire[1]. »

---

1. Brouillon d'une lettre de Morell, « Obj. : fabrication de nouveaux produits sanitaires, 30 mars 1944 », National Archives Microfilm Publication T253/38. On peut également y lire : « J'avais ainsi [...] développé, à partir de foies de bœufs ukrainiens auxquels j'avais ajouté des substances actives spéciales, un extrait de foie à injecter que le corps pouvait très bien supporter en première préparation et qui, après un an d'essais sur moi-même et parmi les cliniciens de mes amis et connaissances, a révélé des propriétés extraordinaires. [...] J'ai été forcé de fabriquer moi-même ces médicaments car les produits équivalents ne sont plus disponibles sur le marché. Je ne peux pas traiter correctement mes patients – dont il est inutile de préciser à quel point il est important qu'ils restent en bonne santé – si je ne dispose pas de ces médicaments et si je ne les prépare pas moi-même. [...] Dans l'intérêt de la santé du peuple et tout particulièrement de mes patients, les tracasseries bureaucratiques doivent être surmontées d'une autre manière. »

Aussi fou que cela puisse paraître, l'homme à l'empire pharmaceutique jailli de nulle part se sert de ses patients du quartier général du Führer – et très probablement d'Hitler lui-même – comme de cobayes. Il teste sur eux par injection directe des hormones et des stéroïdes, souvent fabriqués dans des conditions d'hygiène déplorables, avant même que le douteux produit ne soit autorisé pour le Reich et la Wehrmacht. Une véritable débâcle immunitaire.

« X » : dans un autre monde

> « L'état de santé du Führer est d'apparence trompeuse. À première vue, il donne l'impression de se trouver en excellente forme physique. Ce n'est toutefois pas le cas en réalité [1]. »
>
> Joseph GOEBBELS.

Après la capitulation de ce qui restait de la 6e armée, la Wehrmacht – et avec elle Hitler – a perdu de son aura. Mais face à la catastrophe militaire de la Volga, la défaite de Rommel contre les Britanniques en Afrique, les bombardements qui dévastent les villes de la Ruhr depuis mars ou encore la bataille sous-marine perdue en Atlantique au mois de mai, la réaction du Führer reste la même : un repli sur soi total, accompagné de la conviction inébranlable que ses décisions étaient et sont encore les bonnes. Au lieu de s'adapter à la nouvelle donne et de réfléchir à d'autres stratégies comme, par exemple, une solution pacifique, le régime durcit encore sa ligne – et cela tient entre autres à un raidissement du Patient A.

Hitler est de plus en plus isolé. L'Armée rouge avançant, il ne passe en 1943 que quelques jours dans le quartier général du *Werwolf* et se retire à nouveau dans la *Wolfsschanze*, tel un animal blessé. Les repas en commun et les réunions autour d'un thé

1. Journal intime de Goebbels, entrée du 20 mars 1942, cité *in* Peter GATHMANN et Martina PAUL, *Narziss Goebbels : eine psychohistorische Biografie*, Vienne/Cologne Weimar, Böhlau, 2009, p. 95. Au demeurant, Goebbels a lui-même si volontiers recours aux piqûres que Weber, l'assistant de Morell, remarque : « M. le ministre a tellement de bourgeons dus aux piqûres qu'il est presque impossible de lui faire des injections désormais. » Dans la même lettre, il relate entre autres qu'après une injection des extraits de foie concoctés par Morell, Goebell a souffert de graves maux de tête pendant trois jours. Lettre du 16 juin 1943 de R. Weber à T. Morell, National Archives Microfilm Publication T253/34.

nocturne sont de plus en plus vécus comme un calvaire par tous les participants. Jusqu'au petit matin, Hitler monologue, de sa voix de baryton léger, en de véritables logorrhées qui mettent les nerfs de son auditoire à vif. Il peut s'épancher pendant des heures sans s'adresser à quelqu'un en particulier. Ses yeux fixent le vide comme s'il parlait à une foule invisible. Il rumine inlassablement ses sujets de prédilection, évoque la nocivité du tabac, fustige tout ce qui empoisonne le corps, fait l'éloge de son alimentation végétarienne à laquelle son médecin a fourni une base scientifique grâce aux fortifiants et aux compléments vitaminés qu'il lui administre – ce brave Dr Morell qui a d'ailleurs reçu le 30 janvier 1943 une dotation de plus de 100 000 Reichsmarks, exonérée d'impôts. Afin de calmer ses nerfs, Hitler peut occasionnellement s'autoriser une entorse à ses principes qui avaient autrefois valeur d'impératifs absolus : après le repas, le Patient A boit parfois une bière, à moins qu'il ne se jette un petit verre de slivovitz dont le laboratoire du camp aura préalablement vérifié la pureté de l'alcool sur ordre exprès du Führer [1].

En cette année qui marque le tournant de la guerre, s'opère aussi une transformation physique que l'entourage d'un Hitler vieillissant à vue d'œil peut difficilement continuer à ignorer. Tout le monde l'a compris depuis longtemps maintenant : la magie s'est tarie. « Hitler vint vers moi, courbé comme s'il portait un lourd fardeau, avançant à pas lents, un peu las », décrit un général de corps d'armée, consterné par sa rencontre avec le commandant suprême : « C'était comme si une voix intérieure me disait : “Vois ce vieil homme devant toi ! Il n'est plus capable de porter le joug qu'il s'est lui-même imposé !” Hitler était tombé bien bas et, profondément affligé, je regardais ses yeux vitreux, fatigués. Aucun doute, c'étaient les yeux d'un homme malade [2]. »

Morell non plus ne peut ignorer cette détérioration de la santé du Führer ainsi que l'effet désastreux qu'elle produit sur le moral de ses proches. Mais comment remettre d'aplomb son patient ?

1. « Ordre du Führer d'analyser un échantillon de slivovitz à la recherche d'alcool méthylène et autres substances néfastes » daté du 11 janvier 1944. Le rapport écrit du laboratoire du camp tombe le jour même : « Odeur et goût : slivovitz. [...] Sur la base de cette analyse, pas d'objection sanitaire à la consommation. » BArch-Koblenz N1348.

2. Cité *in* Ernst Günther SCHENCK, *Patient Hitler – eine medizinische Biographie*, Weltbild Verlag, Augsbourg, 2000, p. 389 *sq*.

Visiblement, le cocktail vitamines-hormones-stéroïdes ne suffit plus.

Le 18 juillet 1943 est un jour bien particulier. À Koursk, l'Armée rouge vient de remporter la plus grande bataille de blindées de l'histoire militaire, réduisant à néant les espoirs allemands d'un retournement de situation en Russie. Parallèlement, les Alliés ont débarqué en Sicile. L'Italie est sur le point de changer son fusil d'épaule et mettre un terme à son alliance avec l'Allemagne. Les dernières chances d'Hitler menacent de s'envoler. L'imminente « trahison de l'armée italienne » l'a empêché de « fermer l'œil » de toute la nuit, note Morell dans son carnet. « Corps raide comme une planche, rempli de gaz. Visage *très* pâle, extrêmement nerveux. Importants pourparlers avec le Duce demain [1]. »

Au beau milieu de la nuit, Morell est tiré du lit par Linge, le majordome d'Hitler : le Führer se tord de douleur ; on demande un « illico-rétablissement ». Il n'a pas supporté le fromage blanc du dîner ainsi que le chou farci accompagné de petits pois et d'épinards. Morell s'habille en toute hâte, s'engouffre dans la nuit et dégaine la seringue. Sans succès. Le médecin réfléchit fébrilement : que faire contre cette « grosse attaque [2] » dans une situation aussi délicate ? Il doit absolument trouver un moyen d'anesthésier la douleur sans abrutir Hitler pour autant. Il lui faut sortir un atout de sa manche. Il lui en reste bien un, mais cela n'est pas sans risque.

Sur la fiche cartonnée consacrée au « Pat. A » pour le deuxième trimestre 1943, une substance est notée dans un coin en bas à droite et soulignée trois fois : Eucodal, un analgésique des entreprises Merck à Darmstadt. Ce produit a été lancé en 1917 sur le marché allemand en tant que sédatif et médicament contre la toux. Il devient si populaire au cours des années 1920 que le terme de d'« eucodalisme » fait florès à son tour. Son principe actif, extrêmement puissant, se nomme oxycodone et est un dérivé synthétique de l'opium. Ce produit est un sujet sensible sous la République de Weimar, notamment chez les médecins qui en débattent volontiers entre eux – ou pas. En effet, certains docteurs sont eux-mêmes, et en secret, leur meilleur client. Aux yeux des amateurs, l'eucodal fait figure de reine des substances, un produit

1. T. Morell, entrée du 18 juillet, 1943, BArch-Koblenz N1348.
2. T. Morell, entrée du 6 décembre 1943, BArch-Koblenz N1348.

de rêve. Son effet sédatif est à peu près deux fois plus puissant que celui de la morphine, dont elle surclasse la cote de popularité. Cet ancêtre des « nouveaux produits de synthèse » séduit par son fort pouvoir euphorisant, qui intervient très rapidement après la prise et beaucoup plus fortement que celui de son cousin pharmacologique, l'héroïne. Convenablement dosé, l'eucodal ne fatigue pas son consommateur ou ne le met pas complètement KO, bien au contraire. L'écrivain Klaus Mann qui, au désespoir de son père, aimait aussi à faire de nouvelles expériences dans ce domaine[1], confirme le caractère exceptionnel du produit : « Je ne prends pas de morphine pure. Je prends ce qu'on nomme eucodal. Ma petite sœurette Euka. L'effet est bien meilleur, trouvons-nous[2]. » La réunion au sommet avec Mussolini approche à grands pas. L'heure du départ est imminente. Le Patient A semble apathique, il marche courbé, ne parle à personne. Morell en est persuadé : l'eucodal va requinquer le Führer sur-le-champ et le débarrasser de cette forte constipation spastique purement psychologique. Il se doute aussi que le dictateur aux penchants toxicomanes ne se passera pas facilement de ce breuvage des dieux une fois qu'il y aura goûté, du fait de l'euphorie qu'il y trouvera à coup sûr. Chez les personnes réceptives, une prise régulière sur deux ou trois semaines peut suffire à rendre physiquement dépendant. Mais n'est-ce pas l'avenir du monde qui est ici en jeu ? Hors de question qu'Hitler ne soit pas au mieux de sa forme ou, pire, qu'il manque cette conférence des forces de l'Axe. Morell doit mûrement peser le pour et le contre. Et décide de courir le risque. Il injecte alors la nouvelle drogue. Une décision lourde de conséquences.

Dans les minutes et les heures qui suivent cette injection, le Patient A est métamorphosé, ce qui n'échappe à personne, bien que tous ignorent la cause de ce brusque changement d'humeur. Tout le monde respire en voyant le bref regain d'énergie du « patron ». Remotivé, on se prépare à la rencontre avec les Italiens. Hitler se sent tellement mieux d'un seul coup qu'il exige bientôt un supplément.

1. Dans son journal intime, Klaus Mann écrit : « Ai à nouveau pu acheter des comprimés d'eucodal grâce à la jolie bêtise de la pharmacienne », cité *in* W. Pieper, *Nazis on Speed, op. cit.*, p. 57.

2. Cité *in* Rong Yang, *« Ich kann einfach das Leben nicht mehr ertragen » – Studien zu den Tagebüchern von Klaus Mann (1931-1949)*, Tectum-Verlag, Marbourg, 1996, p. 107.

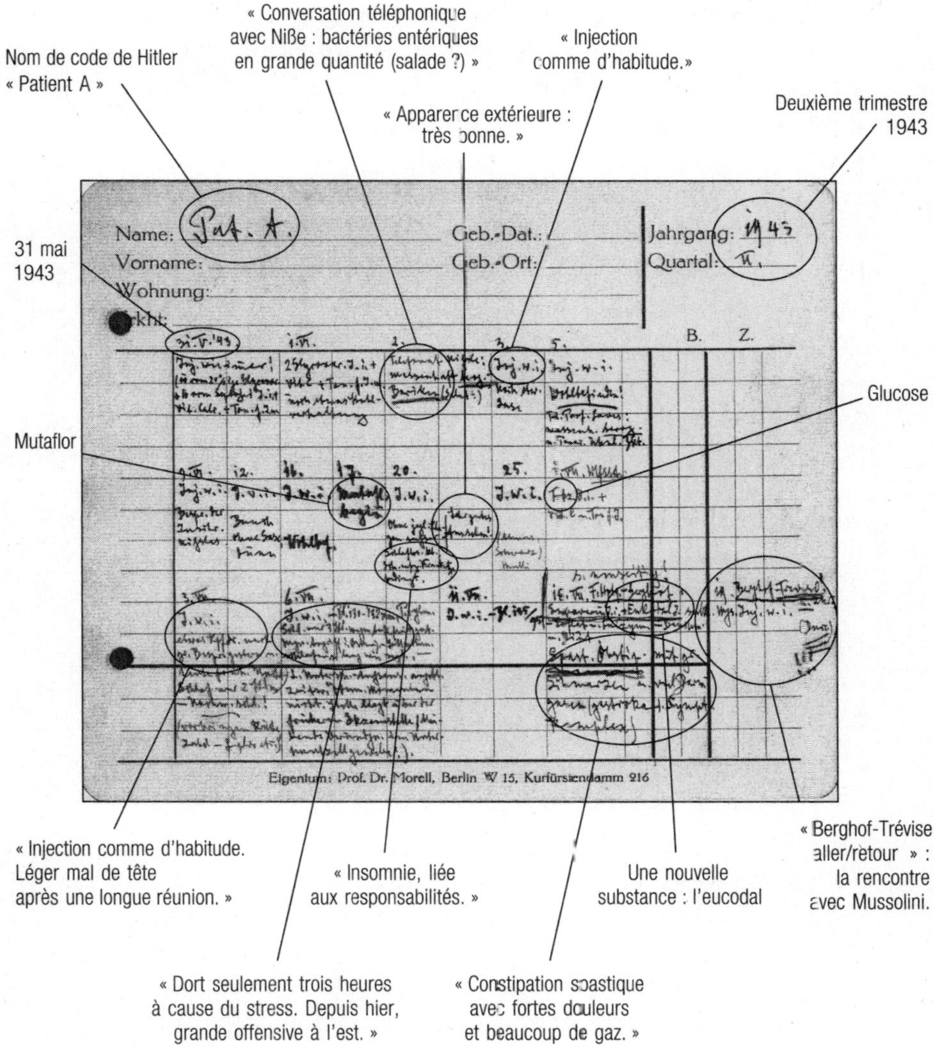

Ill. 17 Fiche du Patient A à l'été 1943 : il était une fois l'eucodal.
Source : Bundesarchiv Koblenz.

Morell refuse dans un premier temps car il y a « encore d'importantes réunions et des décisions à prendre avant le départ à 15 h 30[1] ». Il lui propose, à la place, un massage et une cuiller d'huile d'olive. Mais cela ne convient pas à Hitler qui prétend être

1. T. Morell, entrée du 18 juillet 1943, BArch-Koblenz N1348. *Id.* pour les deux citations suivantes.

soudainement pris de vertiges et remet son départ en question. On ne sait pas si le Führer ordonne qu'on lui administre à nouveau la puissante substance ou si c'est Morell qui en prend l'initiative. Quoi qu'il en soit, le médecin procède à une seconde injection, intramusculaire cette fois : « Avant le trajet pour l'aérodrome, une ampoule d'eucodal I. m. »

Qu'ils proviennent de témoins oculaires ou, après la guerre, d'un rapport des services secrets américains, les avis sont unanimes : lors de sa rencontre avec Mussolini à la villa Gaggia près de Feltre en Vénétie, Hitler se conduit de manière pour le moins exaltée. Durant trois heures, le Führer va exhorter d'une voix sourde son collègue déconfit. Le Duce ne parvient pas à placer un mot et doit se contenter de rester assis sur le bord d'un fauteuil trop grand pour lui, bouillant d'impatience, les jambes croisées et une main crispée sur le genou. Mussolini voulait convaincre Hitler que, pour l'intérêt de tous, l'Italie devrait se retirer du conflit. Il ne parviendra pas à faire beaucoup plus qu'à se triturer continuellement ce dos qui lui fait mal, s'essuyer le front avec un mouchoir et soupirer. La porte s'ouvre sans cesse ; on lui remet les dernières nouvelles en provenance de Rome. La ville subit en ce moment même le feu aérien des Alliés mais il ne peut ne serait-ce qu'en parler alors qu'Hitler, sans jamais s'interrompre, explique à son auditoire embarrassé pourquoi il ne doit jamais douter de la victoire mirifique des forces de l'Axe. Le Duce, déprimé, est littéralement submergé par le débit d'un Führer artificiellement galvanisé. À l'issue de cette rencontre, l'Italie reste dans le jeu. Morell se sent conforté. Il a, en un coup de seringue, fait œuvre de grande politique. Il fanfaronne dans son carnet : « Führer en pleine forme. Pas de plainte non plus dans le vol retour. A déclaré le soir même à Obersalzberg que le succès de cette journée me revenait. »

Après la guerre, les enquêteurs américains soupçonneront la méthamphétamine d'être à l'origine de la frénésie d'Hitler lors de cet entretien. Ce faisant, ils ne sont qu'à une molécule près de la vérité pharmacologique. En effet, ils n'ont pas remarqué l'eucodal dont le nom est pourtant écrit noir sur blanc dans les carnets de Morell. Cela se comprend aisément quand on examine la traduction anglaise de ce manuscrit que l'on peine à déchiffrer : parmi la foule de médicaments que prenait Hitler, l'United States Forces

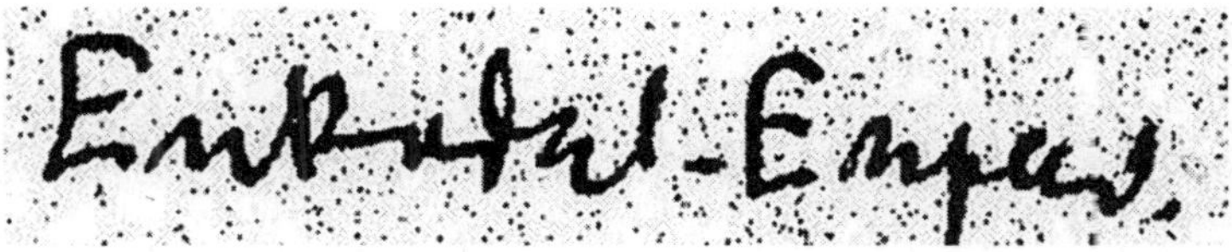

Ill. 18 Indéchiffrable pour les services secrets américains : l'écriture de Morell. *Source* : Bundesarchiv Koblenz.

European Theater Military Intelligence Service Center mentionne un certain « Enkadol »[1].

Ce nom écorché ne figure sur aucune liste de produits stupéfiants et, de ce fait, on n'y accorde pas grande importance. Les enquêteurs peuvent d'autant moins soupçonner qu'il puisse s'agir d'eucodal que le médicament est inconnu sous ce nom aux États-Unis[2]. Les pattes de mouche du médecin allemand ont vraisemblablement fourvoyé les services secrets américains.

Eucodal

> « L'eucodal est en quelque sorte la synthèse de la cocaïne et de l'héroïne. Il faut être allemand pour inventer une saloperie aussi démoniaque[3]. »
>
> William BURROUGHS.

Avec l'arrivée de cette nouvelle drogue, Morell, celui que le venimeux Goebbels surnomme le « maître seringueur du Reich[4] », a véritablement percé. Alors que les autres invités changent sans cesse, il reste le seul hôte régulier des thés nocturnes, véritables

1. *Ibid.*, « Special entry of July 18, 1943 ».

2. L'opioïde oxycodone, la substance active de l'eucodal, a été commercialisé aux États-Unis sous le nom d'« oxygesic » et d'« oxycontin » et, avec 3,5 milliards de dollars de chiffre d'affaires en 2010, se place au cinquième rang des médicaments les plus vendus sur le marché américain. En Allemagne, l'oxycodone est connu sous le nom d'« Oxygesic » et reste l'opioïde le plus souvent prescrit en prise orale. Actuellement, cent quarante-sept produits thérapeutiques contenant de l'oxycodone sont autorisés sur le marché allemand, la plupart avec une formule dite retardée (absorption décalée de la substance active par l'organisme). Ils sont notamment utilisés pour le traitement des douleurs chroniques. La préparation baptisée eucodal qu'Hitler reçoit pour la première fois à l'été 1943 n'est plus disponible dans le commerce depuis 1990.

3. William BURROUGHS, *Le Festin nu*, trad. de l'américain par Eric Kahane, Paris, Gallimard, 1964, p. 77.

4. A. SPEER, *Au cœur du Troisième Reich*, *op. cit.*, p. 150.

baromètres des bonnes grâces du Führer. « Il fallait qu'il soit là, tout simplement[1] », écrit Traudl Junge, la secrétaire du Führer, qui décrit le rôle toujours plus important joué par Morell auprès d'Hitler, avec lequel il entretient depuis longtemps une relation symbiotique.

D'un point de vue financier aussi, les activités du médecin ont fini par payer. Il est devenu riche comme Crésus. En 1943, première année de l'ère eucodal, Morell réfléchit à la manière dont il pourrait encore développer ses entreprises et décide de se lancer lui-même dans le commerce d'opium. Il s'agit là d'une branche très lucrative. En effet, la demande ne cesse d'augmenter alors que le produit fait, lui, de plus en plus défaut. Depuis la défaite de Rommel en Afrique et le débarquement américano-britannique à Casablanca, le Reich n'a plus accès aux champs de pavots marocains ; les tumultes de la guerre ont également coupé les voies de ravitaillement perse et afghane. En Allemagne, les usines IG Farben/Hoechst cherchent, depuis 1937, un ersatz synthétique à la morphine naturelle. Toutefois, ce qu'on appellera plus tard la méthadone (ou Polamidon en allemand) n'en est alors qu'à ses balbutiements. Or, à cette époque, le besoin d'un analgésique efficace se fait chaque jour plus pressant, de poste sanitaire mobile en hôpital militaire surchargé. Les opiacés sont un bien précieux dans cette gigantesque guerre qui charrie les corps mutilés d'innombrables soldats.

Morell ne serait pas Morell s'il ne reniflait pas là un bon filon. Ses prospections sont fructueuses et il continue à développer tout seul son réseau d'entreprises en passant des coups de téléphone ou en envoyant des courriers à partir de son bureau dans le quartier général du Führer. Il rachète ainsi la firme lettonne de Farmacija à Riga pour la simple et bonne raison qu'elle dispose d'un laboratoire de transformation d'opium et d'un stock pour le moins intéressant : « Dans le hangar se trouve un lot de morphine brute d'une valeur de 400 000 Reichsmarks environ et d'opium à hauteur de 200 000 Reichsmarks[2]. » Cela garantirait en outre un stock discret au Patient A. Tout passait jusqu'alors par la pharmacie Engel à Berlin mais, recemment, le propriétaire, Ernst Jost, a insisté à plusieurs

1. Cité *in* O. Katz, *Prof. Dr. Theo Morell, op. cit.*, p. 280.
2. Lettre du 26 août 1943 de T. Morell à Sievert, National Archives Microfilm Publication T253/45.

reprises pour « consigner les ordonnances dans le carnet des drogues [...] ainsi que le prescrit la loi sur les produits stupéfiants[1] ».

Ainsi le médecin personnel d'Hitler devient-il lui-même producteur d'opium. Le spectacle peut donc continuer en cette seconde moitié de 1943, alors que la Wehrmacht est forcée de battre en retraite sur l'ensemble du front de l'Est. Vu de l'extérieur, Hitler tient le rôle du travailleur austère, luttant sans répit pour le destin de l'Allemagne[2]. Mais, niché dans son confortable bunker de béton, M. le Führer se paye le luxe de s'enivrer d'eucodal. On ne peut que présumer de la fréquence de ses prises. Vingt-quatre au moins sont avérées. Mais est-ce bien tout ? Les doutes portent notamment sur un laconique « x » qui revient fréquemment dans les fiches de Morell. On remarque également la mention « injection comme d'habitude » : que cela peut-il bien signifier pour un polytoxicomane qui consomme déjà plusieurs douzaines de produits différents chaque semaine ?

Si un secret connu par le cercle le plus restreint possible mais ayant des répercussions pour le plus grand nombre est un élément définitoire de la dictature, alors les agissements de Morell sont véritablement totalitaires[3]. Il demeure inattaquable tant que personne ne sait précisément ce qu'Hitler a dans les veines au sens propre du terme. Seules deux possibilités s'offrent à lui : soit il restreint la consommation d'eucodal, soit il la camoufle en la cryptant afin de se prémunir, ainsi que son patient, d'éventuelles attaques extérieures. Or, si le dictateur réclame de plus en plus le produit – de manière explicite ou détournée –, il ne reste au médecin que la seconde solution. Cela pourrait tout à fait expliquer pourquoi Hitler insiste à ce point pour que Morell ne le quitte plus et se tienne toujours disponible : justement pour lui fournir ce fameux « x », sorte de tampon biochimique entre le dictateur et le monde. Une seule et unique note en marge de ses carnets explicite le sens

1. Lettre du 30 avril 1942 d'E. Jost à T. Morell, T253/39 : « Dans la mesure où j'ai besoin d'ordonnances médicales pour les inscrire dans le cahier des produits stupéfiants et pour justifier ma dépense de cocaïne, je vous prie respectueusement de me faire parvenir au plus vite cinq prescriptions établies conformément aux recommandations de la loi sur les stupéfiants. »

2. À cette époque, on peut lire sur des cartes postales de propagande : « Le Führer ne sait que combattre, travailler et se soucier [de son peuple]. Nous voulons le soulager de la part que nous pouvons prendre. »

3. Elias Canetti, *Masse et puissance*, trad. de Robert Rovini, Gallimard, coll. « Tel », Paris, 1986, p. 314-315.

de ce signe fourre-tout : « x » ne renverrait à rien de plus qu'à du « glucose ». Il est toutefois permis d'en douter : ce sucre (en allemand *Traubenzucker*) est souvent noté « Trbz » à d'autres endroits.

On peut supposer que derrière ce « x » se cache encore l'eucodal que prend Hitler pour retrouver son ancien pouvoir de persuasion, pour faire artificiellement rejaillir la vieille magie dont il rayonnait naturellement jadis. On a souvent parlé du dictateur et de son tristement célèbre pouvoir de suggestion quand il se retrouvait justement dans une situation difficile. Dans son journal intime, à la date du 10 septembre 1943, Goebbels se fait dithyrambique quand il parle de la surprenante fraîcheur physique et mentale d'Hitler bien que « les efforts qu'il a fournis au cours de la journée et de la nuit d'hier [aient] été énormes. [...] Contre toute attente, il a une excellente mine. [...] Bien qu'il n'ait dormi que deux heures à peine, il a l'air de revenir de vacances[1] ». C'est avec le même enthousiasme qu'Erich Koch, le commissaire du Reich en Ukraine, parle de cette belle santé aux effets contagieux : « Je suis moi-même complètement rechargé en énergie et je repars plein d'ardeur de cet entretien avec le Führer[2]. » Le 7 octobre 1943, tous les gouverneurs du Reich (*Reichsleiter*) et les chefs de district (*Gauleiter*) se réunissent à la Tanière du loup. Profondément abattus, ils font part de leur désarroi face aux bombardements des villes allemandes, de moins en moins défendues. Pourtant, le Führer, chimiquement assisté, leur tient un discours enflammé pour leur exprimer sa foi inébranlable en la victoire finale. Son éloquence est telle que ses invités repartent dans leurs circonscriptions dévastées avec la ferme conviction qu'Hitler dispose d'armes secrètes qui leur feront gagner la guerre. « 11 h 00. Injection comme d'habitude. Avant-bras droit fortement gonflé. Très bonne allure[3] », écrit Morell ce jour-là. De même, quand Hitler s'envole peu après pour Wroclaw en Pologne, afin de soutenir le moral de plusieurs milliers d'aspirants officiers des différents corps d'armée réunis dans la Halle du Centenaire, Morell est encore présent, seringue au canon : « Injection comme d'habitude[4]. » Résultat : un tonnerre de « Sieg Heil » de la part

1. J. Goebbels, *Journal, 1943-1945*, trad. de l'allemand par Dominique Viollet, Gaël Cheptou et Eric Paunowitsch, Paris, Le grand livre du mois, 2005, p. 246 *sq*.

2. Lettre du 31 mai 1943 de E. Koch à T. Morell, National Archives Microfilm Publication T253/37.

3. T. Morell, entrée du 7 octobre 1943, BArch-Koblenz N1348.

4. T. Morell, entrée du 21 novembre 1943, *ibid.*

des jeunes officiers qui, gonflés à bloc, partent ensuite livrer des batailles désespérées.

Ignorant tout de ce traitement dopant, les plus proches collaborateurs d'Hitler et les membres du commandement en chef manifestent souvent de l'étonnement, voire de l'incompréhension, face à cet optimisme très éloigné des réalités. Hitler saurait-il quelque chose qui leur échappe ? Aurait-il vraiment dans le revers de sa manche une arme secrète qui pourrait encore changer le cours de la guerre ? C'est là l'un des bienfaits immédiats des injections : Hitler est en pleine possession de ses moyens, il se sent le maître du monde, il communique aux autres cette force et cette foi inébranlables dont il a besoin pour entretenir la flamme, et ce malgré les nouvelles désastreuses qui parviennent de tous les fronts. On lit dans une note de Morell, typique de cette période : « Midi, à 12 h 30 : discours devant grande assemblée de hauts gradés (105 généraux), injection comme précédemment [1]. »

Noël de guerre 1943 : l'Armée rouge déclenche l'opération Dniepr-Carpates, poursuivant ainsi son offensive victorieuse de l'été précédent. Morell reçoit pour ses étrennes de la part du secrétaire d'État au ministère de l'Intérieur bavarois une édition centenaire du *Faust* de Goethe afin de « vous rappeler non seulement vos amis munichois mais aussi vos années d'étudiant où, disiez-vous, l'on vous appelait Méphistophélès ». Bien que lapidaire, cette allusion à Goethe ne renferme rien de moins que tout le nerf du drame allemand qui s'est noué entre le Führer et son médecin personnel. « Toutefois, aujourd'hui comme hier, vous n'êtes certainement pas l'esprit malin mais le bon génie », ajoute le secrétaire d'État qui, dans sa parfaite ignorance, ne peut penser à mal [2]. Morell le remercie par retour de courrier. On peut douter cependant qu'il ait eu le temps de se plonger dans le livre. Le traitement du Patient A l'occupe de jour comme de nuit, vingt-quatre heures sur vingt-quatre.

Autre conséquence de ce calfeutrement biochimique : quiconque doit s'entretenir avec Hitler est bienheureux de disposer d'un filet de sécurité pharmacologique. Être déprimé, épuisé ou tout simplement sobre quand on discute avec un chef suprême qui, lui, plane constamment, un chef dont on dépend corps et âme

---

1. T. Morell, entrée du 27 janvier 1944, *ibid.*
2. Lettre du 10 décembre 1943 du secrétaire d'État M. Köglmaier à T. Morell, National Archives Microfilm Publication T253/35.

mais qui ne pardonne ni à lui ni à personne le moindre signe d'abattement : voilà qui devient trop risqué pour beaucoup de ses subalternes. Hitler ne tolère ni faiblesse ni défaillance. Celui qui semble malade, indolent ou peu enthousiaste prend rapidement la porte. À plusieurs reprises, il justifie le renvoi d'une personnalité de premier plan en arguant de sa prétendue mauvaise santé [1]. Et c'est encore une fois à Morell que va profiter la situation : dans la mesure où le périmètre de sécurité 1 de la *Wolfsschanze* ne dispose pas d'infirmerie, le médecin et sa pharmacie de campagne installée dans la *Drohnenbaracke* apparaissent comme une bonne solution de secours, discrète et à proximité immédiate. Ainsi, pour une simple grippe, le majordome d'Hitler se voit tout de suite délivrer de l'eucodal qui lui permet de continuer à travailler dans de bonnes dispositions. Il ne s'agit pas d'un cas isolé. Bientôt, le gros docteur va conserver un petit stock de divers médicaments à destination des officiers, des ordonnances et des adjudants. Il entre ainsi dans les bonnes grâces des auxiliaires, si importants pour la vie quotidienne dans un bunker, tout comme il aide bien volontiers les généraux à se donner une allure de confiance impavide avant de rencontrer leur chef [2].

La pervitine passe encore pour être le meilleur moyen de tenir son rôle dans ce genre de parade. Morell a bien conscience des dangers liés à ce stimulant. Il écrit ainsi à une patiente qui lui sollicite une ordonnance : « Ceci n'est pas un produit qui va se substituer à vos forces. Ce n'est pas une carotte mais un coup de bâton [3]. » Il distribue tout de même le médicament des usines Temmler sans se faire prier et les rumeurs d'une forte consommation de méthamphétamine dans la Tanière du loup finissent par se répandre jusqu'à

1. Voir à cet égard la « Note sur le signalement des maladies des dirigeants » du 23 décembre 1942 qui stipule : « Je ne relève pas seulement les médecins, praticiens et dentistes de leur secret médical vis-à-vis de mon commissaire général, le Pr Dr Karl Brandt, je les somme également de l'informer sans délai, afin qu'il m'en fasse part, de toute maladie grave ou invalidante qui touche un dirigeant ou un haut responsable de l'État, du Parti, de l'armée, de l'économie, etc. ». Voir A. Speer, *Au cœur du Troisième Reich*, *op. cit.*, p. 463.

2. Voir par exemple la lettre du 17 février 1943 que Mme von Kries, de l'*Adjudantur* de la Wehrmacht auprès du Führer, envoie à Morell : « [...] Nous sommes un peu surmenées et nous vous serions donc reconnaissantes de nous donner un médicament pour nous aider. Heil Hitler ! » (IfZArch, MA 617, rouleau 2).

3. Lettre du 1er décembre 1944 de Morell, National Archives Microfilm Publication T253/37.

Berlin [1]. Conti, le vieil ennemi de la pervitine, a eu vent de l'usage généreux qui en est fait. Il écrit au *Reichsleiter* Martin Bormann pour exiger qu'il mette en garde tous les *Gauleiter* et les dirigeants du Parti quant aux dangers de ces prétendus remontants. Par ailleurs, il dit également soupçonner de graves excès dans les plus hautes sphères du pouvoir. La réaction de Bormann à cette lettre n'est pas connue.

Quoi qu'il en soit, si les interlocuteurs du Führer ont eux aussi besoin de drogues de plus en plus fortes pour supporter les réunions avec leur chef, cette situation contribue à épaissir l'atmosphère d'irréalité qui règne dans le cénacle hitlérien. Bien que secrète, la consommation permanente de drogues par le Patient A commence à devenir contagieuse. La présence toxique du Führer suffit à couper tout son entourage de la réalité.

Services secrets et marchands de drogues

Certains documents pointent les relations douteuses qu'entretiennent la direction sanitaire de l'armée de terre et les services secrets allemands, tout en montrant à quel point l'utilisation abusive de la drogue est devenue systématique sous le régime nazi. Pour l'année 1943, la pharmacie centrale des armées livre, par des chemins détournés, aux services de renseignements extérieurs pas moins de 568 kilos de cocaïne et 60 kilos d'héroïne – pures à chaque fois [2]. Ces énormes quantités excèdent de très loin les besoins médicaux annuels de l'ensemble du Reich. Pour cette « livraison spéciale », les affidés du Reich n'ont pas reçu l'aval du bureau en charge de l'opium au sein de l'office de la Santé. Deux services se taillent la part du lion : la section Z qui organise et administre les services secrets et le bureau ZF, responsable des finances. Ce dernier ponctionne une demi-tonne de cocaïne, pour une valeur de plusieurs millions de Reichsmarks. Veut-on, par ce biais, se procurer des devises en exportant une

1. La lettre datée du 14 avril 1944 qu'un ancien patient envoie à Morell est exemplaire à cet égard : « Nous parlons très souvent de toi et de vous, et ces souvenirs nous dopent toujours de joie », National Archives Microfilm Publication T253/38.

2. BArch-Freiburg RH 12–23/1321, copie, Ph IV Berlin, 20 décembre 1943. Voir aussi Tilmann Holzer, *Die Geburt der Drogenpolitik*, *op. cit.*, p. 254 *sqq*.

marchandise pure ? Ou s'agit-il de graisser la patte à d'importants soutiens étrangers dont on veut ménager la loyauté en ces temps difficiles ?

En décembre 1943, le chef des services de santé de l'armée de terre écrit une lettre pour mettre de toute urgence un frein à ce trafic clandestin. Il interdit toute livraison du produit qui ne se ferait pas « à des fins médicales et dans les doses habituelles[1] ». Mais cette injonction n'impressionne guère le chef des services de renseignements, l'amiral Wilhelm Canaris. En avril 1944 a lieu une nouvelle livraison de produit brut : deux kilos de chlorhydrate de cocaïne, un kilo et demi de chlorhydrate de morphine ainsi que deux cents grammes d'héroïne à destination de l'Afrique du Nord, où se trouve le « commando spécial Wimmer » qui mène contre les Alliés des actions de sabotage dans le Sahara – et qui apparemment se livre aussi à un trafic de drogues en pleine expansion. Le destinataire a émis explicitement le souhait que les produits arrivent aux services secrets dans leur emballage d'origine : la cocaïne Merck, cette spécialité de Darmstadt appréciée dans le monde entier[2]. Aujourd'hui encore, on ne sait toujours pas à quoi cette drogue a servi aux nazis. Un Reich, une dope, un dealer.

Patient B

> « Soit tu arrêtes de fumer, soit tu arrêtes de me voir[3]. »
>
> Adolf HITLER à Eva Braun.

4 janvier 1944, réunion d'état-major : quand le maréchal von Manstein demande le repli des troupes situées dans le coude du fleuve Dniepr afin d'éviter une nouvelle catastrophe militaire, Hitler entre dans une telle rage que Morell est appelé à

1. BArch-Freiburg RH 12–23/1321, feuillet 125 a, signé par Schmidt-Brücken et Wortmann, pharmaciens-chefs.

2. « Un kilo de chlorhydrate de cocaïne doit être immédiatement remis dans son emballage d'origine au bureau ZF des services de renseignements », lettre confidentielle du 22 mai 1944 de Wortmann à la pharmacie centrale des armées, section 1, BArch-Freiburg RH 12–23/1322.

3. Témoignage oral de Herta Schneider, cité *in* John TOLAND, *Hitler, II. Novembre 1938-30 avril 1945,* trad. de l'américain par Lola Tranec-Dubled et Renée-Jeanne Barada., Paris, Perrin, 2012, p. 381.

son chevet « à cause de spasmes ». Il lui fait une injection de tranquillisants et l'eucodal résout tous les problèmes [1]. Le même jour, l'Armée rouge franchit les frontières polonaises de 1939, se rapprochant irrésistiblement de l'Allemagne. Cinq jours plus tard, Hitler réclame à nouveau ce puissant opioïde « à cause de flatulences (énervement) [2] », comme le note Morell. Peu après, alors que le dictateur s'apprête à parler à son peuple en un discours radiophonique, le médecin consigne : « Cet après-midi, 17 h 40 : avant le grand discours (radio pour demain), injection comme d'habitude [3]. »

À la fin du mois de février 1944, la Wehrmacht va bientôt être forcée de se retirer de l'ensemble du territoire ukrainien. Hitler se réfugie dans les monts enneigés de l'Obersalzberg, et son village dans les nuages qu'est le Berghof. Eva Braun, sa maîtresse et de dix-neuf ans sa cadette, y séjourne. Hitler peut s'amuser à observer les corbeaux et l'on y sert un délicieux Streusel encore fumant, cuisiné selon une recette familiale de Hanni Morell : « Le meilleur Streusel du monde [4] », vante son mari.

De gros flocons s'accumulent devant l'immense fenêtre offrant une vue panoramique à partir du grand salon. En face, la neige scintille de la lumière hivernale et recouvre la mythique Untersberg où, à en croire la légende, l'empereur Frédéric Barberousse repose, jusqu'au rétablissement de la grande Allemagne. Hitler, lui, n'apprécie guère la neige. Il l'a prise en grippe depuis la défaite de Stalingrad et l'appelle désormais le « linceul des montagnes ». Le Führer ne s'approche plus que rarement du pas de la porte.

À l'extérieur, la situation des Allemands est en tout cas bien plus inconfortable : les Russes, apparemment insensibles au froid, se préparent à reprendre la Crimée tandis que les Britanniques mènent de façon tout aussi glaciale leurs bombardements contre Berlin et les autres villes d'un Reich transi. Les anciens alliés bulgares, roumains et hongrois menacent de s'écrouler. Partout, les défaites s'accumulent. Les Américains ont ouvert un nouveau front au sud de Rome et repoussent, ici aussi, les troupes de la Wehrmacht.

---

1. T. Morell, entrée du 9 janvier 1944, BArch-Koblenz N1348.
2. *Id.*
3. T. Morell, entrée du 29 janvier 1944, *ibid.*
4. Lettre du 16 mai 1940 de T. Morell à sa femme, *ibid.*

Les maréchaux autrefois victorieux comme von Manstein[1] et von Kleist[2] ont été congédiés : ils ne voulaient décidément pas cesser de donner leur avis.

Le médecin d'Hitler, lui, n'a pas été flanqué à la porte, bien au contraire. Le 24 février 1944, son patient lui décerne même l'insigne de chevalier de la croix du Mérite de guerre. Quand il lui remet la prestigieuse médaille, Hitler qualifie Morell de médecin surdoué, l'appelle son sauveur, le pionnier méconnu de la recherche sur les hormones et les vitamines[3]. En guise de remerciement, le médecin fraîchement décoré administre peu après à son patient « pour la première fois une injection de Vitamultin-forte (contre fatigue et pour vivacité nécessaire). Avant injection, très fatigué, épuisement, manque de sommeil. Après, très vivant. Entretien de deux heures avec ministre des Affaires étrangères. Repas du soir : très vif comparé à ce midi, discussion très animée. Führer extrêmement satisfait[4] ! »

Eva Braun aussi consulte désormais Morell : le « Patient B » lui facilite la tâche dans la mesure où elle exige de recevoir le même traitement que le Patient A afin d'être sur la même longueur d'ondes que son amant. Morell ne déroge à cette parité qu'en ce qui concerne la prise d'hormones. Hitler reçoit de la testostérone pour accroître sa libido tandis qu'Eva Braun prend des pilules pour apaiser ses règles. Entre les deux, la chimie opère au sens propre du terme. Dans l'intervalle que l'on prévoit toujours trop court entre deux réunions militaires qui deviennent toujours plus longues, on comptabilise tout de même quelques beaux succès, d'ordre sexuel du moins. En tout cas, Hitler s'y emploie – quoi qu'en disent les mauvaises langues. Il en vient désormais à affirmer la primauté des rapports hors mariage qui trouvent leurs racines dans l'attirance

---

1. Erich von Manstein fut condamné pour crimes de guerre par un tribunal militaire britannique en 1949. Après sa libération en 1953, il est le seul ancien maréchal de la Wehrmacht à conseiller officieusement, et ce jusqu'en 1960, la Bundeswehr nouvellement constituée. En 1955, il publie ses *Mémoires* où il donne une version enjolivée des faits, tente de justifier sa conduite durant la guerre en Russie et de reporter, quand cela est possible, la responsabilité sur Hitler.

2. Quand ils viennent l'arrêter, les Américains trouvent un général de soixante-trois ans à la retraite qui tremble de tous ses membres. Les tiroirs de son logement sont remplis d'opium et de seringues. Voir « Marshal von Kleist, who broke Maginot line in 1940, Seized », *The Evening Star Washington, D.C.*, 4 mai 1945, p. 1.

3. Compte rendu du 29 mai 1946 par Hans Karl von Hasselbach, p. 3, IRR-Personal Name Files, *op. cit.*, Box 8, National Archives de College Park, Maryland.

4. T. Morell, entrée du 14 mars 1944, BArch-Koblenz N1348.

sexuelle naturelle. Il semble absolument convaincu des bienfaits de l'amour charnel à tous les égards : sans lui, pas d'art, pas de musique, pas de peinture. Aucune nation cultivée, pas même la très catholique Italie, ne pourrait se passer des relations extraconjugales. Par ailleurs, Morell fournit quelques renseignements indirects sur la manière dont on copule au Berghof : il indique dans un procès-verbal d'après guerre qu'Hitler annulait parfois des examens médicaux afin de dissimuler quelques blessures qui seraient à mettre sur le compte de la sexualité un peu trop fougueuse d'Eva Braun [1].

Vu de l'extérieur, le monde d'Hitler semble toujours épargné par la guerre. En dépit de la situation militaire catastrophique, cette image est encore largement répandue au printemps 1944. De fait, le chalet du Berghof, avec ses murs couverts de toiles de maîtres, joue un rôle de premier plan dans la propagande et la médiatisation du culte du chef. Quand celui-ci pose en lisière d'une forêt avec chien et chapeau, les yeux graves, perdus dans le lointain, Eva Braun n'est jamais loin. Formée par Heinrich Hoffmann lui-même, elle choisit la cravate d'Hitler, dirige la mise en scène et joue de sa petite caméra Agfa Movex. Ces clips tournés par une jeune amoureuse cachée derrière l'objectif circulent encore aujourd'hui sur Internet. À voir ces images, on pourrait croire qu'il y a pas au monde de personne plus austère, plus chaste, plus consciencieuse qu'Hitler. Il faut dire qu'on ne s'injecte pas de drogues dures à l'écran. On caresse la tête des enfants, quand ce ne sont pas des faons, on s'amuse à cacher des œufs de Pâques tandis qu'un Albert Speer sûr de lui traverse la terrasse en costume gris. Morell apparaît lui aussi. On le voit dévorer une tarte d'un air réjoui.

Hors caméra, les masques tombent. Eva recommence à s'enfoncer les ongles dans les aisselles et à se mordre les lèvres jusqu'au sang. Hitler tremble tellement en buvant son thé à la pomme qu'on entend sa tasse cliqueter sur la soucoupe, en une scène qui provoque l'embarras général. Morell, quant à lui, peut à peine monter les escaliers tant il est usé par son métier. Il faut dire qu'il n'a guère le temps de se reposer. Tout le monde a besoin de lui ces jours-ci. C'est qu'il est désormais de bon ton de venir consulter le gros docteur. Sa clientèle compte depuis quelque temps tout le gratin duIII^e^ Reich et de ses alliés. Il soigne Mussolini, qui a pour

---

1. Voir « Life history of Professor Dr. med. Theo Morell », IRR-Personal Name Files, *op. cit.*, Box 8, p. 6, National Archives de College Park, Maryland.

nom de code « Patient D » ; il suit des industriels comme Alfred Krupp ou August Thyssen (dont les honoraires atteignent la coquette somme de 20 000 Reichsmarks [1]) ainsi que de nombreux généraux et *Gauleiter* ; il donne à la cinéaste officielle du Reich, Leni Riefenstahl, des suppositoires à la morphine. Le consultent également le chef de la SS Heinrich Himmler, le ministre des Affaires étrangères Joachim von Ribbentrop (dit « Patient X »), le ministre de l'Armement Albert Speer, l'ambassadeur du Japon Hiroshi Oshima, ou encore l'épouse du maréchal Göring, Emma, qui se fait injecter tous les deux jours une dose de « Vitamultin-forte » – ou quoi qu'il puisse se cacher derrière ce nom [2].

De plus en plus d'influents dignitaires nazis se rendent en pèlerinage auprès de Morell – ne serait-ce que pour montrer à quel point ils sont proches d'Hitler et conforter ainsi leur position. Bien entendu, le Patient A prend aussi beaucoup de temps à son médecin et c'est un Morell à son tour malade qui se plaint à une autre patiente, la femme du ministre de l'Économie Walther Funk : « Je dois suivre à toute heure les consignes qui me sont délivrées en haut lieu. Actuellement, je dois monter au chalet à midi afin d'y rencontrer le Führer et procéder à d'éventuels traitements. Je reviens presque toujours à 14 heures à mon hôtel où je me mets au lit durant toute la journée pour être ensuite capable d'accompagner à nouveau le Führer. » Depuis quelque temps, le médecin a lui aussi recours aux aiguilles. Le Dr Weber, qui le remplace dans son cabinet de Berlin, est obligé de se déplacer jusqu'au Berghof car il « fait des injections mieux que personne et il est le seul à pouvoir trouver ma veine à coup sûr [3] ». On ignore toutefois quels petits plaisirs s'est accordés le Dr Morell.

En cette première moitié de 1944, maladies, médicaments et massacres de masse rythment le quotidien du Berghof. La piste

1. Lettre du 5 novembre 1943 du baron Stephan von Thyssen-Bornemisz, National Archives Microfilm Publication T253/45.

2. Ce qu'il administre à tous ses patients n'est que partiellement connu (les notes concernant les traitements de Mussolini ont été conservées, par exemple). Le reste a été perdu dans le chaos de la fin de la guerre.

3. Lettre du 12 mai 1944 de T. Morell à Luise Funk, IfZArch, MA 617, rouleau 2. La présence de son assistant tiendrait peut-être à une autre raison. Comme Weber le déclarera plus tard dans un procès-verbal, Morell voulait le « placer » chez Hitler, « pour ne plus apparaître comme indispensable au moment voulu et pouvoir échapper à l'entourage immédiat de Hitler. J'aurais alors dû le remplacer ». La stratégie de retraite de Morell ne reste toutefois qu'à l'état de pensée. Jusqu'à son renvoi, il n'essayera jamais de quitter les premiers cercles du pouvoir.

de jeu de quilles, qui attirait encore beaucoup de monde dans les années 1930, est maintenant désertée. Par crainte d'une attaque aérienne, la fameuse fenêtre panoramique est recouverte d'un filet de camouflage. Tous les hôtes du chalet végètent dans un crépuscule perpétuel, assis sur une banquette près du poêle ou enfoncés dans un des luxueux fauteuils, fixant les tapisseries poussiéreuses, telles des créatures vampiriques craignant la lumière naturelle. Les lampes restent allumées même par beau temps. Et les épais tapis exhalent des relents de moisissure.

À l'occasion du cinquante-cinquième anniversaire du Führer, le commandant en chef de la marine s'est déplacé jusqu'au Berghof : le grand amiral Dönitz vient annoncer la constitution d'une nouvelle unité spéciale dotée d'armes miracles. En guise de cadeaux, il apporte à son chef les modèles réduits des derniers sous-marins de poche et lui demande de leur réserver à tout prix les ports de la mer Baltique. Hitler s'entiche de ces bateaux comme un enfant de ses jouets et accorde tout qu'il veut au marin téméraire. De son médecin, le Patient A reçoit en ce jour très spécial un cocktail à injecter [1], à base de « x », de Vitamultin-forte, de camphre et de Strophantin, médicament prophylactique contre les infarctus. Le lendemain, il reçoit en sus une injection de Prostrophanta – l'une des préparations élaborées par les établissements Hamma, également contre les faiblesses cardiaques – ainsi que du glucose par intraveineuse, de la Vitamultin à nouveau. Cerise pourrie sur le gâteau, on lui inocule une préparation maison à base de parasites hépatiques [2] dont l'administration par intraveineuse serait aujourd'hui considérée par n'importe quel médecin comme de la pure charlatanerie

1. T. Morell, entrées du 20 et 21 avril 1944, BArch-Koblenz N1348.

2. Suite aux avancées de l'Armée rouge, Morell ne reçoit plus de foies en provenance d'Ukraine. Il se met alors à collecter « l'ensemble des foies contenant des vers et parasites hépatiques » qui viennent de Bohême ou de Moravie. Ceux-ci sont infestés de toutes sortes de vers parasites (*Trematoda*), soit de grandes douves (*fasciola hepatica*), soit de petites douves du foie (*Dicrocoelium dendriticum*). Toutefois, cela ne dérange pas le médecin : voir la lettre du 28 octobre 1944 des Ets Hamma à Morell (T253/34) ainsi que la lettre de Morell au ministre de l'Intérieur (T253/42) : « [...] après la perte de l'Ukraine une nouvelle base de matières premières est nécessaire. Pour les raisons que l'on connaît, il est évident que la quantité requise de foies parfaitement sains et compatibles n'est pas disponible dans l'*Altreich* [*i.e.* l'Allemagne et l'Autriche après 1938 – NdT]. Toutefois, en utilisant certaines précautions sanitaires, ce qu'on appelle les foies parasités ou touchés par les vers conviennent tout à fait à la fabrication d'extraits de foie. Cela garantirait ainsi la transformation d'un résidu jusqu'ici considéré comme inutile en un précieux médicament. »

et pourrait envoyer le praticien indélicat derrière les barreaux. Le Patient A, lui, remercie sincèrement son docteur qui, vraiment, est le seul à pouvoir l'aider.

La fête d'anniversaire ne sera troublée que par une alerte aérienne : les sirènes hurlent, on démarre en toute hâte l'imposante machine à brouillard qui plonge le havre d'irréalité qu'est déjà le Berghof dans une ouate artificielle. Par peur des lésions cardiaques et d'« insuffisances respiratoires de plus en plus fortes [à cause du] gaz libéré [1] », Morell choisit de se réfugier prestement dans la vallée.

Tout est rentré dans l'ordre pour le dîner. Hitler a tacitement rappelé sa supériorité morale en nommant « soupe de cadavre » le bouillon de bœuf que dégustent ses invités. Il se sert de fromage du Harz avec du pudding d'épinards, des concombres farcis, du potage d'orge, du chou-rave, six dragées de Vitamultin ainsi que des pilules contre la flatulence et de l'extrait de myocarde de porc, avec de l'acide phosphorique pour le renforcement général de l'organisme. En fin de repas, le soi-disant végétarien pique du nez ; il s'assoupit brièvement, le couteau à la main, les doigts repliés sur le ventre. Son médecin prodige, dont les mauvaises manières à table demeurent légendaires, somnole lui aussi, bien calé dans un fauteuil. Il ferme les paupières derrière ses grosses lunettes – non sans avoir roulé comme toujours les yeux du bas vers le haut, une de ses particularités qui ne manque pas d'effrayer son entourage. Les deux hommes ont le cœur fragile ; ils se font vieux l'un comme l'autre.

Eva a fait allumer un feu dans la cheminée et met un disque de jazz américain. Elle voudrait regarder pour la énième fois *Autant en emporte le vent* avec Clark Gable, son acteur favori. Mais le gouverneur du Reich Martin Bormann, exhibant d'un sourire ses dents en or volé aux Juifs, balaye la proposition d'un revers de main et ajoute avec cynisme : « Le Führer n'a pas besoin [...] de se détendre devant un film, il aurait plutôt besoin d'un remontant [2]. » Morell se réveille en sursaut, croit qu'on lui a parlé et, honteux de s'être assoupi, s'empresse de raconter à la compagnie une anecdote, que tout le monde a déjà entendue, de ses années comme médecin de

1. Lettre du 12 mai 1944 de Morell au ministre de l'Économie Walther Funk BArch-Koblenz N1348.

2. O. Katz, *Prof. Dr. Theo Morell*, *op. cit.*, p. 245.

bord en Afrique. Puis le gâteau aux pommes est servi. Après cela, on soulagera les crampes d'estomac d'Hitler en lui donnant un peu d'eucodal dans ses appartements privés : « Quand je pique la veine, commencez à compter lentement, je vous prie. Vous arrivez à quinze, vous ne ressentez plus aucune douleur [1]. »

Dans les semaines qui suivent son anniversaire, tandis que l'Armée rouge prépare l'« opération Bagration » qui va lui ouvrir la voie de la Prusse-Orientale à la fin du mois de juin 1944, l'état de santé d'Hitler continue de se dégrader. Eva, le plus souvent flanquée de Stasi et Negus, ses deux scottish-terriers noirs, s'alarme de plus en plus de l'apparence négligée et de la constitution désormais fragile de son bien-aimé. Il paraît maintenant bien âgé. Quand elle lui reproche de se tenir penché en marchant, il répond en plaisantant que c'est parce qu'il a de lourdes clés dans sa poche, cherchant en vain à dissimuler sa déchéance inexorable. Ses genoux ne tremblent que trop visiblement dès qu'il se tient plus de quelques minutes sur le balcon. Par beau temps, ils regardent le ciel enluminé, au-dessus de la lointaine Munich en flammes, tandis qu'Eva, apeurée, se demande si la luxueuse demeure qu'il lui a achetée dans le quartier chic de Bogenhausen est toujours debout. Cependant, Hitler n'est pas seulement au bout de ses forces physiques, en dépit des notes de Goebbels qui, à la date du 6 juin 1944 – jour du débarquement allié en Normandie, écrit : « Le professeur Morell m'aide à restaurer mon état de santé légèrement affaibli. Il a aussi été d'un grand soutien pour le Führer ces derniers temps. J'ai pu m'en assurer lors de notre dernière rencontre. Le Führer est dans une forme resplendissante et de très bonne humeur [2]. »

En réalité, l'humeur d'Hitler est particulièrement versatile en ce Jour J qui creuse encore un peu plus la tombe du IIIe Reich. À neuf heures du matin, alors qu'il se trouve encore dans la salle de petit déjeuner, il rugit : « C'est bien maintenant l'invasion, oui ou non ? ! » Morell accourt pour lui faire une injection de « x » [3] et il se calme immédiatement, se montre sociable et enjoué. Il profite de la journée, du beau temps et donne des tapes ami-

---

1. *Ibid.*, p. 161.

2. J. Goebbels, *Journal. 1943-1945*, traduit de l'allemand par Dominique Viollet, Gaël Cheptou et Éric Paunowitsch, Taillandier, Paris, 2009.

3. T. Morell, entrée du 10 juin 1944, BArch-Koblenz N1348.

cales sur l'épaule de tous ceux qu'il croise. À midi, durant la réunion d'état-major, il arbore, à la surprise générale, un visage radieux en dépit de la catastrophe militaire qui s'annonce. Lors du repas de clôture – consommé aux quenelles de semoule, champignons bordés de riz et Apfelstrudel – Hitler se lance dans l'un de ses interminables et extravagants monologues. Cette fois, il est question de l'éléphant, le plus fort des animaux qui, comme lui, déteste la viande. Puis Hitler décrit l'horreur des abattoirs qu'il a un jour visités en Pologne. Il y a vu des jeunes filles en bottes qui pataugeaient dans le sang jusqu'aux chevilles. Pendant ce temps, Morell lui prépare sa prochaine injection à base de glandes animales.

Le soir du 6 juin, Hitler ne croit toujours pas à une véritable invasion sur les côtes normandes. Il se rassure en se disant qu'il ne s'agit là que d'une manœuvre pour faire diversion, un leurre pour le pousser à réagir précipitamment. Or, vers minuit, les Alliés ont bel et bien fait une percée, large d'une cinquantaine de kilomètres. Les Allemands ont été complètement pris de court. Le front de l'Ouest est désormais ouvert. D'un point de vue militaire, les dernières chances du Reich se sont envolées. Pourtant, ce jour-là, Hitler a une bonne raison de se réjouir : Goebbels a enfin arrêté de fumer.

Le 14 juillet 1944, le Führer quitte le Berghof à jamais. Dans l'avion qui le mène à la Tanière du loup, les rideaux restent fermés durant tout le vol. Le Patient A a, d'une part, une « grippe et une conjonctivite d'autre part. Lotion pour cheveux a coulé dans œil gauche[1] ». Il reçoit une solution d'adrénaline mais aussi des dépêches sur l'offensive alliée en France, l'Armée rouge qui se rapproche toujours plus des frontières du Reich et les derniers bombardements contre les villes allemandes. Il chausse péniblement ses lunettes afin de déchiffrer toutes ces mauvaises nouvelles. Il ne regarde pas par la fenêtre, tout en bas.

Un attentat et ses conséquences pharmacologiques

Les terrains de la *Wolfsschanze* sont resplendissants, verts et gorgés de sève ; l'été est chaud, la forêt palpite et Theo Morell a même

1. *Ibid.*, entrée du 14 juillet 1944.

enfilé une moustiquaire faciale par-dessus son costume fantaisiste pour se protéger des bestioles importunes. Un épais mur a été construit autour du quartier général afin de protéger les baraques en bois des éclats de bombes ; Goebbels a recommencé à fumer et, le 20 juillet 1944, le « Patient A [reçoit] à 11 h 15 injection comme d'habitude[1] ». Sur la fiche bristol, l'opération est désignée par un « x ».

Chimiquement retapé, Hitler marche vers les bâtiments de plain-pied où, en ce jour funeste, doit se dérouler la réunion d'état-major. Quelques officiers attendent déjà devant la porte. Le dictateur fronce ses imposants sourcils, les plis de son front se font un peu plus visibles, il serre la main à chacun, puis il franchit le seuil de la cabane dont la dizaine de fenêtres restent ouvertes à cause de la chaleur écrasante. Tandis que les vingt-quatre autres participants se rassemblent autour d'une longue table en chêne, seul Hitler s'assied sur un tabouret et commence à jouer avec une loupe. À sa droite, le général de division Heusinger dresse un tableau particulièrement sombre de la situation sur le front de l'Est. Le comte Claus Schenk von Stauffenberg, qui est arrivé un peu plus tard, serre la main d'Hitler avant de glisser sa sacoche marron sous la table, au plus près de la cible. Peu après, il quitte discrètement la pièce. À 12 h 41, un amiral se lève pour prendre un peu l'air à une fenêtre. Hitler se penche de tout son long, le menton posé sur le poing, les coudes sur la table, afin de mieux voir l'ensemble de la carte militaire. Il est 12 h 42. Le général poursuit son exposé : « Si nous ne nous décidons pas à retirer l'armée de terre du lac Peipous, alors la catastrophe sera... » S'ensuit une terrible explosion.

« J'ai clairement vu cet infernal jet de flammes jaunes et j'ai tout de suite pensé que cela ne pouvait être qu'un explosif anglais car les explosifs allemands ne font pas de flammes si claires et si étincelantes[2]. » La description qu'Hitler fait lui-même des événements est étrangement distante, comme voilée. L'onde de choc l'a soufflé du centre de la pièce jusqu'à la sortie. Il est possible que, capitonné par l'injection de « x », le dictateur ait vécu l'at-

1. *Ibid.*, entrée du 20 juillet 1944.

2. Erwin GIESING, « Bericht über meine Behandlung bei Hitler », Wiesbaden, 12 juin 1945, Headquarters United States Forces European Theater Military Intelligence Service Center : OI – Consolidated Interrogation Report (CIR), National Archives de College Park, Maryland, p. 10.

tentat dans une sorte d'ouate, se sentant aussi invulnérable que le Siegfried de Wagner, baigné du sang du dragon. Autour de lui, des officiers grièvement blessés luttent contre la mort, les cheveux en feu. Il raconte peu après comme s'il avait été étranger à la scène : « Ensuite, je ne pouvais plus rien distinguer, si ce n'est des silhouettes à terre ou bougeant dans cet épais rideau de fumée. J'étais allongé dans la baraque, près du montant de porte à gauche ; quelques lattes et des poutres m'étaient tombées dessus mais je pus me relever seul et sortir. J'avais juste un peu le tournis et j'étais légèrement étourdi [1]. »

Morell entend l'explosion de son bureau et pense immédiatement à une bombe. Quelques instants plus tard, Linge, le majordome d'Hitler, fait irruption dans la salle de travail : le docteur doit venir, vite, le Führer ! Morell se jette sur sa mallette noire et son imposante silhouette se précipite dans la moiteur du dehors. Un général est étendu devant la baraque, un œil en moins et la jambe en charpie. Morell veut s'arrêter pour le soigner mais Linge l'entraîne plus loin : le Führer avant tout.

Il ne leur faut pas longtemps pour rejoindre Hitler qui donne à voir un spectacle grotesque. Assis sur son lit, il sourit d'un air insouciant bien que son front soit ensanglanté et que ses cheveux aient complètement brûlé à l'arrière du crâne. Son mollet exhibe une brûlure au second degré gros comme la paume. « Keitel et Warlimont m'ont transporté jusqu'à mon bunker, explique le dictateur, la mine fringante, presque joyeuse. J'ai remarqué en chemin que mon pantalon était en guenilles et que ma chair dépassait de partout. Je me suis ensuite lavé le visage car j'avais une tête de Maure et puis je me suis changé [2]. »

Hitler indique à Morell que Mussolini doit arriver dans deux heures pour une importante visite d'État. Pour la seconde fois de la journée, le médecin sort les seringues et procède à une nouvelle injection de « x ». On peut fortement douter qu'il s'agisse simplement là de glucose et non d'un puissant sédatif. Le Patient A a reçu des douzaines d'éclats dans le corps et il faut maintenant les retirer un par un. L'opération n'a rien d'agréable mais tout ceci ne semble pas importuner Hitler. Ses deux tympans qui ont explosé peuvent

---

1. Cité *in* Werner Maser et Heinz Höhne « Adolf Hitler : Aufriß über meine Person », *Der Spiegel*, n° 24, 28 mai 1973, p. 103 *sqq*.

2. *Id.*

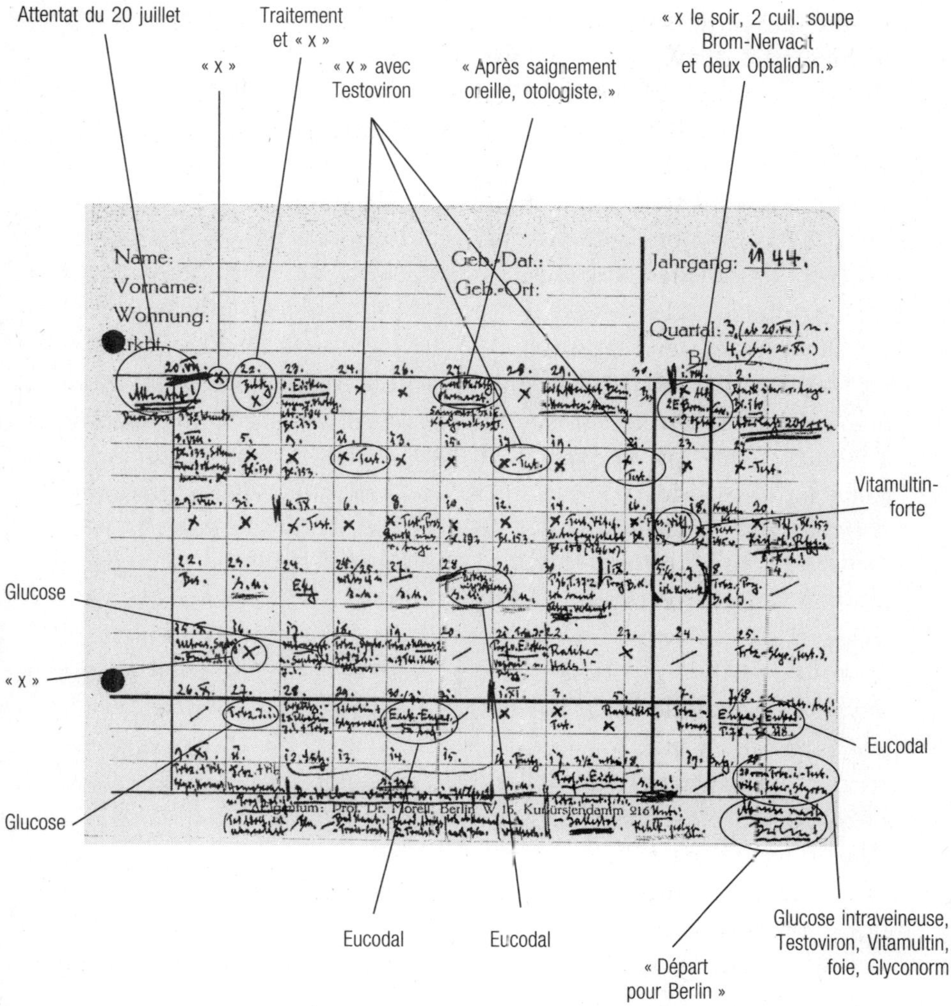

Ill. 19 De l'attentat jusqu'au départ de la Wolfsschanze : une consommation de drogues en hausse pour le Patient A. *Source* : Bundesarchiv Koblenz.

bien continuer de saigner, il ne bronche pas et impressionne toute l'assemblée par ce qu'on croit être de la bravoure.

Dans le dossier médical du Patient A, Morell note qu'Hitler ne s'est apparemment pas ému des événements. Le pouls était normal, comme d'habitude. Le médecin l'enjoint cependant de garder le lit. Mais, requinqué par la piqûre, Hitler met déjà ses bottes fraîchement cirées par Linge et fait savoir qu'il serait ridicule de recevoir ses hôtes alité alors qu'il se trouve en pleine forme. Enveloppé d'une grande cape noire, il se rend jusqu'à la gare de la *Wolfsschanze* où il fait les cent pas jusqu'à l'arrivée du Duce qui s'écrie, stupéfait devant un Hitler apparemment sain et sauf : « C'est certainement un signe du ciel[1] ! »

En réalité, le coup a atteint Hitler beaucoup plus sérieusement qu'il n'y paraît. Ses capacités auditives ont été gravement endommagées, de fortes douleurs aux bras et aux jambes se manifestent en fin de journée, à mesure que se dissipent les effets du « x ». Les répercussions psychologiques de l'attentat sont tout aussi dévastatrices. Au rythme désormais éprouvé d'une fois tous les deux jours, le Patient A reçoit sa dose de « x » pour lutter contre les traumatismes physiques et nerveux. Il ne peut pas se permettre, dit-il, de prendre un instant de repos alors que l'heure est grave et que l'on tente un coup d'État. Pourtant, la comédie du héros qu'on ne peut vaincre ni même blesser ne dure pas éternellement. Une semaine plus tard, Hitler reçoit un groupe d'officiers de l'armée de terre. Leurs « Sieg Heil » enthousiastes qui saluent son entrée s'éteignent quand il apparaît. Épouvantés, ils prennent soudain conscience du gouffre qui existe entre le mythe du Führer et le Hitler réel.

La cocaïne, enfin !

> « Oh, nuit, je prenais déjà de la cocaïne
> Et le sang circule plus vite ;
> Le cheveu grisonne, les années fuient ;
> Je dois, je dois une fois encore
> Fleurir en surabondance
> Avant de passer[2]. »
>
> Gottfried BENN.

Les deux tympans percés d'Hitler nécessitent que l'on fasse appel au Dr Erwin Giesing, un spécialiste oto-rhino qui se trouve alors dans un train sanitaire stationné non loin de la *Wolfsschanze*. Il comprend très vite comment se porte la tête de l'État. Alors qu'on lui

1. Paul SCHMIDT, *Sur la scène internationale : ma figuration auprès de Hitler, 1933-1945*, trad. de l'allemand par René Jouan, Paris, Perrin, 2014, p. 421.

2. Gottfried BENN, « Oh, nuit », *Gottfried Benn choix de poèmes*, trad. de Jean-Charles Lombard, Seghers, Paris, 1965, p. 11.

avait décrit Hitler comme une sorte de « surhomme mythique, puissant[1] », Giesing se retrouve en face d'un vieil homme courbé, en robe de chambre à rayures bleu marine, des chaussons enfilés sur ses pieds nus. Il précise son impression : « Son visage était pâle, un peu bouffi, ses yeux injectés de sang étaient profondément cernés. Son regard n'exerçait aucunement la fascination dont la presse a si souvent parlé. J'ai surtout remarqué les rides creusées des deux côtés du nez et qui descendaient jusqu'à l'extérieur des commissures des lèvres, elles-mêmes sèches et légèrement gercées. Ses cheveux tiraient franchement sur le gris et n'étaient pas soigneusement peignés. La raie n'allait pas complètement jusque derrière la tête. Son visage était bien rasé, mais sa peau un peu flétrie, ce que je mis sur le compte de la fatigue. Il parlait trop fort pour que cela soit naturel, sa voix était braillarde et commença ensuite à s'érailler. Un homme vieilli, presque décati, épuisé et qui doit faire avec le peu de forces qui lui restaient[2]. »

Le spécialiste diagnostique un état neurologique normal chez son patient : pas d'hallucination, pas d'incontinence, une bonne capacité de concentration, une mémoire qui fonctionne correctement ainsi que la perception de l'espace et du temps. « Émotionnellement instable cependant – soit amour, soit haine. Un flux continuel de pensées mais des propos toujours sensés. [...] L'état psychique du Führer est très complexe. »

En examinant les tympans, Giesing constate pour l'oreille droite une déchirure prononcée en forme de serpe et une blessure moindre dans l'oreille gauche. Quand il applique une solution acide sur ces tissus pourtant sensibles, il s'étonne de l'impassibilité extraordinaire de son patient. Hitler, fanfaron, lui déclare même ne déjà plus ressentir aucune douleur. Après tout, dit-il, la souffrance sert aussi à rendre l'homme plus fort. Giesing ne peut se douter que cette insensibilité est vraisemblablement due au fait que Morell a peu auparavant ravitaillé le Führer en médicaments : les deux médecins ne se concertent absolument pas. De même que Giesing n'a aucune idée de ce que son collègue donne à Hitler, de même Morell ne sait pas du tout ce que lui prescrit le nouveau venu :

---

1. E. Giesing, « Bericht über meine Behandlung bei Hitler », *loc. cit.* De même pour la citation suivante.

2. Giesing consignait le traitement qu'il donnait à Hitler dans un carnet de poche jaune et usait d'un code secret. Il écrivait en latin en combinant des symboles qu'il avait lui-même inventés. Voir John Toland, *Hitler, CII. Novembre 1938 – 30 avril 1945,* trad. l'américain par Lola Tranec-Dubled et Renée-Jeanne Barada., Paris, Perrin, 2012, p. 497.

« Aucune information de la part de l'oto-rhino Dr Giesing[1] », note Morell avec aigreur. De fait, les deux hommes se sont détestés au premier regard. Morell reçoit Giesing venu se présenter par un « Qui êtes-vous ? Qui vous a appelé ? Pourquoi ne vous êtes-vous pas signalé plus tôt auprès de moi ? » Et Giesing de rétorquer fort à propos : « En tant qu'officier, je ne suis tenu de me présenter qu'à mon supérieur militaire, et non pas à vous, un civil[2]. » Depuis, le médecin de céans refuse ne serait-ce que de voir le spécialiste oto-rhino qu'on a appelé en renfort.

Giesing est quant à lui peu amène lorsqu'il décrit d'une plume légèrement acerbe cette entrée en scène typique du gros médecin : « Morell entre dans la pièce, haletant. On voit qu'il est à bout de souffle. Il ne serre la main qu'à Hitler et lui demande tout excité s'il n'y a rien eu de particulier durant la nuit. Hitler répond que non, il est même parvenu à digérer sans problème la laitue d'hier soir. Linge l'aide alors à retirer sa robe de chambre, il se rassied dans son fauteuil et remonte sa manche gauche. Morell fait les injections à Hitler. Il retire l'aiguille et essuie l'endroit où il a piqué avec un mouchoir. Il quitte ensuite la pièce pour le cabinet de travail avec la seringue utilisée dans la main droite et, dans la gauche, quelques ampoules vides, deux petites et une grande. Il se rend dans les toilettes de l'ordonnance juste à côté avec les ampoules et la seringue qu'il rince lui-même ; puis il se débarrasse des ampoules en les jetant dans les toilettes. Il se lave les mains, revient dans le cabinet de travail et, sur ce, prend congé de toute l'assemblée. »

Mais Giesing n'est pas non plus arrivé les mains vides auprès du Führer. Il est venu avec son remède favori pour anesthésier les douleurs causées par une lésion des tympans dans le nez, le pharynx et les oreilles. Et ce remède se nomme cocaïne – le « poison juif dégénéré » proscrit par les nazis. Son choix n'est pas aussi étrange qu'il n'y paraît au premier abord : on ne dispose pas de beaucoup d'autres alternatives à l'époque pour procéder à une anesthésie locale[3] et toutes les pharmacies disposent d'un stock de cocaïne à des fins médicales. À en croire Giesing, qui reste toutefois la seule source d'information sur ce sujet, il administre plus d'une cinquantaine de fois la blanche

1. T. MORELL, entrée du 5 août 1944, BArch-Koblenz N1348.

2. E. GIESING, « Bericht über meine Behandlung bei Hitler », *loc. cit.* De même pour la citation suivante.

3. Excepté la psicaïne fabriquée par Merck mais qui peut causer des troubles du rythme cardiaque chez les patients fragiles.

substance au maître du Reich – plus précisément entre le 22 juillet et le 7 octobre 1944, soit une période de soixante-quinze jours pour des prises nasales et buccales qui pénètrent directement les muqueuses pour une efficacité optimale. Il s'agit là d'un produit pur, de toute première qualité : la fameuse cocaïne de chez Merck, une solution à 10 %, hautement psychoactive et livrée par l'express de Berlin dans une bouteille scellée qu'un pharmacien SS de l'office central de la sécurité du Reich est chargé de remplir conformément aux prescriptions. Une fois arrivée dans la Tanière du loup, la bouteille est confiée à Heinz Linge, le majordome, qui la garde personnellement sous clé.

Cette consommation patente de drogue n'est encore une fois quasiment pas prise en compte dans les biographies d'Hitler[1]. Pourtant, son fort pouvoir euphorisant y aurait tout à fait sa place afin de mieux comprendre la délicate période qui suit l'attentat. On procède de la manière suivante : le matin, Karl Brandt, le chirurgien personnel du Führer, accompagne son confrère Giesing jusqu'à une tente située derrière le bunker des invités où l'oto-rhino doit se plier à des mesures de sécurité drastiquement renforcées depuis le 20 juillet. Le sac de Giesing est tout d'abord vidé, chaque instrument examiné, y compris la petite ampoule de sa lampe d'auscultation qui est dévissée puis revissée. Giesing doit remettre son képi et son poignard, étaler le contenu de ses poches de pantalon et de manteau sur une table, les tourner à l'extérieur, avant de pouvoir récupérer son mouchoir et ses clés tandis que ses stylos et crayons ne lui seront rendus qu'ultérieurement. Il est palpé et fouillé de haut en bas. La cocaïne échappe toutefois à ces contrôles draconiens puisqu'elle se trouve déjà à l'intérieur, dans le cabinet de travail. C'est à ce moment-là que Linge intervient. Il prend le flacon dans l'armoire à médicaments fermée à clé, puis invite enfin Giesing à entrer[2].

---

1. Ian Kershaw (*Hitler*, *op. cit.*, p. 1041) déclare : « Que Hitler ait été [...] drogué par les opiacés que [Morell] lui administrait pour soulager ses spasmes intestinaux, ou dépendant à la cocaïne qui entrait à concurrence de 1 % dans les gouttes ophtalmiques que lui prescrivait le Dr Giesing pour ses conjonctivites est sans grande importance. » Toutefois, il s'agit dans les faits non pas d'un collyre à 1 % mais de prises nasales et buccales d'un produit à 10 %, ce qui provoque des effets sensiblement différents. Joachim Fest quant à lui occulte complètement la consommation de cocaïne tandis qu'un autre spécialiste d'Hitler, Werner Maser, auquel Fest se réfère pourtant volontiers à d'autres endroits, en détaille l'usage sans pour autant en tirer de conclusions.

2. E. G. Schenck, *Patient Hitler*, *op. cit.*, p. 507.

Le Patient A est reconnaissant de voir son ordinaire varier et le fait savoir. D'après le rapport que fera plus tard Giesing, Hitler affirme qu'« il se sent la tête plus légère grâce à la cocaïne et qu'il a également les idées plus claires[1] ». L'effet psychotrope est une conséquence « [...] du médicament qui agit sur la muqueuse nasale tuméfiée et facilite la respiration par le nez. L'effet dure le plus souvent de quatre à six heures. Il peut se sentir ensuite comme enrhumé par la cocaïne mais cela se dissipera après un certain temps ». Hitler aurait alors demandé s'il n'était pas possible de répéter ces prises une à deux fois par jour – même après le 10 septembre 1944 quand les conduits auditifs sont rétablis. Giesing, qui y voit son intérêt, accepte mais précise avoir attiré l'attention de son patient sur le fait que la cocaïne était entièrement absorbée par la muqueuse et passait ainsi dans la circulation sanguine. Il doit donc le mettre en garde contre une possible surdose. Malgré cela, Hitler exige de poursuivre sa cure. Quelques jours plus tard, il confirme au médecin les effets bénéfiques du médicament en dépit d'une brusque et abondante suée : « C'est une bonne chose que vous soyez là, docteur. Cette cocaïne est vraiment une chose merveilleuse et je suis heureux que vous ayez tout de suite trouvé le remède qu'il me fallait. Délivrez-moi donc encore quelque temps de ces maux de tête. »

Ces migraines sont surtout causées par le fracas et les grincements qui, depuis plusieurs jours, mettent à rude épreuve les nerfs des habitants du premier périmètre de sécurité : les marteaux-piqueurs et les lourdes machines des troupes du génie creusent un nouveau bunker pour le Führer, avec toujours plus de fortifications. Le Patient A ne peut supporter tout ce bruit qu'avec la solution cocaïnée. L'analeptique lui donne enfin l'impression de ne plus être malade : « J'ai la tête à nouveau totalement libre et je me sens si bien désormais. » Un souci le taraude cependant : « J'espère seulement que vous ne faites pas de moi un cocaïnomane », dit-il à son nouveau médecin qui le rassure tout de suite : « Le véritable cocaïnomane prise de la cocaïne en poudre. »

Apaisé, le Führer se laisse donc badigeonner les narines et se rend pleinement confiant à la réunion d'état-major, persuadé de l'issue favorable de cette guerre contre les Russes. Le 16 septembre, Giesing lui administre une nouvelle dose et il lui vient une fulgurance, l'un

1. E. Giesing, « Bericht über meine Behandlung bei Hitler », *loc. cit.* De même pour les cinq citations suivantes.

de ses coups de génie tant redoutés : il fait savoir à son entourage que, malgré la très large infériorité matérielle et numérique des Allemands, il veut relancer l'offensive sur le front de l'Ouest. Il rédige sur-le-champ un ordre qui exige de tout soldat encore valide une « farouche volonté de vaincre[1] ». Bien que tout le monde lui déconseille de se lancer dans une seconde offensive des Ardennes irrémédiablement vouée à l'échec, Hitler garde le cap : on va remporter une grande victoire !

Giesing commence dorénavant à s'inquiéter de ce penchant pour la cocaïne qui empêche toute remise en cause et attise la mégalomanie d'Hitler. Il veut faire cesser ces prises hautement explosives. Mais son patient ne le permet pas : « Non, non, docteur, continuez donc. J'ai ce matin encore la tête sens dessus dessous, le rhume sans aucun doute. Le futur et la survie de l'Allemagne m'inquiètent et me rongent un peu plus tous les jours[2]. » Pourtant, les scrupules médicaux de Giesing finissent par l'emporter sur son devoir d'obéissance et il refuse de continuer à fournir Hitler en drogue. Têtu, le chef de l'État décide alors de ne pas se rendre au briefing militaire de ce 26 septembre 1944. Il déclare, vexé, que la situation à l'est, où le front menace pourtant de s'écrouler, ne l'intéresse tout simplement pas. Intimidé, Giesing finit par céder et promet de la cocaïne à condition qu'Hitler se soumette à un examen médical complet. Le Patient A, qui s'y était auparavant toujours refusé, y consent cette fois et, le 1er octobre 1944, se montre même nu devant le médecin alors qu'il fait habituellement bien des manières à ce sujet. Tout cela pour obtenir le produit tant désiré : « Pendant que nous discutons, n'oublions pas le traitement ! Regardez encore une fois mon nez et mettez-y votre truc à la cocaïne[3]. »

Giesing s'exécute et lui administre cette fois une telle dose de drogue qu'Hitler aurait apparemment perdu connaissance. On aurait même craint l'arrêt respiratoire durant un bref instant. Si l'on en croit la description qu'en fait le médecin ORL, le prétendu ascète a bien failli succomber à une overdose.

1. J. Toland, *Hitler*, *op. cit.*, p. 501.
2. E. Giesing, « Bericht über meine Behandlung bei Hitler », *loc. cit.*
3. Werner Maser, *Prénom, Adolf, nom, Hitler*, trad. par Pierre Kamnitzer, Paris, Plon, 1973, p. 339.

Speedball

L'alcool mis à part, Hitler répond très bien et très vite à quasiment toutes les drogues. Il n'est pas dépendant d'une substance en particulier mais simplement des produits qui lui ouvrent les portes des paradis artificiels en général. Celui qui est devenu en un temps record un fervent consommateur de cocaïne durant l'été 1944 réussit à se passer du stupéfiant à la mi-octobre – pour se tourner vers d'autres psychotropes. Comme certains cocaïnomanes aiment à le faire, Hitler réécrit cette période difficile de son existence en affectant une pose héroïque : « Les semaines qui suivirent le 20 juillet furent les pires de ma vie. Ce fut une bataille héroïque comme personne, comme aucun Allemand ne pourrait se l'imaginer. Malgré une grande fatigue, des vertiges qui pouvaient durer des heures et un état de santé calamiteux, je suis resté debout et, à tous ces maux, j'ai opposé une énergie de fer. J'ai souvent couru le risque de m'effondrer mais j'ai toujours conservé la main sur la situation grâce à ma force de volonté [1]. »

Pour se rapprocher de la vérité, il faudrait plutôt remplacer les termes « énergie de fer » et « force de volonté » par « cocaïne » et « eucodal ». Nicolaus von Below, adjudant dans la Luftwaffe, se trompe également de registre quand il se livre à une description du Führer dans les semaines qui ont suivi l'attentat : « Seuls sa force de volonté et son sens exacerbé du devoir le maintenaient debout [2]. » La forte cocaïne et les doses exacerbées d'eucodal en réalité. Celle-ci est effectivement administrée en grande quantité. La posologie a été doublée par rapport à l'année dernière : 0,02 gramme, soit jusqu'à quatre fois plus que la dose moyenne utilisée à des fins médicales [3].

Cocaïne et eucodal – un mélange de Führer : le cocktail qui coule dans les veines d'Hitler se transforme au fil des semaines en ce qu'on appellerait aujourd'hui un *speedball.* L'effet sédatif de

---

1. T. Morell, entrée du 3 octobre 1944, BArch-Koblenz N1348.

2. Nicolas von Below, *Als Hitlers Adjutant 1937-1945*, Hase und Koehler Verl., Mainz, 1980, p. 384.

3. T. Morell, entrée des 23 et 24 septembre 1944, BArch-Koblenz N1348. Voir l'entrée du 17 octobre 1943. La dose thérapeutique est normalement comprise entre 0,005 et 0,01 gramme. Hitler en réclame jusqu'à quatre fois plus, ce qui excède largement son emploi médical et provoque de puissants effets psychoactifs.

l'opioïde contrebalance l'excitation provoquée par la cocaïne. C'est une attaque pharmacologique sur deux fronts dont les effets sont souvent décrits comme une énorme euphorie et une volupté parcourant les moindres cellules tandis que les deux molécules chimiquement opposées se livrent bataille pour asseoir leur emprise sur l'organisme. Le combat s'accompagne d'une sollicitation cardiovasculaire excessive et d'insomnies pendant que le foie lutte désespérément contre un tel déferlement de poisons.

Au cours de ce qui est le dernier automne de la guerre et de la vie d'Hitler, le dictateur est largement pourvu en paradis artificiels. Quand, en pleine réunion d'état-major, il arpente son petit Olympe de pharmacie tout en restant assis, les talons bien enfoncés, les genoux pliés, faisant claquer sa langue et laissant pendre ses bras, il croit avoir les idées claires comme de l'eau de roche et, planant dans sa folie des grandeurs, veut plier le monde à sa volonté – tandis que les généraux, bien dégrisés par la situation militaire, n'arrivent déjà plus à percer les brumes chimiques qui enveloppent leur chef. Les médicaments le maintiennent dans un délire permanent, ils érigent un mur imprenable, une défense sans faille que rien ni personne ne peut plus franchir. Toute hésitation est balayée par cette vague de confiance artificielle [1]. Le monde qui l'entoure peut bien être réduit en cendres, ses actes peuvent bien coûter la vie à des millions de personnes. Hitler se sent plus que conforté dans ses agissements lorsque cette forte came bruisse dans ses veines et instaure une euphorie de synthèse.

Hitler a lu le *Faust* de Goethe dans sa jeunesse. À l'automne 1944, le Patient A scelle un pacte démoniaque avec le fruit des travaux de Sertürner, le jeune pharmacien qui a découvert la morphine à l'époque du classicisme weimarien, devenant de fait le grand-père de l'eucodal et de tous les opioïdes. Le stupéfiant ne soigne pas seulement les fortes crampes d'estomac d'Hitler, comme on argue officiellement pour lui trouver une justification médicale ; il édulcore aussi le moment présent. On ne peut certes pas cliniquement prouver une dépendance du sujet mais le calendrier presque indéchiffrable de Morell laisse entrevoir à quelle fréquence cette drogue dure a été consommée durant le mois de septembre 1944. Il n'est, en outre, pas du tout exclu que l'eucodal soit noté « x » ou « injection comme d'habitude », voire qu'il ne soit pas du tout

1. A. Speer, *Au cœur du Troisième Reich*, *op. cit.*, p. 510 *sq.*

consigné. C'est même plutôt probable, au contraire. Celui qui goûte une fois à l'eucodal et peut encore s'en procurer ne s'arrête que rarement de lui-même.

Du 23 au 29 septembre 1944, en moins d'une semaine donc, le Patient A reçoit quatre fois de l'eucodal, avec un jour d'intervalle entre chaque injection. Ce rythme, typique d'un toxicomane, contredit l'hypothèse d'un usage strictement médical du sédatif. L'eucodal est notamment combiné à de l'eupavérine, un spasmolytique qui est le pendant synthétique de la papavérine, un élément végétal actif extrait du pavot. Ce médicament, qui a un effet sédatif sur les muscles, est inoffensif en comparaison car il n'entraîne pas d'addiction. Néanmoins, cette combinaison contribue, délibérément ou non, à leurrer Hitler qui va longtemps confondre les deux produits, réclamant de l'eupavérine alors qu'il voudrait en réalité de l'eucodal. Selon les propres termes de Morell : « Le Führer en était très heureux ; il m'a serré la main avec gratitude en me disant : “Quelle chance que nous ayons de l'eupavérine[1].” »

Comment se sent le dictateur après 0,02 gramme de cette puissante substance en intraveineuse ? Quand, quelques instants plus tard, la muqueuse buccale en perçoit les premiers effets – qu'il l'a « en bouche » comme disent les junkies ? On ne peut que se l'imaginer. Peut-être se sent-il comme Siegfried ayant vaincu le dragon, récupéré son trésor et se blottissant dans les bras de Kriemhild ? Tout lui semble se recouvrir d'or et se diluer dans la béatitude. Brusquement, l'énergie l'envahit, en quelques secondes, venue de toutes parts : une force qui l'apaise et le charme. Hitler est rarement plus sincère que lorsqu'il dit à Morell : « Mon cher docteur, je me réjouis tellement de vos visites matinales[2]. » Car, le matin, il a tout de suite droit à une piqûre lui procurant ce sentiment exacerbé qui correspond si bien à ses propres rêves de grandeur – et que la réalité se refuse désormais à lui fournir.

---

1. T. Morell, entrée du 30 octobre 1944, BArch-Koblenz N1348.
2. T. Morell, entrée du 4 octobre 1944, *ibid.*

Ill. 20 Le Patient A à T. Morell : « Mon bon docteur, je me réjouis tellement de vos visites matinales. » *Source* : Laif.

La guerre des médecins

« Vous vous êtes tous mis d'accord pour faire de moi un homme malade[1]. »

Adolf HITLER.

À l'automne 1944, le pouvoir du médecin personnel du Führer atteint son apogée. Depuis l'attentat, Hitler a plus que jamais besoin de Morell dont l'influence croît à chaque injection. Personne n'est plus proche du dictateur dans la *Wolfsschanze*. Il est l'interlocuteur privilégié d'Hitler qui lui fait plus confiance qu'à tout autre. Lors des grandes réunions avec le haut commandement, un SS armé est posté derrière chaque chaise pour empêcher un nouvel attentat. Qui veut parler à Hitler doit d'abord donner sa serviette. Seule la sacoche de Morell échappe à la règle.

1. Cité d'après le rapport de GIESING, *in* « Hitler, Adolf – A composite Picture », Entry ZZ-6, p. 15. *In* IRR-Personal Name Files, RG NO. 319, Stack Area 230, Box 8, National Archives de College Park, Maryland.

Beaucoup jalousent la position privilégiée de celui qui se désigne lui-même comme l'« unique médecin personnel » du Führer. La défiance grandit. L'opiniâtre Morell refuse encore et toujours de révéler à qui que ce soit ses méthodes thérapeutiques. Jusqu'à la fin, il restera fidèle à la discrétion avec laquelle il était entré à ce service. Mais dans l'atmosphère étouffante du camp de bunkers, cet empire des ombres où la paranoïa suinte des murs en béton, un tel silence n'est pas sans danger. Même les autres médecins en charge d'Hitler, Karl Brandt et Hans Karl von Hasselbach, avec lesquels il aurait pu se concerter sur le traitement administré, sont systématiquement laissés dans l'ignorance. L'*outsider* s'est mué en diva. Il ne transmet aucune information ; il préfère se draper dans l'aura du mystère et de l'exceptionnel. Même Martin Bormann, le secrétaire quasi omnipotent d'Hitler, se heurte au refus obstiné du gros docteur quand il le somme de privilégier un autre traitement, moins chimique, pour le Führer.

Or on cherche déjà des coupables à la défaite qui se profile à l'horizon. Une coalition se forme contre Morell, sous la bannière d'un Himmler qui cherche, depuis quelque temps, des informations de nature à prouver l'addiction à la morphine du docteur, dans l'espoir de le faire ainsi chanter. Des rumeurs courent : ne pourrait-il pas s'agir d'un espion à la solde de l'ennemi, chargé d'empoisonner insidieusement le Führer ? Le ministre des Affaires étrangères von Ribbentrop avait déjà ouvert les hostilités en 1943 en invitant Morell à déjeuner dans son château de Fuschl près de Salzbourg. Après une conversation des plus badines sur des sujets comme le mariage à durée déterminée (proposition : vingt ans), un dédommagement de l'État pour les enfants illégitimes ou pour le temps perdu dans les files d'attente pour acheter de quoi manger, le ministre arrogant, blasé et désagréable comme à son habitude prie le docteur de « monter à l'étage pour discuter de quelque chose ». Prenant alors un visage de marbre, il promène son regard dans la pièce puis tire une bordée de questions contre ce grand guérisseur : est-il vraiment bon de faire toutes ces piqûres au Führer ? Contiennent-elles autre chose que du glucose ? Est-ce que cela ne ferait pas trop dans l'ensemble ? Le médecin rétorque laconiquement qu'il n'injecte que « ce qui est nécessaire », mais son accusateur exige que « s'opère un renversement général de l'état du Führer afin qu'il soit plus résistant ». Morell laisse passer l'orage et repart du château, pas vraiment impressionné : « Comme les profanes sont souvent naïfs et futiles dans leurs jugements médicaux », conclut-il dans ses notes [1].

Le médecin ne s'en sort toutefois pas aussi facilement en automne 1944. La première attaque bien organisée vient de Bormann qui tente de mettre le traitement d'Hitler sous coupe réglée – ou du moins contrôlée. Le médecin reçoit d'abord une lettre : « Affaire d'État confidentielle ! » Y sont exposées en huit points les « mesures pour la sécurité du Führer concernant la délivrance de médicaments » : est ordonné un contrôle d'échantillons des produits qui sera mené par la SS en laboratoire mais, surtout, Morell est sommé d'indiquer par avance « de quel médicament il estime avoir besoin tous les mois, en quelles quantités et à quelles fins ».

Cette manœuvre restera toutefois sans véritables effets. Bormann, habituellement tout-puissant, se retrouve cette fois les poings liés. En effet, d'une part, son attaque confère un statut officiel au traitement médical d'Hitler mais, d'autre part, le secrétaire veut restreindre autant que possible toute communication écrite sur le sujet. Il s'agit après tout de préserver l'aura d'un Führer fondamentalement sain, en digne chef de la race des seigneurs. Ainsi, comme stipulé dans le point n° 1, les médicaments doivent être payés en liquide afin de dissimuler ces mouvements de fonds à la postérité. Par ailleurs, ajoute Bormann, les « paquets mensuels » doivent être stockés dans un coffre-fort et « être reconnaissables autant que faire se peut par un numéro de série inscrit sur les ampoules (par ex. pour le premier envoi 1/44) pendant que l'emballage extérieur doit comporter un étiquetage qui reste à définir et qui sera signé par le pharmacien général des armées [2] ».

Morell réagit de manière aussi simple que bluffante à cette tentative bureaucratique d'y voir plus clair dans ses activités : il ignore les consignes des puissants services de sécurité et continue d'agir comme si de rien n'était. Même au beau milieu de la tempête, il s'imagine être invincible. Il mise sur le fait que le Patient A ne le laissera jamais tomber.

À la fin du mois de septembre 1944, Giesing l'otologiste remarque à la pâle lumière du bunker que le visage du Führer a

1. T. Morell, toutes les citations proviennent du compte rendu du déjeuner chez Ribbentrop que Morell rédige le 6 juin 1943 dans le Regina-Palast-Hotel de Munich, BArch-Koblenz N1348.

2. Toutes les citations proviennent de la lettre du 26 juin 1944 de M. Bormann à T. Morell, BArch-Koblenz N1348.

pris une teinte étrange. Il soupçonne une jaunisse. Le même jour, cependant, il remarque sur la table du dîner, posée à côté de l'assiette d'Hitler avec « la compote de pommes sucrée et le raisin blanc[1] », une « boîte de "pilules anti-gaz du Dr Koesters" ». Cela ne manque pas d'intriguer Giesing, d'autant plus quand il découvre que ce médicament alors peu connu se compose entre autres d'alcaloïdes, et notamment d'atropine – issue de la belladone et autres plantes solanacées – mais surtout de strychnine. Utilisée dans la mort-au-rat, cette molécule est extrêmement toxique à partir d'une certaine dose, paralysant les neurones de la moelle épinière. Un doute monstrueux commence à étreindre Giesing. Les effets secondaires provoqués par une surdose de ces pilules semblent correspondre aux symptômes constatés chez Hitler. Effectivement, l'atropine stimule le système nerveux central avant de le paralyser. S'ensuit un état d'excitation où le sujet est soumis à un afflux d'idées, il se montre volubile, a des hallucinations visuelles et sonores ainsi que des épisodes délirants pouvant dégénérer en crises de rage ou de violence. La strychnine, en revanche, peut causer une sensibilité accrue à la lumière, voire une photophobie, ainsi que des somnolences[2]. Pour Giesing, l'affaire semble claire : « Hitler fait constamment preuve d'une euphorie que rien ne permet d'expliquer. Sa bonne humeur quand il prend d'importantes décisions suite à un revers politique ou militaire pourrait s'expliquer en grande partie par ce médicament[3]. »

L'ORL croit avoir découvert dans les pilules anti-gaz la cause de la mégalomanie et de la déchéance physique d'Hitler. Il se résout alors à expérimenter lui-même le produit et, durant quelques jours, il avale les petites gélules. Rapidement, les mêmes symptômes semblent se manifester. Il décide donc de passer à l'offensive. Son objectif est de neutraliser Morell en l'accusant d'avoir cherché à empoisonner le Führer, puis de prendre la place du médecin personnel. Alors que, dehors, les troupes alliées enfoncent de toutes parts les frontières du Reich, le délire pharmaceutique qui se joue dans le huis clos de l'étouffante *Wolfsschanze* va culminer en une guerre des médecins.

Pour mener à bien ses intrigues, Giesing choisit de s'allier avec le chirurgien d'Hitler, depuis longtemps hostile à Morell : Karl

---

1. Carte manuscrite du menu du 3 octobre 1944, BArch-Koblenz N1348.
2. Voir Edvard Poulsson et Göran Liljestrand, *Lehrbuch der Pharmakologie für Ärzte und Studierende*, Hirzel, Leipzig, 1944.
3. E. Giesing, « Bericht über meine Behandlung bei Hitler », *loc. cit.*

Brandt réside à Berlin mais il prend sans hésiter le premier avion en direction de la Prusse-Orientale à l'appel de Giesing. Il convoque immédiatement l'accusé. Le médecin craignait sans doute qu'on lui saute à la gorge à cause de l'eucodal. Il apprend avec soulagement que ses adversaires tentent de le faire trébucher avec des pilules anti-gaz disponibles sans ordonnance. En outre, Morell peut arguer qu'il ne les a jamais prescrites : Hitler se les procure lui-même par l'intermédiaire de son majordome. Mais Brandt, chirurgien peu versé en biochimie, s'entête, argue des effets de la strychnine, refuse de se calmer et menace : « Pensez-vous que quelqu'un va vous croire si vous prétendez n'avoir donné aucune instruction dans ce sens ? Vous vous imaginez peut-être que Himmler va vous faire un traitement de faveur ? Les exécutions sont tellement nombreuses en ce moment que l'affaire sera vite expédiée [1]. » À peine une semaine plus tard, Brandt réitère : « J'ai désormais en main les preuves qu'il s'agit d'un empoisonnement pur et simple à la strychnine. Je peux maintenant vous le dire en face : je n'ai séjourné ici ces cinq derniers jours qu'à cause de la maladie du Führer [2]. »

Mais de quelle maladie s'agit-il exactement ? Un ictère – autrement dit une jaunisse ? Ou une hépatite, typique des junkies et qui s'expliquerait par des injections mal stérilisées ? En tout cas, Morell ne désinfecte les seringues qu'avec de l'alcool [3] et il est évident qu'Hitler n'a pas bonne mine. Son foie a été mis à rude épreuve par toutes sortes de poisons ces derniers mois. Il secrète désormais un pigment bilieux nommé bilirubine : un signal d'alerte qui donne aux yeux et à la peau cette couleur jaunâtre. L'accusation qui est faite au médecin d'avoir empoisonné son patient prend un tour plus dangereux quand, dans la nuit du 5 octobre, Brandt en fait part à Hitler tandis que Morell, durement éprouvé par le stress, souffre d'une hémorragie cérébrale. Ce réquisitoire inquiète le dictateur au plus haut point : *trahison* ? *poison* ? S'est-il donc fourvoyé durant toutes ces années ? Ce *fidèle parmi les fidèles*, cet *ami parmi les amis*, ce Morell qu'il avait choisi lui-même aurait-il donc fini par le tromper ? Mais

1. Ottmar Katz, *Prof. Dr. Theo Morell*, *op. cit.*, p. 295.

2. E. Giesing, « Bericht über meine Behandlung bei Hitler », *loc. cit.*

3. La méthode employée par Morell était quoi qu'il en soit insuffisante. Au sujet de la désinfection des seringues, voir « Alkohol und Instrumentensterilisation », *Deutsche Medizinische Wochenschrift*, vol. 67, 1941. On peut y lire : « L'alcool ne devrait plus être utilisé pour la stérilisation des seringues. »

comment laisser tomber son médecin qui l'a encore gratifié, il y a peu, d'une piqûre d'eucodal ? Cela ne reviendrait-il pas à abdiquer ? Cela ne le laisserait-il pas sans défense – c'est-à-dire sans drogue – face à l'appareil du pouvoir nazi ? Le dictateur le pressent : cette affaire touche à sa substance même, dans tous les sens du terme. L'attaque peut se retourner contre lui car tout son pouvoir repose sur sa personnalité charismatique. Or les drogues l'aident à faire jaillir artificiellement ce rayonnement autrefois naturel et dont tant de choses dépendent.

En effet, une guerre de succession s'est déclarée depuis que l'état du Führer se dégrade à vue d'œil. La lutte d'influence entre les médecins s'est muée en combat des adjoints qui veulent conquérir la tête de l'État. La situation s'envenime : Himmler déclare à Brandt qu'il peut tout à fait s'imaginer que Morell ait cherché à tuer Hitler. Le *Reichsführer SS* convoque le médecin dans son bureau et lui lance froidement qu'il envoie tellement de monde à l'échafaud qu'il n'en est plus à une personne près. Au même moment à Berlin, dans les bureaux de la Sécurité du Reich, Kaltenbrunner, le chef de la Gestapo, interroge le Dr Weber, qui remplace Morell dans son cabinet du Kurfürstendamm. Weber tente de disculper son patron et déclare qu'un complot lui semble absolument impossible : Morell est bien trop peureux pour cela.

Enfin, on procède à des analyses chimiques sur les pilules incriminées. Résultat : leur teneur en atropine et en strychnine est bien trop faible pour causer un empoisonnement, même dans le cas d'une consommation massive comme on le suppose chez Hitler. Pour Morell, c'est une victoire sur toute la ligne. « J'aimerais désormais que cette histoire de pilules anti-gaz tombe enfin dans l'oubli », clôt Hitler. « Vous pouvez dire ce que vous voudrez à propos de Morell. Il est et il reste mon unique médecin personnel. J'ai pleinement confiance en lui[1]. » Giesing se fait vertement tancer et Hitler le congédie en lui disant que si tous les Allemands ont le droit de choisir librement leur médecin, cela devrait aussi valoir pour le premier d'entre eux. Par ailleurs, ajoute-il, chacun sait que la confiance que le patient place en son thérapeute et son traitement influe sur sa guérison. Qu'on se le dise, il reste fidèle à son médecin attitré. Il balaye toutes les objections quant à l'usage pour le moins leste

1. Conversation du 3 novembre 1944 de Giesing avec Hitler, cité *in* E. GIESING, « Bericht über meine Behandlung bei Hitler », *loc. cit.*

que Morell fait des seringues : « Je sais que cette méthode d'un nouveau genre n'a pas encore acquis une reconnaissance internationale, je sais aussi que Morell, sur certaines choses, en est toujours au stade de l'expérimentation et qu'il n'est pas encore parvenu à un résultat définitif. Mais il en a été de même pour toutes les découvertes médicales. Je ne doute pas que Morell fasse son chemin et, si nécessaire, je lui fournirai immédiatement l'aide financière dont il a besoin pour travailler[1]. »

Himmler, véritable girouette dès qu'il s'agit de la volonté du Führer, va tout de suite se placer dans le sens du vent. « Eh oui, Messieurs, dit-il à Hasselbach et Giesing, vous n'êtes pas des diplomates. Vous savez bien que le Führer voue une confiance absolue à Morell et cela non plus, il ne faut pas l'ébranler. » Devant les protestations d'Hasselbach, affirmant que n'importe quel tribunal civil ou médical pourrait inculper Morell pour blessure par négligence si ce n'est plus, Himmler se fait plus cassant : « Professeur, vous oubliez que, en tant que ministre de l'Intérieur, je représente également la plus haute instance de l'administration médicale. Et je ne souhaite pas qu'une procédure soit engagée contre Morell. » De même, lorsque Giesing fait remarquer qu'Hitler est le seul chef d'État au monde à recevoir entre cent vingt et cent cinquante comprimés par semaine ainsi que huit à dix injections médicamenteuses, Himmler balaye ses objections d'un revers de main.

Un chapitre est clos – au détriment de Giesing qui, en dédommagement pour son travail, reçoit un chèque de dix mille Reichsmarks signé par Bormann ; au détriment également d'Hasselbach et de l'influent Karl Brandt mais aussi, avec lui, d'Albert Speer, un de ses proches qui avait pu nourrir quelque espoir concernant la succession d'Hitler. Les trois médecins doivent quitter le quartier général. Morell reste seul à bord. Le 8 octobre 1944, il apprend une agréable nouvelle : « Führer a fait part que Brandt n'assurerait désormais plus que ses obligation à Berlin[2]. » À l'instar de n'importe quel junkie qui glorifie son dealer, le Patient A soutient contre vents et marées son fournisseur. « Ces imbéciles n'ont pas du tout réfléchi au mal qu'ils m'auraient fait ! Je me serais tout d'un coup

1. *Ibid.* De même pour les deux citations suivantes attribuées à Himmler.
2. T. Morell, entrée du 8 octobre 1944, BArch-Koblenz N1348, ainsi que la lettre du 10 octobre 1944 de Bormann au chef de la presse du Reich.

retrouvé sans médecin. Ces gens doivent pourtant bien savoir que, depuis huit ans que vous êtes à mon service, vous m'avez sauvé la vie à plusieurs reprises. Et comment j'allais auparavant ! Tous les médecins qu'on faisait venir ont échoué. Je ne suis pas un ingrat, mon cher Docteur. Si nous parvenons à réchapper tous les deux à la guerre, vous verrez comment je vous récompenserai [1] ! »

Ce que Morell rétorque alors avec aplomb peut aussi s'entendre comme une tentative de se justifier devant la postérité. En effet, le médecin déclare sans ambages : « Mon Führer, si depuis tout ce temps vous aviez été suivi par un médecin ordinaire, il vous aurait soustrait si longtemps à votre travail que le Reich se serait effondré. » À en croire la description qu'en fait Morell, Hitler lui adresse un long regard reconnaissant et lui serre la main : « Mon cher Docteur, je suis heureux et chanceux de vous avoir. »

La guerre des médecins est désormais une affaire classée. Le Patient A a posé son veto contre une éviction inopportune. Le prix qui lui faudra payer sera encore et toujours la ruine de sa santé. Pour calmer ses nerfs, le chef de l'État reçoit ce jour-là : « eucodal, eupavérine, glucose intrav. et Homoseran intramusc. [2]. »

Autodestruction

> « Dans l'ensemble, la vie dans le quartier général est désormais telle qu'on ne peut pas en écrire grand-chose car tout relève plus ou moins des affaires internes. Je suis heureux de pouvoir t'informer que le Führer se porte au mieux. Il ne se soucie jour et nuit que de savoir comment il peut améliorer le sort de l'Allemagne et présider à sa destinée. Je suis toujours à l'est, au plus près du front [3]. »
>
> Lettre de Theo Morell.

De même que les ampoules de la pharmacie Engel mélangent et renferment de puissantes substances qui se répandront finalement dans les veines d'Hitler, de même l'existence du dictateur, qui a si

1. *Ibid.*, entrée du 8 novembre 1944. *Id.* pour les deux citations suivantes.
2. T. Morell, entrée du 7 novembre 1944, BArch-Koblenz N1348.
3. Lettre du 23 octobre 1944 de T. Morell à Bernhard Wenz, National Archives Microfilm Publication T253/36.

longtemps paru repliée sur elle-même, va progressivement se dissoudre dans le nirvana. Une évolution qu'il s'agit de considérer attentivement si l'on veut comprendre comment le Führer autrefois charismatique est devenu une épave humaine et comment ce double processus trouve une résonance dans les événements historiques.

Les lignes de front qui reculent de tous les côtés, l'étau qui se resserre, les crampes d'estomac qui s'intensifient : si, dans le dernier trimestre de 1944, Hitler réussit encore à tenir le coup, c'est seulement grâce aux puissants stupéfiants qu'il consomme. Il se barricade chimiquement. Après tout, un Führer sobre n'a pas non plus sa place dans le système de folie totalitaire qu'il a lui-même bâti. Il se fait un devoir de réaliser au cours de sa propre vie tous les objectifs, même lointains, du national-socialisme. Hitler ne croit pas que son successeur sera capable d'ériger un empire germanique mondial. Il lui faut donc se dépêcher de tout accomplir. Voilà pourquoi il a besoin du dopage morellien : pour toujours continuer à avancer, la tête dans le guidon, sans jamais prendre de recul ou se remettre en cause. Dans son *trip* de Führer mégalomane, Hitler ne veut en aucun cas s'autoriser à lever le pied ne serait-ce qu'un instant. Il ne *doit* pas reprendre ses esprits : sinon il serait immédiatement forcé de reconnaître l'inanité, la folie de toute son entreprise. Il ne peut se permettre de douter de l'issue de son combat contre la terre entière ou même de ne plus avoir envie de cette guerre qu'il a déclenchée et perdue depuis longtemps. L'aiguille s'enfonce inexorablement dans sa peau, une légère pression, un peu de sang, puis elle injecte le produit dans les veines et tout repart à nouveau.

Entre les injections d'hormones et de stéroïdes, puis la cocaïne et surtout l'eucodal dans la seconde moitié de 1944 au plus tard, Hitler n'a quasiment pas connu un seul jour de sobriété depuis l'automne 1941. Les drogues sont comme un carburant et l'ersatz d'un dévouement défaillant : désormais, seuls les stupéfiants confortent encore Hitler dans sa folie. D'un quartier général à l'autre, de bunker en bunker, de plus en plus désinhibé, il agit dans un brouillard permanent – sans limite, sans foyer, toujours tendu vers la prochaine opération militaire désespérée, vers le prochain fix qui, au mépris de tous les effets secondaires, effacera les conséquences qui le talonnent. C'est un athlète dopé qui ne peut plus s'arrêter, qui fonce sans se retourner – jusqu'à l'effondrement inévitable.

Le superbunker

> « Mon cher vieil ami, si je puis encore vous appeler ainsi maintenant que vous êtes devenu une célébrité mondiale, quoique je connaisse bien votre caractère. Le peuple allemand vous est très reconnaissant de votre action salvatrice. De fait, nous serions perdus si la poigne de fer venait à faiblir. Et que cette poigne soit jusqu'à présent restée de fer est votre mérite impérissable [1]. »
>
> Extrait d'une lettre à Theo Morell.

Afin de toujours mieux se prémunir contre de futurs attentats, contagions et autres attaques de l'extérieur, le Patient A emménage le 8 novembre 1944 dans un nouveau refuge en béton, fraîchement coulé à l'intérieur du périmètre de haute sécurité de la *Wolfsschanze*. Au lieu de l'habituel revêtement de deux mètres d'épaisseur, le bunker est entouré d'un rempart de sept mètres [!] de graviers et de béton. Ce cloître sans fenêtre ni aération directe évoque un tombeau d'Égypte antique : le contenant mesure plusieurs fois le contenu, le matériau dépasse la surface utilisable qu'il enserre. C'est ici que, dorénavant, Hitler travaille, dort, végète, dans un isolement total, engoncé dans un délire se nourrissant de sa propre substance. Lui-même ne voit que des avantages à cette nouvelle résidence qui, plantée en plein milieu de la forêt, apparaît comme un corps étranger, un monstre tombé du ciel. Il affirme avoir désormais plus de place pour se promener à l'intérieur. Morell fait le calcul : la chambre à coucher et le bureau du Führer font 23 m^3 de plus que l'ancien bunker. Bien évidemment, le docteur a toujours accès à ce sarcophage géant qui reste fermé aux autres visiteurs. Quand Hitler emménage, il lui fait une piqûre d'« eucodal par intraveineuse à cause de son énorme fardeau [2] ».

Morell a depuis longtemps pris conscience de l'état de son patient. Il sait que la santé d'Hitler connaît des hauts, des bas et surtout des profondeurs. Enfin, il sait que cela commence à se savoir. Dans les lettres que le médecin adresse à sa femme, divers *Gauleiter* et quelques vieilles connaissances à la fin de l'automne 1944, on sent poindre une tentative désespérée de présenter la

1. IfZArch, MA 617, rouleau 1.
2. T. Morell, entrée du 9 novembre 1944, BArch-Koblenz N1348.

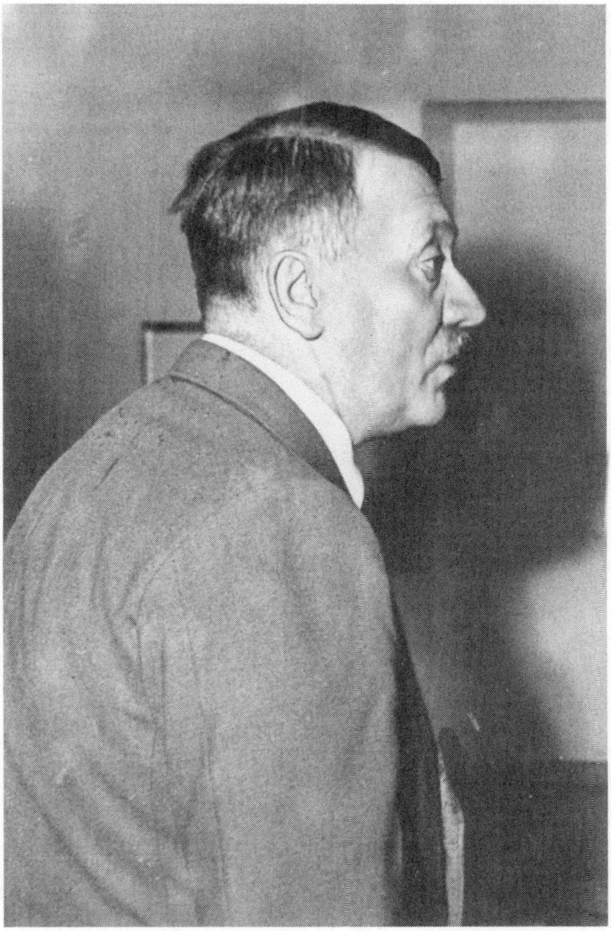

Ill. 21 *Heil* ou *High* ? L'abstinent devenu junkie. *Source* : Laif.

réalité sous un jour bien différent. C'est par exemple le cas quand il envoie le menu du repas qui change tous les soirs. Il veut fournir la preuve aux personnes extérieures à la *Wolfsschanze* de « la vie simple et raisonnable[1] » que mène le Führer. Alors qu'il n'avait auparavant jamais parlé à autrui de l'état de santé de son patient, il prodigue ostensiblement les bonnes nouvelles. Qu'on en juge par ces morceaux choisis : « Mon éminent patient se porte vraiment bien. [...] Mon plus important patient se porte toujours très bien. [...] La guérison est encore une fois complète. [...] Je suis ravi que

1. Lettre du 1er mars 1943 du Pr Nißle à Morell, IfZArch, MA 617, rouleau 3.

la santé de mon patient soit bonne. [...] La santé de mon patient est très bonne et j'espère, pour le peuple allemand, pouvoir lui conserver toute sa fraîcheur encore longtemps. Outre le Duce, j'ai également pu soigner d'autres chefs d'État et, à vrai dire, je peux me targuer de quelques succès médicaux[1]. »

Or le patient A ne va pas bien du tout. En réalité, Morell ne peut donner le change bien longtemps, il ne peut mettre en scène un Hitler en bonne santé et le redresser à coups de seringues que pour une durée de plus en plus limitée. Bien souvent, c'est un Führer pâle et émacié, vêtu d'une robe de nuit blanche sous une couverture de l'armée, qui reste allongé sur un simple lit de camp dans une pièce aveugle de son nouveau domicile en béton. Au-dessus de sa tête pend une lampe ajustable ; à ses côtés, une table de nuit et une petite étagère sont remplies d'un fatras de papiers, de cartes, de livres ouverts et de dépêches urgentes. Au milieu de ce désordre trône un téléphone qui ne sonne jamais. Les murs gris exhalent encore l'écœurante odeur du béton frais. On trouve partout dans le lit des crayons de bois cassés et, quelque part, ses lunettes rondes dont il a honte et qu'il ne peut désormais plus mettre seul à cause de ses tremblements. Et pourtant Morell continue d'écrire : « Peux dire que le F. est en pleine forme. [...] Je tire ma plus grande joie, ma plus grande consolation et ma plus grande satisfaction du fait que mon patient se porte au mieux, qu'il puisse supporter tous les fardeaux avec l'énergie et la fraîcheur d'antan, qu'il puisse venir à bout de toutes les crises. [...] Cela vous consolera peut-être si je puis vous assurer que notre Führer est en bonne santé. »

Mais dès que les effets de l'eucodal commencent à se dissiper, les tremblements reviennent. Dans les dernières semaines de l'année 1944, ils gagnent encore en intensité. Bientôt, l'état de santé d'Hitler est au cœur de toutes les discussions. Le Führer au teint grisâtre en a bien conscience et tente de toutes ses forces de réprimer le tremblement – ce qui ne fait qu'aggraver les choses. Son salut, le bras infatigablement tendu vers le ciel, appartient déjà à l'histoire ancienne. De violents tremblements nerveux ont pris le relais à toutes les extrémités. « Main gauche, fort tremblement », écrit d'abord Morell, puis : « Tremblement accru de la main droite » ou encore : « Ce n'est plus la main gauche qui tremble mais la main et

1. IfZArch, MA 617, rouleau 1. De même pour les extraits suivants.

le bras droits[1]. » Hitler cache ses doigts dans les poches de sa veste pour dissimuler son mal. En un spasme, une main saisit parfois l'autre pour la maintenir en place. Passé un certain point, on peut moins parler d'un tremblement que d'un perpétuel mouvement d'épaules. Son entourage s'en alarme. Guderian, le général de l'arme blindée devenu entre-temps le chef d'état-major de l'armée de terre, rapporte ainsi qu'Hitler doit plaquer la main droite sur la gauche, puis passer la jambe droite sur l'autre pour que le tremblement soit moins flagrant quand il s'assied. La main d'Hitler frissonne, sursaute et agit de manière si indépendante que beaucoup croient à un mouvement volontaire. Qu'il croise les bras sur la poitrine et c'est tout le corps qui se met en branle. Morell préconise des bains et du calme. Hitler demande « si on ne peut pas [...] faire quelques piqûres contre[2] ». Réfléchissant aux causes possibles de ces tremblements et de la posture constamment penchée du dictateur, l'historien de la médecine Hans-Joachim Neumann pronostique une artériosclérose et une maladie de Parkinson : une paralysie agitante provoquée par une réaction immunitaire – quand l'organisme confond ses propres neurones avec des corps étrangers –, possible résultat de la consommation de ces effarantes préparations à base d'hormones animales. Conséquences : dépérissement des cellules nerveuses du mésencéphale qui produisent la dopamine et sous-alimentation des noyaux principaux du cortex cérébral, responsables des processus de commande et d'apprentissage. Dans ses notes, Morell dit également suspecter la maladie de Parkinson mais il ne fait part de ses doutes qu'en avril 1945[3]. Il n'est aujourd'hui plus possible de savoir si ce pronostic était avéré. Quoi qu'il en soit, il existe peut-être une explication complémentaire aux fameux tremblements d'Hitler : ces soubresauts pourraient bien être une conséquence directe de sa consommation effrénée de drogues.

En tout cas, Morell ne peut plus quitter son patient. Le médecin est certes le maître du Führer mais il est aussi son prisonnier. Personne n'a idée à quel point il souffre de cette situation, se plaint-il. Depuis des années déjà, il ne doit pas s'éloigner, voilà longtemps qu'il ne s'appartient plus et se trouve forcé de négliger tout ce qui fait le reste de son existence : sa femme bien-aimée, son cabinet

1. T. Morell, entrée du 8 décembre 1944, BArch-Koblenz N1348.
2. *Id.* entrée du 3 novembre 1944, *ibid.*
3. *Id.* entrée du 15 avril 1945, *ibid.*

du Kufürstendamm, ses usines et ses laboratoires à Olomouc et à Hambourg. Même lorsque son frère meurt, le docteur Morell n'est pas autorisé à se rendre aux funérailles tant il est devenu indispensable au Führer. Hitler prétexte toutes sortes de dangers extérieurs pour l'empêcher de partir : « Après l'annonce du décès de mon frère, le Führer s'est beaucoup inquiété de mon voyage, l'Ouest étant d'après lui particulièrement menacé. J'ai proposé de prendre l'avion (cela n'irait pas car une foule de chasseurs ennemis patrouillent dans les airs), la voiture (je ne pourrais soi-disant pas supporter un si long trajet, même si je l'assure du contraire), le train (on ne peut pas s'y fier du fait des horaires aléatoires à cause des attaques) [1]. »

Morell propose que le Dr Stumpfegger, médecin de la SS, le remplace durant sa brève absence. Hitler refuse, arguant qu'« il ne fait peut-être pas aussi bien les piqûres ». Ou n'est-ce pas plutôt parce que Stumpfegger n'a pas été mis dans le secret de la composition du « x » ? Quoi qu'il en soit, le médecin s'accroche à ce qui lui reste de vie privée et familiale. Il part aux obsèques de son frère et, sur le chemin du retour, passe rapidement à Berlin pour voir sa femme. Hitler le fait constamment escorter d'un garde du corps du service de sécurité du Reich (*Reichssicherheitsdienst*) et se montre particulièrement maussade à son retour : « 15 h 30 chez le Führer : patient désagréable, aucune question. […] Grosse rebuffade [2]. » Morell sort vite les outils, respire bien profondément, essuie avec un mouchoir la sueur qui perle sur son front et plante l'aiguille en platine dans l'avant-bras de son patient : « Glucose intrav. plus Vitamultin-forte, Glyconorm et Tonophosphan. » Hitler laisse reposer sa main droite sur son ceinturon, expire bruyamment, roule des épaules vers l'avant et sa bouche devient encore plus petite quand il se pince les lèvres qu'il a déjà bien fines. Son visage se détend alors et Morell, d'un geste expert, lui masse le ventre de haut en bas pour évacuer l'air. Les deux hommes sont déjà réconciliés.

La fermeture éclair

Alors que l'Armée rouge conquiert sans cesse de nouveaux territoires en Prusse-Orientale, les veines du dictateur sont désormais

1. *Id.* entrée du 11 novembre 1944, *ibid.* De même pour la citation suivante.
2. *Id.* entrée du 16 novembre 1944, *ibid.* De même pour la citation suivante.

tellement ravagées que même Morell parvient à peine à les piquer. L'épiderme a été trop souvent perforé, il souffre d'inflammations, est couvert de croûtes, prend une teinte brune. Morell est forcé d'interrompre le traitement : « Je renonce aux injections aujourd'hui afin que les endroits que j'ai piqués jusqu'à présent puissent guérir. Ceux du bras gauche : bien ; le droit présente encore de petits points rouges (mais sans abcès) là où il a été piqué. Le F. dit que ce n'était pas le cas auparavant[1]. »

Au cours de ces semaines, de véritables disputes éclatent à plusieurs reprises. Chaque nouvelle piqûre provoque une nouvelle blessure qui s'ajoute à la précédente et forme bientôt une ribambelle de croûtes toujours plus longue – la « fermeture éclair » des junkies, cette vilaine ligne qui apparaît quand une injection suit l'autre. Hitler lui-même commence à devenir nerveux. Il s'inquiète de ce que cette inflation de piqûres est en train de faire de lui : « Pour les intraveineuses, le Führer croit que je ne frotte pas assez longtemps avec de l'alcool l'endroit où je fais la piqûre (je le ferais toujours trop rapidement selon lui) et cela expliquerait pourquoi une petite pustule y apparaît ces derniers temps. » Toutefois, Morell a déjà une autre explication : « À rester assis pendant des mois dans un bunker sans lumière ni aération naturelles, sang est devenu veineux, appauvri en oxygène, comme on le voit quand on compresse le bras ; explique coagulation insuffisante et points de piqûre restent rouges. » Mais Hitler reste méfiant : « Führer l'impute malgré tout aux bactéries ; pense que les injections lui inoculeraient peut-être des bactéries dans le corps[2]. »

Morell se voit contraint d'interrompre la débauche de piqûres pour un moment, du moins il essaye. Car, en fin de compte, Hitler balaye tous ses états d'âme, révélant ainsi son caractère autodestructeur. Malgré les désagréments que lui cause cette pléthore d'injections, il ne cesse d'en réclamer. Le patient accueille son médecin en lui disant qu'il n'a pas besoin d'un traitement mais d'une piqûre, et tout de suite : « Ce matin 6 h 00 : je dois immédiatement me rendre auprès du patient. [...] Là-bas en 20 minutes. Führer a beaucoup travaillé, avait à prendre une décision cruciale, ce qui l'a beaucoup agité. Agitation a augmenté de plus en plus jusqu'à ce que, comme toujours dans ce cas, une crampe se déclare soudainement. Ne veut pas être ausculté, ne ferait qu'empirer la douleur. Je prépare vite une inj. combinée

1. *Id.* entrée du 20 octobre 1944, *ibid.*
2. *Id.* entrée du 1er novembre 1944, *ibid.*

eucodal-eupavérine, et injecte en intraveineuse, rendue très difficile par les récentes traces de piqûres, fais à nouveau remarquer que nous devrions ménager les veines pendant quelque temps. Comme j'ai dû m'interrompre une fois pendant l'injection, la décontraction advient alors que je suis encore en train d'inoculer. La douleur disparaît. Le F. est très heureux et me serre la main avec gratitude[1]. »

Vingt minutes entre la commande et l'injection du produit : n'importe quel junkie rêverait d'un dealer aussi efficace. De fait, Hitler sait apprécier la disponibilité de son médecin. Il se fait ainsi louangeur quand il reconnaît avoir bénéficié d'un « illico-rétablissement grâce à la rapide intervention d'hier matin ». Morell le rassure immédiatement : « Si une telle crise advient à nouveau, il peut m'appeler immédiatement, même en pleine nuit. [...] C'est à moi qu'il fera plaisir si je peux l'aider[2]. »

Lors des dernières semaines passées dans la *Wolfsschanze*, le Patient A aura fréquemment recours à ce service de chambre qui livre vingt-quatre heures sur vingt-quatre, y compris les plus fortes substances. Prétextant sans vergogne n'importe quel bobo ou trouble nerveux, il sonne Morell en plein milieu de la nuit. Une fois l'injection faite, l'ordonnance d'Hitler rapporte la sacoche de Morell dans la *Drohnenbaracke* tandis que le médecin reste avec son patient le temps que le produit commence à agir. Et si, comme le 8 novembre 1944, Hitler ne plane pas assez haut, Morell revient à la charge : « Mercredi 0 h 30 : appelé brusquement. Le Führer est pris tout d'un coup de forts ballonnements. Il est en train de prendre, me dit-il, les plus grandes décisions de toute sa vie, ce qui occasionne des tensions nerveuses toujours plus vives. L'eucodal-eupavérine en intraveineuse ne fait d'abord disparaître que partiellement les douleurs et les spasmes. À sa demande de recevoir encore une demi-seringue, je fais rapporter mon sac et me rends compte que je ne lui avais injecté que 0,01 g et non pas 0,02. Après une nouvelle injection de 0,01 d'eucodal par intraveineuse, la douleur et les crampes cessent immédiatement. Le Führer me remercie plusieurs fois de l'avoir secouru si vite et est désormais parfaitement heureux[3]. »

Un junkie remarque immédiatement quand il n'a pas eu sa dose en entier ; un junkie ne pense plus qu'au prochain shoot qui

1. *Id.* entrée du 30 octobre 1944, *ibid.*
2. *Id.* entrée du 31 octobre 1944, *ibid.*
3. *Id.* entrée du 8 novembre 1944, *ibid.*

pourra le rassasier. Tous les autres aspects de son existence passent à l'arrière-plan, de jour comme de nuit. Dans les mois qui suivent l'attentat, Hitler bat des records de consommation de drogues, le dictateur perd complètement les pédales – et la santé. Stauffenberg n'a certes pas réussi à le tuer mais il l'a indirectement transformé en toxicomane. Le visage du dictateur prend des tons ocre, les cernes se creusent, les tremblements s'accentuent encore, sa capacité de concentration diminue fortement. Quand les Alliés interrogeront Hans Karl von Hasselbach, qui avait peu de considération pour cette « magie [1] » – ainsi qu'il nommait les traitements de Morell –, le second chirurgien personnel du Führer décrira ainsi l'évolution de son état de santé : si Hitler faisait beaucoup plus jeune qu'il ne l'était en réalité jusqu'en 1940, il a ensuite pris un rapide coup de vieux. Il fait encore son âge jusqu'en 1943, puis sa déchéance physique est devenue flagrante.

Le fait est que si l'eucodal est utilisé à partir de 1943, les injections deviennent si fréquentes entre septembre et décembre 1944 qu'elles entraînent forcément un risque de dépendance. Le plaisir injecté se paye par de très désagréables effets secondaires : troubles du sommeil, constipations, tremblements. Hitler souffre de tous ces symptômes. Dès qu'il commence à redescendre, son système digestif réagit par des « obstructions spasmodiques », il « n'évacue pas, a des vents douloureux » [2]. La nuit, il reste les yeux ouverts dans son lit : « Je n'arrive pas à m'endormir, […] je revois en esprit des cartes de l'état-major général et mon cerveau travaille sans arrêt. Il me faut des heures pour me débarrasser de ces images [3]. » Il a beau prétendre ne pas pouvoir trouver le repos à cause des bombardiers anglais qui survolent le pays. Ce sont plutôt les drogues qui le tiennent éveillé. Pour lui arracher le sommeil dont il a besoin, Morell doit lui administrer des barbituriques tels que le Luminal ou le Quadro-Nox. La spirale infernale se prolonge encore et encore.

Conséquence des fréquentes prises d'eucodal : le système digestif d'Hitler ne fonctionne quasiment plus. Le dictateur en est revenu au même point qu'en 1936 lorsque Morell avait commencé à le traiter au Mutaflor. Le Patient A est continuellement constipé. Pour faire

1. E. Giesing, « Bericht über meine Behandlung bei Hitler », *loc. cit.*

2. T. Morell, entrées des 18 juillet 1943 et du 29 septembre 1944, BArch-Koblenz N1348.

3. Voir J. Toland, *Hitler*, *op. cit.*, p. 489.

les lavements à la camomille qu'on lui a prescrits, il « s'assied sur les toilettes. Je [Morell] dois rester à l'extérieur (il ferme même le verrou) ». Peine perdue : « Il me dit que le liquide n'est pas resté à l'intérieur, qu'il a été obligé de l'évacuer de suite (malheureusement !)… Führer doit essayer de dormir (sans médicaments !)[1]. » Les fonctions corporelles de base se muent en de pénibles opérations physiologiques. Morell les consigne dans son carnet aussi scrupuleusement que pourraient l'être des manœuvres sur le front dans le journal de guerre de l'état-major : « De 16 h 00 à 18 h 00, vidanges, deux petites et deux grosses. Au cours de la deuxième, après que le bouchon a sauté, évacuation liquide avec déflagrations. La troisième et la quatrième empestaient fortement, surtout la quatrième (auparavant résidu de boules corrosives, causant les gaz et formation des matières toxiques). Par la suite, très fort sentiment de bien-être et traits du visage changés. Il me fait appeler tout de suite pour me communiquer joyeusement le résultat. »

La faute à qui ?

Le 21 septembre 1944, le menu du déjeuner se compose d'un velouté de riz, de tranches de céleri grillés avec de la purée de pommes de terre. Après manger, on ferme la Tanière du loup. Hitler n'aura habité que treize jours dans son superbunker flambant neuf. Les Russes sont désormais trop près, il faut évacuer. Une cage en fer, dont on oblitère les fenêtres dès qu'elle passe trop près des bombardements et de la réalité, se met alors en branle, direction la capitale du Reich. C'est le *Brandenburg*, le train privé du Führer, qui traverse des gares préalablement vidées de toute personne. Hitler considère désormais qu'il n'a plus aucune chance de vaincre l'Armée rouge de Staline. Il abandonne donc le front de l'Est et prépare maintenant la seconde offensive des Ardennes qu'il a mûrie en septembre sous l'emprise de la cocaïne. Peut-être parviendra-t-il à réitérer le miracle du Blitzkrieg de 1940, et à redresser la barre pour conclure en dernière instance une paix séparée ?

L'arrivée à Berlin-Grunewald se fait le lendemain à 5 h 20 du matin. Tout se déroule dans la plus grande discrétion. Le sténographe

1. T. MORELL, entrée du 30 septembre 1944, BArch-Koblenz N1348. De même pour la citation suivante.

note : « Silence obligatoire ! » Pour ne rien arranger, Hitler craint de perdre sa voix à cause d'un nodule aux cordes vocales et ne parle plus qu'en chuchotant. Ses yeux ne se posent plus sur ce qui l'entoure, ils fixent un point imaginaire. Sans cesse il aspire goulûment de grandes bouffées d'oxygène grâce à un appareil portatif de l'armée que Morell lui a procuré pour le voyage. On a rarement vu Hitler d'une humeur plus lugubre et massacrante. Tout le monde en a conscience : le plan censé repousser les immenses forces britanniques et américaines est illusoire. Pourtant, le commandant suprême agit encore comme si la victoire ne faisait aucun doute. En réalité, il est tellement sujet à « des fortes agitations [...] provoquant des gaz et des convulsions » que seule l'eucodal parvient encore à le soulager [1]. Le lendemain, il reçoit en plus 0,01 g de morphine. Deux jours après, le 24 novembre 1944, Morell note : « Je ne considère pas l'injection comme nécessaire. Mais Führer en veut une pour se fortifier plus rapidement [2]. » De même, trois jours plus tard, « le Führer veut des injections à cause d'un travail difficile qui l'attend [3] ».

Quels sont toutefois les effets de cette consommation prolongée de cocktails stupéfiants sur l'intellect d'Hitler, sur son esprit ? Le dictateur est-il encore bien responsable de ses actes ? Le philosophe Walter Benjamin qui, dix ans plus tôt, avait surtout expérimenté le haschich décrivait ainsi les effets psychologiques de la drogue : « Peut-être ne s'illusionne-t-on pas soi-même en disant que, dans cet état, on est pris d'une antipathie pour l'atmosphère dégagée, uranienne pour ainsi dire, qui fait que la pensée du “dehors” devient presque une torture. C'est [...] comme un repliement dans une trame, dans un cocon plus serrés, une toile d'araignée dans laquelle le cours du monde est accroché, éparpillé à la ronde comme des corps d'insectes vidés. On ne veut pas se séparer de cette caverne. Ici se développent aussi les rudiments d'un comportement désagréable envers les personnes présentes, l'angoisse qu'elles puissent vous déranger, vous expulser [4]. »

Le chimiste Hermann Römpp, auteur de plusieurs ouvrages scientifiques à succès, écrit ainsi que l'abus prolongé d'opiacés a pour effet « un délitement du caractère et de la force de volonté.

---

1. *Id.* entrée du 21 novembre 1944, *ibid.*
2. *Id.* entrée du 24 novembre 1944, *ibid.*
3. *Id.* entrée du 27 novembre 1944, *ibid.*
4. Walter Benjamin, *Sur le haschich et autres écrits sur la drogue*, trad. de l'allemand par Jean-François Poirier, Paris, Christian Bourgois éditeur, 2011, p. 14.

[…] La créativité est mise à mal sans que les acquis intellectuels antérieurs soient perdus. Même les personnes de grande valeur ne reculent pas devant la tromperie et les manigances ». En parallèle apparaissent également chez le consommateur un délire de persécution et une défiance maladive envers son entourage [1].

De fait, Hitler engoncé dans son mental de bunker a trouvé dans l'eucodal la drogue apocalyptique idéale pour mener un ultime combat désespéré. Une insensibilité, au demeurant déjà présente chez lui, sa vision du monde inflexible, son penchant pour le fantastique, la transgression éhontée de toutes les règles : tout ceci fut alimenté de manière absolument calamiteuse par l'opioïde dont il use si fréquemment durant le dernier trimestre 1944. Alors qu'à l'est comme à l'ouest les Alliés pénètrent dans le Reich, le puissant sédatif balaye le moindre doute quant à la victoire finale, empêche toute compassion pour les victimes civiles et rend Hitler toujours plus insensible à lui-même tout comme au monde extérieur.

Grisé par les drogues, le Führer semble être parfaitement lui-même : voici le véritable Hitler tel qu'il était déjà auparavant. Ses idées, ses plans, l'extrême importance qu'il accorde à sa personne ainsi que le mépris de ses adversaires : tout ceci était déjà contenu dans le programmatique *Mein Kampf* de 1925. Son addiction aux opioïdes n'a fait que cimenter une rigidité préexistante, renforcer sa tendance à déléguer la violence plutôt qu'à l'exercer soi-même et a contribué à ce qu'il n'ait même jamais pensé à infléchir sa conduite durant la phase finale de la guerre et du génocide juif.

Les objectifs et les mobiles de ce délire idéologique n'ont pas été engendrés par les drogues ; ils avaient été déterminés bien auparavant. Hitler ne tue pas non plus dans un aveuglement toxicomaniaque ; jusqu'à la fin, il demeure responsable de ses actes. Sa consommation ne diminue en rien son libre-arbitre. Hitler a tous ses esprits, il sait exactement ce qu'il fait, il agit froidement et en toute conscience. Jusqu'à la fin, il va suivre la logique d'un système qui s'est toujours fondé sur l'ivresse et le déni de la réalité ; il agit en son sein de manière terriblement cohérente et nullement insensée. Un cas classique d'*actio libera in causa* diraient les juristes : quelle que soit la quantité de drogue prise pour être encore en mesure de perpétrer ses crimes, cela n'atténue en rien sa monstrueuse culpabilité.

---

1. Hermann Römpp, *Chemische Zaubertränke*, Stuttgart, Franckh, 1939.

Quatrième partie

Dernières débauches : *Blut und Drogen* (1944-1945)

« La funeste blessure, comment la guérir [1] ? »
Richard Wagner.

1. Richard Wagner, *Tristan et Isolde*, III, 1, traduit de l'allemand par André Miquel, Paris, Gallimard, 2005, p. 204.

À partir de la seconde moitié de 1944, les soldats d'Hitler n'essuient plus que des échecs. Fin août, les Alliés reprennent Paris ; le 23, la Wehrmacht doit se retirer de Grèce et commence à battre en retraite dans toute l'Europe méridionale. Le 11 septembre, les forces américaines passent la frontière du Reich à Trier. Sur tous les fronts, ce sont des troupes allemandes exsangues, hâves, sur le point de s'écrouler qui se battent encore pour une cause dorénavant perdue. La pervitine ne les aide pratiquement plus désormais qu'à tenir le coup et à s'enfuir. Un commandant de l'arme blindée rapporte laconiquement : « Nous faisons route sans nous arrêter tant que nous ne sommes pas sortis de Russie. Nous nous relayons tous les cent kilomètres, avalons de la pervitine et faisons le plein d'essence [1]. »

Une étude a montré que deux tiers des personnes ayant une consommation excessive de méthamphétamine souffrent de psychose au bout de trois ans [2]. Sachant que la pervitine et la méthamphétamine ont le même principe actif, et que des millions de soldats allemands ont consommé ce médicament de façon plus ou moins régulière depuis l'invasion de la Pologne, le Blitzkrieg en France ou, au plus tard, l'offensive contre la Russie, on peut supposer des dégâts psychologiques gigantesques pour la Wehrmacht durant les

1. Hans von Luck, *Mit Rommel an der Front*, Hambourg, Mittler, 2006, p. 103.

2. Roland Härtel-Petri, *Crystalspeed-Crystal-Meth – Kristallines N-Methamphetamin, eine kurze Einführung*, Bezirksklinik Hochstadt, p. 50. Voir également Hilary Klee (dir.), *Amphetamine Misuse. International Perspective on Current Trends*, Amsterdam, Informa Healthcare, 1997, p. 181-197.

derniers mois de la guerre ainsi qu'un fort besoin d'augmenter sans cesse les doses pour continuer à ressentir les effets de la drogue [1].

Il n'est ainsi pas étonnant que la fièvre de la pervitine sévisse toujours en 1944. Une lettre des usines Temmler au commissaire général pour la Santé en atteste : quelques mois avant la fin de la guerre, l'entreprise demande encore qu'on lui alloue des matières premières – éphédrine, chloroforme et chlorure d'hydrogène – nécessaires à la production de pervitine. Cette livraison doit permettre la fabrication de quatre millions de comprimés « pour l'armement et la guerre [2] ». Les combats ont forcé les usines à déménager dans une brasserie à Meisenheim, une petite ville de campagne au sud-ouest du pays. De la bière et de la méth' : les deux drogues favorites des Allemands sont désormais fabriquées sous le même toit [3].

La Luftwaffe non plus ne se lasse pas de ce stimulant. En juillet 1944, une réunion des services médico-scientifiques est entièrement consacrée à ce sujet [4]. Parallèlement, le service de santé de l'armée de terre fait usage de la pervitine, en particulier pour le transport des blessés. En novembre 1944, les médecins qui dirigent

1. Après la guerre, il a très peu été question de ces problèmes d'accoutumance. Leurs répercussions sur la société allemande des années 1950 n'ont été que sommairement étudiées. Voir à ce propos le film de Billy Wilder, *Un, deux, trois* (1 961) qui se déroule à Berlin et où C. R. Mac Namara, un représentant de la société Coca-Cola joué par James Cagney, prend avec son café « juste deux pervitines. Ça va être une journée difficile aujourd'hui ».

2. Landesarchiv Berlin, A Rep. 250 – 02 – 09 Temmler.

3. Les entreprises Temmler reçoivent l'autorisation d'y produire de la pervitine le 17 janvier 1944 (BArch-Berlin R86/4265). À cet égard, voir la lettre du 8 janvier 1944 de Gorissen, patient du Dr Morell, à son médecin. Le document est particulièrement instructif concernant le moral de la population âgée à cette époque : « En effet, j'apporte beaucoup d'importance à la remise en forme en général. Chaque fois par exemple que je dois descendre en ville pour faire des provisions (ou, plus encore, lorsque je dois ensuite remonter pendant douze minutes), j'ai l'habitude de prendre auparavant un demi, voire un comprimé entier de pervitine. Cela retape mon pauvre corps fatigué, bien qu'on ne doive pas en prendre trop, au risque de devenir dépendant comme me l'explique le médecin du canton. Vous pouvez vous imaginer que cela n'est pas exactement un plaisir de vivre ainsi comme un vieillard cacochyme, surtout quand on se sent encore intellectuellement tout à fait valide et quand on repense à ce que l'on pouvait faire dix ans auparavant » (National Archives Microfilm Publication T253/38).

4. L'ordre du jour de cette réunion parle de lui-même : « 9 h 30 : "Composition chimique et fabrication de produits stimulants, en particulier la caféine et la pervitine" par Pr Dr Schlemmer, Institut pharmaceutique de l'université du Reich de Strasbourg ; 10 h 00 : "La pharmacologie des produits stimulants" par le Dr Broch, médecin en chef, Académie de médecine de la Luftwaffe, Berlin ; 10 h 20 : "L'utilisation clinique des produits stimulants", Pr Dr Uhlenbruck, médecin principal » (BArch-Freiburg RH 12–23/1930).

les trains sanitaires du groupe d'armées A commencent à mener des tests afin de comparer les effets de la morphine et d'un mélange morphine-pervitine[1]. Il s'avère que l'on peut maintenir un « bon moral » chez les blessés, même graves, en leur administrant deux comprimés de pervitine en plus de leur injection d'opiacés : on voit la vie sous un jour meilleur et la volonté de guérir s'en trouve renforcée – rendant ainsi plus probable une future réaffectation.

Mais de nombreux soldats ne veulent pas du tout renouveler l'expérience. Ils sont épuisés, en guenilles, ont besoin de périodes de repos toujours plus longues. Les slogans de propagande qui les exhortent à lutter jusqu'à la dernière cartouche sonnent creux pour beaucoup d'entre eux. Plus question d'ardeur au combat ; le moral est au plus bas[2]. On ne s'arrête toutefois pas pour autant. De manière assez typique, le maréchal Gerd von Rundstedt termine l'un de ses ordres du jour en disant que l'heure était maintenant venue d'avancer coûte que coûte. Une consigne du haut commandement indique ainsi : « Le surmenage et les pertes ne sont pas exclus. Ils ne sauraient affecter la conscience des médecins. La situation exige la mise en œuvre de tous les moyens[3]. »

L'idéologie n'a plus prise depuis longtemps sur les soldats ; le commandement ne trouve rien de plus neuf que de galvauder des formules aussi fades que la « victoire finale » *(Endsieg)* pour tenter de motiver les troupes. La Wehrmacht décide alors d'inventer de nouvelles décoctions qui partiraient à l'abordage du système nerveux et transformeraient sur les champs de bataille les moribonds en véritables conquérants. Aussi fou que cela puisse paraître, alors qu'on cherche péniblement à mettre au point une « arme miracle », on s'attelle également à l'élaboration d'une « drogue miracle » en cette dernière phase sanglante de la guerre où l'on fait décidément feu de tout bois. Un produit qui devait permettre de retourner encore une fois la situation, pour repartir à plein régime.

---

1. Dr Soehring, médecin en chef, *Verwendung von Morphin-Pervitin bei Verwundetentransporten*, 23 novembre 1944, BArch-Freiburg RH 12–23/161. De même pour la citation suivante.
2. *Interrogation report on one German Naval PW*, Entry 179, Folder 1, N 10–16, RG NO. 165, Stack Area 390, Box 648, National Archives de College Park, Maryland.
3. OKW 829/44. Cité *in* W. Pieper, *Nazis On Speed*, *op. cit.*, p. 142.

Rendez-vous à Munich : l'Académie médicale de la Bundeswehr

C'est une ancienne caserne de la SS qui abrite aujourd'hui l'Académie médicale de la Bundeswehr, l'équivalent de feu l'Académie de médecine militaire à Berlin où le professeur Ranke avait commencé ses expériences sur la pervitine à la fin des années 1930. Toutefois, à la place du dealer de meth'de la Wehrmacht, j'ai en face de moi l'affable Dr Volker Hartmann, directeur des enseignements sur la dispense de soins.

L'armée et les drogues : un domaine de recherche que Hartmann laboure depuis de nombreuses années. C'est notamment lui qui a révélé les expériences entreprises vers la fin de la guerre par la marine allemande afin d'élaborer une drogue miracle. Il m'en parlera ce soir dans un cadre spatial et historique plus approprié et me propose de le retrouver plus tard sur l'Odeonplatz de Munich, à côté de la Feldherrnhalle, soit exactement là où le NSDAP, après une nuit de beuverie et beaucoup d'alcool dans le sang, a tenté un putsch le 9 novembre 1923.

« Lors du putsch d'Hitler, la police bavaroise se tenait juste là, devant, quand elle s'est mise à tirer, me montre Hartmann. L'un des premiers nazis abattus tenait Hitler par le bras et l'a entraîné dans sa chute. Au même moment, le garde du corps d'Hitler a été criblé de balles et s'est écroulé sur lui. Plus d'une douzaine de putschistes sont rapidement tués ainsi que quatre policiers et un passant. Les badauds se dispersent en courant, c'est le chaos le plus total. Hitler, lui, se relève et s'enfuit avec quelques égratignures à peine. Parfois, ce sont des hasards qui font l'histoire. » Au *Pfälzer Residenz Weinstube*, une taverne située à proximité et sur la façade de laquelle est accrochée une plaque à la mémoire des quatre policiers tués lors du putsch, les premières victimes du nazisme, Hartmann raconte. C'est une histoire qui permet d'en finir une fois pour toutes avec le mythe tenace d'une Wehrmacht qui a su rester propre sur elle. Une sale histoire sur la marine allemande qui aime pourtant à se présenter comme le fleuron immaculé de l'intégrité morale.

À la recherche de la nouvelle came

« The real war will never get in the books [1]. »
Walt WHITMAN.

Il y avait, dans la marine de guerre allemande, un officier de haut rang qui répondait au nom de Helmuth Heye. Amiral commandant les *Kleinkampfverbände* (ou *K-Verbände*, « unités de combat miniatures »), il est de ceux qui veulent encore croire, en mars 1944, en la victoire. Or la situation sur les mers n'augure rien de bon pour la « marine impériale » (*kaiserliche Marine*) ainsi qu'elle aime à s'appeler afin de se distinguer de l'« aviation nationale-socialiste » (*nationalsozialistische Luftwaffe*). La bataille de l'Atlantique est désormais perdue.

Contre toute attente, les Britanniques ont percé le code radio de la Wehrmacht réputé inviolable. La supériorité aérienne des Alliés, les lourdes pertes qui s'en sont ensuivies et les ratés dans l'industrie de l'armement : autant de raisons qui ont forcé les Allemands à renoncer à la guerre sous-marine. Depuis, les Américains transportent sans encombre du matériel et des troupes jusqu'en Angleterre en vue du débarquement en Normandie. Et ce n'est rien de moins que cela que Heyes et ses nouvelles unités sont censés contrecarrer en ce début d'année 1944, en s'appuyant essentiellement sur ces « armes de poche », si chères à Hitler.

Au début de janvier 1944, dans la *Wolfsschanze*, lors d'une conférence sur l'armement en présence du ministre Albert Speer, du chef SS Heinrich Himmler et de plusieurs maréchaux, Hitler avait exigé qu'on accélère la production des armes dites miracles dans lesquelles il plaçait ses plus grands espoirs. La marine, avec ses nouveaux modèles de submersibles pour deux personnes, ses sous-marins de poche, ses canots explosifs et ses torpilles individuelles, doit attaquer des ennemis largement supérieurs en nombre et en armes par des frappes chirurgicales, couler les navires ou, au moins, les harceler assez pour qu'ils battent en retraite. Une sorte de combat de David contre Goliath, en moins biblique.

Les *K-Verbände* passent, si l'on peut dire, pour des ovnis dans la marine. Leurs missions spéciales se fondent sur l'effet de surprise

1. Walt WHITMAN, *Specimen Days & Collect*, Philadelphie, David McKay, 1883, p. 80.

et, avant tout, sur le fait qu'on ne puisse ni les repérer ni les localiser. Leur objectif est de parvenir à se faufiler au plus près des bâtiments ennemis, de sortir leurs torpilles et puis feu ! Pour cela, l'équipage est obligé de rester plusieurs jours et plusieurs nuits en immersion, sans faire de pause ni dormir – une durée beaucoup plus longue qu'avec la pervitine : toutes les expériences ont montré qu'elle permet, à haute dose, de rester éveillé pendant quarante-huit heures maximum. Aucun entraînement spécifique n'est prévu pour les marins qui participent à ces missions extrêmement périlleuses. Seulement de nouvelles drogues, qui doivent surclasser toutes les précédentes.

S'il y a dans cette guerre un moment fatidique où il ne s'agit pas de flancher, cette heure-là a sonné. Au début de l'année 1944, Heye cherche fébrilement un « médicament rapidement disponible, permettant à un soldat qui effectuerait une mission plus longue que la normale de rester éveillé et opérationnel ». En outre, cette drogue doit « accroître le sentiment de confiance du soldat et lui permettre de mobiliser toutes ses réserves d'énergie »[1]. Qui pourrait bien inventer un tel produit miracle ?

Le Dr Gerhard Orzechowski, officier médecin de la marine et pharmacien-chef de l'état-major pour la mer Baltique, était dans le civil professeur de pharmacologie à l'université de Kiel. En France, durant l'Occupation, il a travaillé à l'Institut de recherche médicale sous-marine à Carnac en Bretagne et s'est notamment intéressé aux différents produits stimulants[2]. Ce scientifique aux lunettes rondes semble donc être l'homme de la situation pour tenter d'extirper leurs dernières forces aux troupes exténuées par les combats, revigorer les sous-mariniers et arracher la victoire finale à grand renfort de pharmacologie. Le but avoué d'Orzechowski est de chimiquement « transformer l'homme en prédateur[3] ».

---

1. Hartmut NÖLDEKE et Volker HARTMANN, *Der Sanitätsdienst in der deutschen U-Boot-Waffe*, Hambourg, Mittler, 1996, p. 211.

2. À Carnac, Orzechowski a également rencontré Otto Ranke en octobre 1942. On ignore de quoi les deux hommes se sont entretenus. Vers la fin de la guerre, Ranke ne joue quasiment plus aucun rôle dans l'histoire de la pervitine et se consacre à d'autres questions de physiologie militaire. Après 1945, il deviendra professeur de physiologie à l'université d'Erlangen, où il meurt d'un arrêt cardiaque en 1959. Dans l'article nécrologique que fera paraître la *Klinische Wochenschrift* (vol. 38, n° 8, 1960, p. 414-415), le mot *pervitine* ne sera même pas mentionné.

3. Armin WANDEL, *Journal de guerre*, 26 février-12 avril 1944, inédit, BArch-Freiburg N 906.

Ill. 22 L'amiral Heye mise sur le « D IX » pour remporter la guerre : un mélange de cocaïne, de pervitine et d'eucodal. *Source* : Picture alliance/ WZ-Bilderdienst.

Heye partage tout à fait cette approche. L'amiral veut quant à lui utiliser un nouveau modèle de sous-marin individuel, le *Neger* – ainsi baptisé suite à un jeu de mots sur le nom de son inventeur, Richard Mohr (« maure »). Le submersible est constitué de deux torpilles accrochées l'une à l'autre : celle du bas est l'arme à proprement parler tandis qu'au-dessus le pilote est installé dans un cockpit protégé par un hublot de Plexiglas étanche, comme s'il chevauchait une bombe. À partir de la torpille porteuse, il oriente ce duo sous-marin grâce à un système de visée rudimentaire puis, quand il a son objectif bien en vue, il déclenche le tir par une simple pression du pied, avant de tenter de sauver sa vie en regagnant le port : une entreprise bien hasardeuse avec les avions de chasse américains qui tirent sur le hublot émergé.

Pour ces commandos suicides, Orzechowski va proposer dix préparations chimiques différentes, chacune dotée des sigles D I à D X, soit drogue 1 à 10. Elles se composent de diverses quantités de cocaïne, pervitine et Dicodid, un dérivé semi-synthétique de la morphine, apparentée à la codéine par son mode d'action mais sensiblement plus puissante. Ces préparations sont tout simplement un mélange des plus fortes substances alors connues : un signe assez révélateur du laxisme de la marine allemande en matière de drogues – mais aussi de la situation désespérée.

Le 17 mars 1944, l'hôpital militaire de Kiel fabrique cinq comprimés pour chacune des dix compositions. Le lendemain, cinquante soldats du camp d'entraînement *Blaukoppel* les expérimentent. Il faut faire vite. Par manque de temps, aucun test sérieux ne sera mené pour déterminer les interactions complexes entre les différentes substances. La D IX remporte finalement cette course forcenée : un mélange de 5 mg d'eucodal, 5 mg de cocaïne et 3 mg de méthamphétamine. Un cocktail explosif qu'Hitler n'aurait sans doute pas dédaigné. Le médecin général Emil Greul, chef des services de santé de la marine de guerre, doit encore donner son accord car la prescription de cocaïne en poudre est normalement prohibée. Heye donne également son feu vert. Les services de santé produisent dans la foulée cinq cents comprimés pour le *Neger* ainsi que pour le *Biber* (« castor »), un sous-marin de poche armé de deux torpilles.

Bien que censées être secrètes, les recherches se sont ébruitées – jusqu'à parvenir aux oreilles de la SS. En effet, les escadrons misent aussi beaucoup sur leurs commandos d'élite et s'intéressent de près aux découvertes qu'ont faites leurs collègues militaires pour leurs unités spéciales. Entre la SS et l'armée va alors s'amorcer une collaboration dont la marine ne voudra plus entendre parler après la guerre. Pourtant, l'*Obersturmführer* de la SS qui se rend à Kiel le 30 mars 1944 pour rencontrer les commandos de Heye n'est autre qu'Otto Skorzeny, chef des opérations secrètes de la SS, tristement célèbre pour sa cruauté et considéré – de manière surfaite, certes – comme l'homme le plus dangereux d'Europe par les Alliés. Depuis qu'il a réussi, en septembre 1943, à faire enlever le Duce alors prisonnier en Italie, Hitler et Himmler soutiennent toutes les opérations de Skorzeny. Officiellement, l'homme au visage balafré veut se rendre compte des nouvelles armes développées par les *K-Verbände* ; toutefois, l'officier, qui n'a jamais fait grand mystère de sa consommation de drogues, est surtout venu pour la D IX. Il embarque immédiatement un millier de comprimés afin de les tester « en service spécial[1] ». Une prise de contact qui ne restera pas sans suite.

Mais la D IX fait-elle vraiment de l'effet ? « Tous les sujets font état de troubles désagréables dans la demi-heure qui suit la prise », peut-on lire dans l'un des rares rapports qui nous sont parvenus. « [Les sujets] qui étaient auparavant frais et dispos ont les mains qui tremblent pendant une brève période d'euphorie ; ceux qui étaient déjà fatigués se plaignent d'avoir les jambes en coton et des élancements dans les muscles. Lorsque la D IX atteint son pic d'effet, le système nerveux central est progressivement engourdi, l'euphorie recherchée s'estompe rapidement, l'énergie est restreinte, la détermination et l'intellect sont inhibés, le sens critique diminue ; à de fortes suées succèdent une impression de gueule de bois, une grande fatigue et un sentiment d'abattement[2]. »

Voilà qui semble loin d'être prometteur. Pourtant, la D IX sera mise en service – contribuant ainsi à un fiasco : deux tiers des pilotes de *Biber* ne reviendront pas de leur périlleuse mission. La prétendue drogue miracle, dont les effets secondaires entravent les opérations au lieu de les faciliter, est ainsi abandonnée aussi rapidement qu'elle avait été conçue.

Entre-temps, la situation militaire s'est considérablement dégradée pour les Allemands. Les Alliés ont débarqué sur le continent européen et avancent tel un rouleau compresseur vers les frontières occidentales du Reich. À partir de l'automne 1944, tous les espoirs de l'Allemagne reposent désormais sur le *Seehund* (« phoque »), un nouveau sous-marin de poche armé de deux torpilles et qui est censé, encore une fois, être révolutionnaire du fait de ses énormes capacités de plongée. Le plan de Heye est de mettre le cap vers l'embouchure de la Tamise et les plages de Normandie afin de faire sauter les navires ennemis. Mais la navigation et les opérations à bord posent encore de grandes difficultés. L'engin est particulièrement exigu. Une poêle chauffante sert à cuire les repas, on fait ses besoins dans des boîtes de conserve vides[3]. « Difficile de tenir quatre

1. *Id.*

2. Cajus BEKKER, *Einzelkämpfer auf See – Die deutschen Torpedoreiter, Froschmänner und Sprengbootpiloten im Zweiten Weltkrieg*, Oldenbourg et Hambourg, 1968, Stalling, p. 160 *sq.*

3. BArch-Freiburg N 906, *Bericht über Gesundheitslage des Kdo.d.K. und Hygiene des Einzelkämpfers*, dossier confidentiel du commando. Les rations alimentaires sont composées de « sandwich au pain blanc, pain d'épices, chocolat, glucose, quelques fruits, café chaud dans des bouteilles thermos, conserves de viande en sus pour le *Seehund* ». But avoué de ce régime délibérément pauvre en fibres : « pour un apport suffisant de calories sans être forcé d'aller à la selle ».

jours dans cet appareil et pas toujours possible sans produit stimulant[1] », note le Dr Hans Joachim Richert, désormais responsable de l'approvisionnement sanitaire des *K-Verbände*. Le médecin officier semble néanmoins avoir quelques scrupules à employer des drogues chimiques pour vaincre les obstacles naturels. Dans son journal de guerre, toujours rédigé comme il se doit sur un ton impersonnel, il prend légèrement ses distances : « Le commandement militaire est d'avis que, si cette guerre l'exige, on doive également prendre son parti des dommages liés à l'utilisation de puissants médicaments. » Le 11 octobre 1944, près de Lübeck, le Dr Richert rencontre Orzechowski l'alchimiste, afin de discuter d'« un médicament pour le *Seehund* permettant d'accroître l'efficacité et de rester éveillé ».

Après les déboires de la dernière expérience, on décide d'éviter les mélanges. Les deux hommes se concertent ainsi pour savoir si de fortes doses de cocaïne ou de méthamphétamine pures ne pourraient pas, elles aussi, garder un homme éveillé et opérationnel pendant plus de deux jours et deux nuits. Le temps presse. Neuf jours plus tard, le 20 octobre 1944, le grand amiral Dönitz, qu'Hitler harcèle avec ses espoirs d'arme miracle, passe en revue la flottille de sous-marins de poche. Richert l'informe que « les conditions de navigation dans le *Seehund* pour une durée de 4 x 24 heures sont très difficiles et nécessitent d'expérimenter de nouveaux médicaments ». Pour éviter que ne se reproduisent les catastrophes de la D IX, on décide de procéder à des tests préalables afin de « préciser la tolérance [à ces drogues] et les effets à fortes doses de la *Cocainum hydrochloricum* en comprimés, de la pervitine en pâte à mâcher ainsi que de la *Cocainum hydrochloricum* en pâte à mâcher à doses moindres ».

Mais où et, surtout, sur qui mener ces expériences qui ne sont pas sans danger ? On se souvient alors d'avoir noué quelques liens avec la SS *via* Otto Skorzeny. Ne pourraient-ils pas aider la marine à ouvrir quelques portes étroitement gardées ? Dönitz et Heye y consentent. Les saintes-nitouches de la marine vont donc une nouvelle fois se salir les mains au contact de la SS. Commence alors une collaboration tenue secrète et dont tous les aspects n'ont, aujourd'hui encore, pas été complètement étudiés. Chargé de mener ces tests, Richert

---

1. Hans-Joachim RICHERT, « Journal médical de guerre du commando des *K-Verbände*, 1er septembre 1944-30 novembre 1944 », entrée du 11 octobre 1944, p. 5, BArch-Freiburg RM 103–10/6. *Id.* pour les quatre citations suivantes.

voit s'ouvrir devant lui les portes d'un gigantesque domaine où le médecin de marine n'aurait jamais dû mettre les pieds. Au-dessus de ces portes, on peut lire en lettres de fer : Arbeit macht frei [1] (le travail rend libre).

En service commandé à Sachsenhausen

Un vent froid souffle sur le terrain qu'entourent des chevaux de frise posés devant un mur de trois mètres de haut : une clôture électrique pour sécuriser l'enceinte extérieure ; du fil barbelé encore devant ; un chemin de gravier et des panneaux : « Zone neutre. Le tir se fera sans sommation. »

Le camp de concentration de Sachsenhausen est situé à trente-cinq kilomètres au nord de Berlin, en périphérie de la petite ville d'Oranienbourg. Il a été inauguré en 1936, l'année des Olympiades. C'est le premier camp sorti de la planche à dessin d'un ingénieur de la SS. Sa forme de triangle équilatéral correspond au concept d'une architecture de surveillance totale : sur la balustrade de la tour de garde principale, peinte en vert pâle avec des éléments de colombage, un seul gardien suffit pour embrasser d'un regard tous les baraquements répartis en quatre éventails autour de la place en demi-cercle qui servait à faire l'appel. Une seule mitrailleuse pouvait tenir en respect l'ensemble des prisonniers. Jusqu'à la fin de la guerre ou presque, ce sont plus de 200 000 hommes d'environ quarante nationalités qui ont été enfermés ici : des opposants politiques, des Juifs, des Sintis et des Roms, des homosexuels, des témoins de Jéhovah, des citoyens des pays d'Europe occupés, des « asociaux », des alcooliques, des toxicomanes. La faim, les maladies, le travail forcé, les mauvais traitements et les expériences médicales ont tué plusieurs dizaines de milliers de personnes. On estime qu'entre 13 000 et 18 000 prisonniers de guerre soviétiques sont morts exécutés à l'automne 1941,

---

1. Après tout, l'amiral Heye ne répugne pas à nouer certains contacts pour profiter des résultats des expériences menées dans les camps sur des êtres humains. Il prend ainsi en compte les suggestions du Pr Dr Holzlöhner, responsable des cruelles « expériences à froid » sur les prisonniers de Dachau, pour améliorer la tenue de ses plongeurs de combat et « pouvoir les utiliser même dans les eaux à basse température. On prend conseil auprès du Professeur Holzlöhner dans la mesure où il dispose des connaissances spécifiques concernant l'hypothermie et les moyens de l'empêcher » (H.-J. RICHERT, « Journal de guerre », entrée du 23 octobre 1944, BArch-Freiburg, RM 103– 10 juin).

par le biais notamment d'un dispositif permettant de les abattre à la chaîne d'une balle dans la nuque.

Autre particularité sordide du camp : le « commando piéton » (*Schuhläuferkommando*). Forcés à marcher pendant des heures sans s'arrêter, des prisonniers doivent éprouver la résistance des semelles de l'industrie de la chaussure allemande. Des maisons comme Salamander, Bata ou Leiser envoient leurs derniers prototypes à Sachsenhausen : le cuir étant rationné durant la guerre, on cherche à mettre au point un ersatz. De nos jours, on peut encore voir, au mémorial, le chemin que devaient suivre les testeurs de chaussures : une piste de marche composée à 58 % d'une route en béton, 10 % de sable dur, 8 % de glaise constamment imbibée d'eau, 4 % de gravillons, 4 % de pierrailles et 4 % de pavés – le tout devant constituer un échantillon représentatif des chemins d'Europe que les soldats allemands foulaient de leurs pieds conquérants.

Le « commando piéton » est une compagnie disciplinaire où atterrissent ceux qui se sont rendus coupables de ne pas avoir assez travaillé, qui ont été attrapés en train de s'adonner à des jeux d'argent, faire du troc ou voler de la nourriture dans la cantine, voire dans le chenil. La « paresse », la désobéissance ou le simple soupçon de relations homosexuelles peuvent également y mener. À l'origine constitué de 120 détenus, le commando va voir ses effectifs atteindre les 170 hommes sous la direction d'Ernst Brennscheidt, un ancien maître cordonnier de Sensbourg en Prusse-Orientale qui, titulaire d'une thèse de doctorat, travaille désormais pour le ministère de l'Économie. Pur fonctionnaire, Brennscheidt n'est jamais entré dans la SS ou le NSDAP, ce qui ne l'empêchera pas de rester célèbre pour sa cruauté. En exigeant un rythme de marche plus soutenu, il augmente la distance à parcourir jusqu'à quarante kilomètres par jour. Pour ce quasi-marathon, il fait endosser aux prisonniers des sacs de vingt-cinq livres afin de peser davantage sur les semelles ; en outre, il distribue fréquemment des chaussures trop petites ou des paires de tailles différentes afin, prétend-il, d'obtenir des données supplémentaires.

Le chef d'équipe qui surveille la marche est muni de bouts de carton numérotés et, à chaque tour de piste accompli par les prisonniers, il en dépose un dans une caisse en bois posée sur un pieu afin de pouvoir récapituler à tout moment le chemin parcouru. Tous les dix kilomètres, on vérifie l'usure des chaussures. Très souvent, on ordonne aux prisonniers de se coucher, de ramper, de faire des flexions ou de sauter sur place. Il n'est pas rare qu'un de ces « piétons » décharnés s'écroule de fatigue. Brennscheidt lâche alors son berger allemand. On marche en cadence, en ordre dispersé ou au pas de l'oie, qu'il neige ou qu'il vente, pour éviter toute perte financière.

Les frais d'entretien de la piste sont à la charge du ministère de l'Économie qui centralise les résultats et n'autorise la production que des ersatz ayant passé avec succès les tests de Sachsenhausen. Il verse au camp de concentration six Reichsmarks par jour et par prisonnier. Pour des semelles en caoutchouc, on atteint – avec plusieurs raccommodages – pas moins de 3 000 kilomètres parcourus, correspondant à soixante-quinze jours de marche. Toutefois, la plupart des matériaux ne tiennent pas aussi longtemps. La fibre de cuir franchit à peine les mille bornes tandis que les semelles en Igelit (PVC souple) fabriquées par IG Farben passent tout de même le cap des 2 000 kilomètres [1]. Tous ces chiffres sont scrupuleusement consignés. En revanche, on n'a jamais tenu la comptabilité du nombre exact de victimes, à moins qu'elle n'ait été détruite. On estime que jusqu'à vingt personnes pouvaient ne pas franchir la ligne d'arrivée. Par jour [2]. « L'extermination par le travail », comme diraient les SS.

La patrouille des pilules

Du 17 au 20 novembre 1944, la marine allemande va sous-louer le commando piéton pour une « affaire classée secrète ». Le premier soir, à 20 h 30 précises, le Dr Richert distribue à chacun des prisonniers une ration de drogue fortement dosée : soit une pilule contenant entre 50 et 100 mg de cocaïne pure – une quantité énorme –, soit 20 mg du même produit en chewing-gum ou 20 mg de pervitine, en chewing-gum également, autrement dit près de sept fois la dose d'un comprimé standard de chez Temmler. Les substances commencent à faire effet trente minutes plus tard. Débute alors sur la piste une marche au bout de la nuit.

Entre quatre et cinq heures du matin le lendemain, après donc plus de sept heures à trotter dans les ténèbres, la plupart des

1. Voir Anne Sudrow, *Der Schuh im Nationalsozialismus – Eine Produktgeschichte im deutsch-britisch-amerikanischen Vergleich*, Göttingen, Wallstein Verlag, 2010.

2. Claudia Gottfried, « Konsum und Verbrechen – Die Schuhprüfstrecke im KZ Sachsenhausen », catalogue de l'exposition *Glanz und Grauen : Mode im Dritten Reich* au LVR-Industriemuseum de Ratingen, Ratingen, LVR-Industriemuseum, 2012, p. 48.

prisonniers renoncent « pour cause de blessures aux pieds [1] ». Odd Nansen, alors détenu dans le camp de Sachsenhausen et plus tard membre fondateur de l'Unicef, se souvient de ces expériences : « Une étrange patrouille, ressemblant à l'"unité des chaussures", marche autour de la place qui sert à faire l'appel. Ils portent tous un barda, chantent et sifflotent en avançant. C'est la "patrouille des pilules". Des cobayes pour une pilule énergisante que l'on vient d'inventer. On cherche à déterminer combien de temps ils sont capables de tenir après l'avoir ingérée. La plupart d'entre eux ont abandonné et se sont effondrés après les premières vingt-quatre heures, bien que l'on raconte que cette pilule permet de fournir des efforts extraordinaires sans en subir le contrecoup habituel. Oui, les Allemands vont avoir bien besoin d'une telle pilule désormais [2]. »

Les notes de Richert omettent de décrire les mauvais traitements auxquels sont soumis les prisonniers durant ce calvaire. Le *sujet expérimental n° 3*, un jeune homme de vingt ans nommé Günther Lehmann, est le dernier à courir encore le lendemain matin après avoir ingurgité 75 mg de cocaïne. Il enchaîne seul les tours de piste jusqu'à onze heures, soit quatre-vingt-seize kilomètres « sans fatigue » comme le note avec cynisme le compte rendu d'expérience [3]. À treize heures, il est renvoyé dans son baraquement avec les autres cobayes. Les prisonniers y restent jusqu'au soir. Les drogues font encore effet. Personne ne peut dormir. À vingt heures, on leur distribue à nouveau les mêmes substances. Cette nuit non plus, ils ne pourront pas fermer l'œil. « Les participants [...] peuvent s'occuper comme ils l'entendent » : des détenus complètement dopés à la coke ou au crystal meth dans un camp de concentration.

Le jour suivant, à 20 h 00, a lieu « une nouvelle distribution de médicaments. Le groupe reste dans sa chambrée dans les mêmes conditions ». Les prisonniers jouent aux cartes, discutent, lisent. Certains s'allongent, s'assoupissent mais se réveillent immédiatement. Le lendemain, Richert décrit leur apparence comme suit :

1. H.-J. Richert, « Journal de guerre », *loc. cit.*, entrées du 16 au 20 novembre 1944, BArch-Freiburg RM 103–10/6. *Id.* pour le compte rendu de Richert sur les expériences à Sachsenhausen.

2. Odd Nansen, *Von Tag zu Tag. Ein Tagebuch*, trad. du norvégien par Ingeborg Goebel, Hambourg, Dulk, 1949, p. 228.

3. H.-J. Richert, « Journal de guerre », *loc. cit.*, entrées du 16 au 20 novembre 1944, BArch-Freiburg RM 103 –10/6.

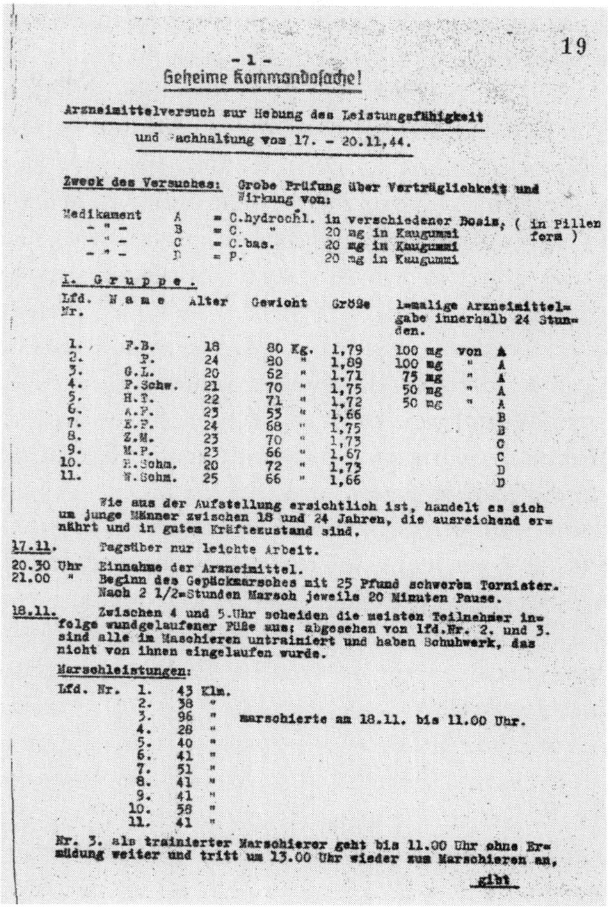

19

- 1 -

Geheime Kommandosache!

Arzneimittelversuch zur Hebung der Leistungsfähigkeit
und ?achhaltung vom 17. - 20.11.44.

Zweck des Versuches: Grobe Prüfung über Verträglichkeit und Wirkung von:

Medikament A = C.hydrochl. in verschiedener Dosis, (in Pillenform)
- " - B = C. " 20 mg in Kaugummi
- " - C = C.bas. 20 mg in Kaugummi
- " - D = P. 20 mg in Kaugummi

I. Gruppe.

Lfd. Nr.	Name	Alter	Gewicht	Größe	1-malige Arzneimittelgabe innerhalb 24 Stunden.
1.	F.B.	18	80 Kg.	1,79	100 mg von A
2.	P.	24	80 "	1,89	100 mg " A
3.	G.L.	20	62 "	1,71	75 mg " A
4.	F.Schw.	21	70 "	1,75	50 mg " A
5.	H.T.	22	71 "	1,72	50 mg " A
6.	A.F.	23	53 "	1,66	B
7.	E.F.	24	68 "	1,75	B
8.	Z.M.	23	70 "	1,73	C
9.	M.P.	23	66 "	1,67	C
10.	H.Schm.	20	72 "	1,73	D
11.	W.Schm.	25	66 "	1,66	D

Wie aus der Aufstellung ersichtlich ist, handelt es sich um junge Männer zwischen 18 und 24 Jahren, die ausreichend ernährt und in gutem Kräftezustand sind.

17.11. Tagsüber nur leichte Arbeit.

20.30 Uhr Einnahme der Arzneimittel.
21.00 " Beginn des Gepäckmarsches mit 25 Pfund schwerem Tornister. Nach 2 1/2-Stunden Marsch jeweils 20 Minuten Pause.

18.11. Zwischen 4 und 5.Uhr scheiden die meisten Teilnehmer infolge wundgelaufener Füße aus; abgesehen von lfd.Nr. 2. und 3. sind alle im Maschieren untrainiert und haben Schuhwerk, das nicht von ihnen eingelaufen wurde.

Marschleistungen:

Lfd. Nr. 1. 43 Klm.
2. 38 "
3. 96 " marschierte am 18.11. bis 11.00 Uhr.
4. 28 "
5. 40 "
6. 41 "
7. 51 "
8. 41 "
9. 41 "
10. 58 "
11. 41 "

Nr. 3. als trainierter Marschierer geht bis 11.00 Uhr ohne Ermüdung weiter und tritt um 13.00 Uhr wieder zum Marschieren an,

gibt

Ill. 23 Affaire classée secrète : la marine et ses expériences sur la drogue.
Source : Bundesarchiv-Militärarchiv Freiburg.

« N°s 1, 10, 11 ont l'air endormis ce matin ; n° 9 semble épuisé par le manque de sommeil ; les autres ne donnent pas l'impression d'être perturbés. Continuent à s'occuper comme précédemment. À 19 h 30, nouvelle distribution de médicaments. » L'expérience se termine au bout du quatrième jour à 16 h 00. Les prisonniers, cobayes malgré eux, peuvent alors regagner leur baraque en chancelant.

Entre-temps, un second groupe doit former une nouvelle patrouille des pilules pour entamer une marche forcée avec bagage. On leur impose la performance de Lehmann comme temps de référence et on les avertit : s'arrêter avant peut signifier la mort. Par conséquent, tous ou presque passeront la barre des quatre-vingt-dix kilomètres exigés. Le médecin note avec satisfaction : « La volonté et les prédispositions sont largement annihilées par les effets de la drogue. [...] Les sujets sont apparemment mis dans un état qui contraint leur tempérament. » Malgré la fatigue et leur faiblesse physique, les prisonniers du camp sont transformés en machines à avancer. De tels résultats ne seront pas pour déplaire à l'amiral Heye. Après tout, il ne s'attend pas à ce que ses hommes trouvent en eux-mêmes les ressources et la motivation nécessaires pour remplir leurs tâches.

Mais quelles doses se sont révélées les plus adéquates pour parvenir à l'« état » souhaité ? Richert écrit à nouveau : « Garder des hommes éveillés et aptes au service en ne leur donnant pas ou peu la possibilité de dormir pendant quatre jours et quatre nuits relève du domaine du possible avec les substances A et D. Les substances B et C doivent être privilégiées. » B et C : ce sont le sel de cocaïne et la cocaïne base, à hauteur de 20 mg sous forme de pâte à mâcher. Autrement dit, en cette fin de guerre, Richert propose tout simplement que de jeunes soldats mangent des chewing-gums à la coke tout en sillonnant les mers sans dormir pour des missions de quatre jours et quatre nuits.

Aussi absurdes et inhumaines qu'ont pu être ces expériences, le médecin de marine semble avoir apprécié son voyage en service commandé. Il prévoit même de nouveaux essais pour déterminer « à quel point les capacités de concentration se maintiennent sous l'effet de ces médicaments au cours de plusieurs jours et nuits de veille ». Toutefois, le temps manque – ou plutôt : les Alliés avancent trop vite – et ces tests complémentaires n'auront jamais lieu.

Durant le « procès des médecins » de Nuremberg, on ne comptait aucun membre du service de santé de la marine parmi les accusés. Après la guerre, les intéressés ont toujours nié avoir eu une quelconque relation avec la SS. C'est pourtant faux. Les recherches concernant un produit dynamisant ont commencé avec Ranke, dans l'Académie de médecine militaire, sur des aspirants officiers qui s'étaient portés volontaires. Elles ont continué dans un camp de concentration sur des cobayes humains, monstrueusement perverties par la marine allemande.

Ill. 24 Commando-suicide et chewing-gum à la cocaïne. *Source* : Historische Sammlung der Marineschule Mürwik.

La descente

Karl Dönitz apparaît comme le digne successeur du Führer quand, le 7 décembre 1944 à Dresde, il fait face à 5 000 garçons de la jeunesse hitlérienne, âgés pour la plupart d'une quinzaine d'années mais parmi lesquels se trouvent aussi des enfants de dix à douze ans. À l'avant du podium, placé à côté du pupitre de l'orateur, trône un sous-marin miniature, telle une urne trop grande décorée de guirlandes de fleurs. Le grand-amiral fait l'éloge de ce qu'il désigne comme le dernier espoir de remporter la victoire finale. Il s'agit de recruter des volontaires. De très nombreux jeunes se portent candidats. Les jours suivants, des camions aux plaques d'immatriculation noircies les conduiront jusqu'à leur port d'affectation. Ici seulement, ils recevront l'uniforme de marine pour accomplir leurs missions ultrasecrètes[1]. Bien entendu, tous ces jeunes ne se doutent pas de ce qui les attend quand ils rabattent sur leur front le bonnet brodé d'une

1. *Interrogation report on one German Naval PW*, *op. cit.*, p. 12.

poisson-scie doré [1], qu'ils montent dans leurs lance-torpilles assemblés en toute hâte et qu'ils reçoivent leurs comprimés également fabriqués en vitesse ou leurs chewing-gums fourrés à la cocaïne. Bientôt, la plupart d'entre eux vont périr noyés comme des chatons enfermés dans un sac.

Heinz Mantey, alors aspirant dans la marine, décrit une sortie d'entraînement dans un *Seehund* pour laquelle son ingénieur de bord et lui-même ont reçu des stimulants à la composition inconnue : « En tout cas, nous étions au comble du bonheur, nous nous sentions presque en apesanteur, tout nous apparaissait sous des couleurs invraisemblables [2]. » Mantey et son coéquipier commencent rapidement à avoir des hallucinations, ils croient entendre une musique fantastique. Les armatures du submersible se mettent à briller, changent de forme et de couleur sous leurs yeux. Mais cela n'en reste pas à d'agréables visions. L'effet ne cesse de croître jusqu'à en devenir angoissant ; désorientés, ils font surface et dérivent pendant des heures, sans pouvoir ne serait-ce que vaguement se rappeler plus tard la route qu'ils ont suivie.

Cette odyssée stupéfiante n'est pas un cas isolé. Un autre aspirant reconnaît qu'on « se montrait très généreux en matière de produits excitants ». Lui-même n'appareille jamais sans. Un jeune pilote de *Seehund* confirme qu'on lui a également remis cinq comprimés rouges en début de mission, avec pour consigne de les prendre un par un en cas de fatigue. Au bout de deux heures, n'ayant pas été instruit des effets – recherchés et secondaires – de ces produits, il avale de manière prophylactique les cinq pilules d'un coup. Résultat : quatre jours et quatre nuits sans dormir.

Un autre fournit une description détaillée d'une de ses sorties : en janvier 1945, il doit vérifier si l'embouchure de la Tamise peut servir de zone d'opération pour des missions de cinq jours et quatre nuits. Son submersible est tellement exigu qu'il peut à peine se tasser dans l'habitacle. À cela s'ajoute la drogue à forte dose : « C'était angoissant. » Encastré, harnaché, aux prises avec un matériel défaillant et un appareil monté à la va-vite, coupé du monde extérieur, sans grande expérience de la navigation, seul en haute mer avec une grande quantité de drogue dans le sang, le tout dans une boîte

1. Une bande était ajoutée pour chaque tir ayant fait mouche. *Ibid.*, p. 5.

2. H. Nöldeke et V. Hartmann, *Der Sanitätsdienst in der deutschen U-Boot-Waffe*, *op. cit.*, p. 214 *sqq.* De même pour les citations suivantes.

de métal remplie d'explosifs : sans surprise, il n'atteindra jamais l'embouchure de la Tamise.

Pour d'autres, la situation peut complètement déraper. Un aspirant est littéralement retourné par la drogue et sent tout de suite ses entrailles chavirer. Les machines battent toujours la même mesure, pareilles à un rythme cardiaque. Quand il lui faut se soulager, il doit uriner en restant sur son siège, directement dans le puisard de cale où les restes de nourriture pourrissent dans un mélange d'eau et d'huile. « Je n'avais jamais eu le mal de mer mais, là, j'ai craché tripes et boyaux, et je continuais de vomir encore après. Ce n'était pas le mal de mer – c'était être malade tout court et l'envie de tout laisser tomber ne cessait d'augmenter. Nous étions ici depuis maintenant deux jours sans véritablement dormir. Je transpirais malgré le froid. Rester assis en permanence était usant. Et puis le tangage, la puanteur, le bruit, l'humidité[1]. » *Bad trip* en Atlantique.

Ces *K-Verbände* complètement dopés sont assez représentatifs de ce qui reste d'une armée jadis redoutée. Les *Seehunde* poursuivront leurs sorties jusqu'en avril 1945. Un commandant raconte comment, alors qu'il avait pris plusieurs comprimés avant même d'appareiller, il voit ensuite apparaître en haute mer des rues et des maisons devant lui. « Tout d'un coup, j'ai eu l'impression que, derrière moi, une corneille voulait me picorer dans le cou. Je tourne la tête et je vois, dans les moteurs grimaçants, un Lightning qui fonce sur nous. Au même moment, deux points noirs partent de la carlingue de l'avion. » Par chance, lui et son ingénieur de bord ne sont pas touchés et parviennent à s'enfuir. Entre le cinquième et le septième jour de leur mission, ils ingèrent chacun quinze à vingt comprimés par jour – un triste record. Quand leur petit sous-marin atteint la base d'Ijmuiden aux Pays-Bas, où les grues à moitié détruites se dressent sur les docks, les deux hommes attachent un drapeau blanc sur le périscope et, se tenant l'un l'autre par le bras, se placent à côté de la tour de bord. Ils se rendent. Ils ne savent pas à qui, ni ce qu'il va advenir d'eux, mais cela leur est égal : « Les sept jours sans dormir étaient désormais terminés. »

Le Reich ne s'enfonce pas seulement dans le bunker du Führer à Berlin, replié sur lui-même jusqu'à la claustrophobie ; il sombre aussi

---

1. *Ibid.*, p. 216 *sqq.* De même pour les deux citations suivantes.

dans les flots glacés de l'Atlantique nord, chimiquement surexcité par des chewing-gums à la cocaïne testés en camp de concentration. Les sous-marins de poche voguent, plongent et s'enfoncent dans la mer avec, en leur sein, la jeune chair à torpille de la marine allemande. Helmuth Heye, l'amiral en charge de ces opérations, dit à ce propos dans une communication radio passée le 3 avril 1945 à 14 h 48 : « Les rapports en ma possession montrent que les unités combattantes ont tout fait et tout risqué pour remplir leur mission. Malgré la situation confuse sur le front et en dépit des rumeurs inévitables, les troupes n'ont cessé d'avancer à contre-courant. Cela prouve à nouveau que l'on peut toujours trouver un moyen de réussir quand le commandant et la troupe sont faits du même bois. Quand bien même il ne s'agit pas d'une victoire immédiate, l'effort demeure et nous en sommes fiers[1]. »

Le commandant et la troupe du même bois ? De la même drogue plutôt. Les déclarations de Heye relèvent du pur cynisme. Ces hommes n'avaient certainement pas envie d'appartenir à l'« élite des combattants ». En les droguant de force, on a tout simplement libéré pharmacologiquement ce qui leur restait d'énergie.

Helmuth Heye a survécu à la guerre. Toute sa vie durant, il restera en cheville avec l'armée allemande et deviendra même en 1961 commissaire parlementaire aux forces armées pour le gouvernement CDU du chancelier Adenauer. Ses soldats aux bonnets ornés d'un poisson-scie, quant à eux, reposent encore au fond de la mer dans leur cercueil de métal.

Lavage de cerveaux

Le Dr Kurt Plötner de l'université de Leipzig, *Hauptsturmführer* de la SS, est décrit après son incarcération par les Américains comme « vigoureusement charpenté, une tête ronde, les cheveux moyennement blonds, les yeux bleus ». Autres signes particuliers : « Porte des lunettes en écaille, myope, joufflu, sans barbe ; cicatrice de dague à la joue gauche ; type flegmatique[2]. » Dans le camp de concentration

1. Message radio du 3 avril 1945, de Heye BArch RM 103/11.

2. *US-Report prepared by A.H. Andrews Jr., Lt Cdr. (MC) USNR, ans T.W. Broecker Lieut. USNR*, RG NO. 319, Stack Area 270, IRR Files, Box 612, National Archives de College Park, Maryland.

de Dachau [1], près de Munich, Plötner, directeur depuis l'hiver 1944 de l'Institut scientifique de recherches militaires appliquées, a testé sur les détenus ce qu'on appelait des « méthodes chimiques d'annihilation de la volonté ». Elles se fondaient sur les expériences

1. Dachau, situé aux portes de la capitale bavaroise, fut construit en 1933, devenant ainsi le premier camp de concentration en Allemagne. D'emblée s'y sont mêlés la « gouvernance sanitaire » nationale-socialiste et le racisme biologique. Rien ne pourrait mieux le symboliser que l'« institut de diététique et d'herbologie » que le chef de la SS Himmler a fait aménager sur les conseils de son inspecteur à l'alimentation, Günther Schenck. Dans ce qui est le plus grand jardin d'herboristerie européen, s'étendant sur 200 hectares, les prisonniers du camp doivent cultiver selon les principes de l'agriculture biodynamique toutes les plantes médicinales et les drogues végétales dont l'Allemagne a besoin pour la guerre. Quasiment toutes les épices et substances thérapeutiques d'origine végétale consommées par la Wehrmacht et la SS sont plantées, récoltées, séchées et conditionnées à Dachau. Encore une fois, il s'agit de parvenir à l'autarcie ainsi que le confirme le directeur de l'office central pour la Santé du peuple : « La forte consommation de médicaments à base de plantes nécessite une organisation qui serait présentement capable de combler la pénurie des produits venus de l'étranger. » Des champs de glaïeuls fournissent la vitamine C tandis qu'on cultive même un ersatz de poivre – que Himmler baptise fièrement le « poivre de Dachau ». Rudolf Höss, premier adjoint du commandant de Dachau et, à partir de 1940, directeur du camp d'Auschwitz, explique que l'objectif est de « détourner le peuple allemand des épices étrangères et néfastes tout comme des médicaments artificiels pour le réorienter vers la consommation d'épices savoureuses et non toxiques ainsi que des herbes médicinales naturelles (W. PIEPER, *Nazis on Speed*, *op. cit.*, p. 282). Tout ce qui est allemand doit toujours devenir plus sain, tout ce qui ne l'est pas doit être éliminé. Servir dans le commando de la « plantation » est considéré comme une tâche ardue. Le terrain, qui jouxte le camp, est étroitement surveillé. Les brutalités y sont monnaie courante. Les membres de l'Église polonaise sont particulièrement maltraités durant ces travaux forcés. Les herbes sont, pour ainsi dire, arrosées de sang. Aux yeux de Himmler, le « jardin aromatique » de Dachau est la clef de voûte de l'empire économique qu'il essaie de faire de la SS : un pôle de recherches et de production pleinement alimenté par les possibilités d'asservissement quasi infinies qu'offre un camp de concentration et qui doit permettre à l'organisation nazie de se hisser au rang de *global player* – avec Himmler en guise de P-DG. Devaient y participer diverses entreprises SS liées à l'industrie de la santé comme la Deutsche Versuchsanstalt für Ernährung und Verpflegung GmbH (« Centre d'essais pour l'alimentation et le ravitaillement SARL »), Erholungsheime für naturgemäße Heil und Lebensweise GmbH (« Maisons de repos pour le mode de vie et le salut naturels SARL ») ou la Deutsche Heilmittel GmbH (« Médicaments allemands SARL »). Cet empire devait également s'appuyer sur une prise de contrôle du marché de l'eau minérale dans les pays occupés ou encore, comme à Dachau, outre la production d'herbes et de drogues naturelles, sur des expériences médicales faites sur les prisonniers. Celles-ci sont menées par la Luftwaffe pour savoir à quelle altitude succombe le corps humain ou comment on peut survivre à des chutes dans la mer froide. Les détenus sont ainsi soumis à de hautes pressions dans des caissons ou plongés dans des bains glacés. Des expériences biochimiques sur des blessures infectieuses ou pour le traitement de la malaria ont également lieu. Ces dernières devaient notamment profiter aux colons allemands qui auraient peuplé les régions sud de la Russie, la Crimée et le Caucase. Les expérimentations de drogues relevaient également de cette torture prétendument légitimée par la science.

entreprises avec des barbituriques, des dérivés de morphine et de mescaline, par le Dr Bruno Weber, directeur du bureau d'hygiène et d'analyse bactériologique du camp d'extermination d'Auschwitz. À l'origine de ces essais, il y avait la frustration de la Gestapo qui ne parvenait à soutirer que très peu d'informations aux résistants polonais qu'elle interrogeait [1]. Contrairement à Sachsenhausen où il s'agissait que les prisonniers tiennent le coup, les expériences d'Auschwitz visaient à leur laver le cerveau et à prendre contrôle de leur esprit.

Plötner va poursuivre à Dachau ces séries de tests barbares. Il fait notamment absorber, à leur insu, de la mescaline à des prisonniers. Cette substance, un alcaloïde psychoactif extrait du cactus peyotl, est utilisée en tant que drogue rituelle dans les cultures indigènes du continent américain pour, croit-on, entrer en contact avec les dieux et les ancêtres. Fortement hallucinogène, elle était choyée durant les années 1920 par certains penseurs, artistes et psychologues car elle était censée élargir la conscience. Aldous Huxley décrit son effet comme l'« ouverture des portes de la perception », donnant ainsi ce titre à l'un de ses livres. Néanmoins, les effets d'une drogue changent toujours en fonction du contexte de sa prise, de la situation dans laquelle elle est consommée. Plötner n'a aucunement l'intention de libérer la conscience de ses cobayes, bien au contraire. Comme avant lui le Dr Weber à Auschwitz, il veut savoir si des lavages de cerveau à la mescaline ne rendraient pas les interrogatoires plus fructueux [2].

« Questionner, c'est entrer par force. Quand la question est pratiquée comme un moyen de puissance, elle pénètre comme une lame tranchante dans la chair du questionné », écrit Elias Canetti dans *Masse et puissance* [3]. Si la liberté d'un individu réside pour une bonne part dans la préservation de ses secrets personnels, Plötner cherche à forger un poignard particulièrement acéré pour plonger

---

1. Auparavant, on avait déjà administré de fortes doses de drogue à Georg Elser, qui avait tenté d'assassiner Hitler le 8 novembre 1939, afin de le faire parler. En vain.

2. En 1938 déjà, le professeur Ernst Holzlöhner – qui a mené les expériences sur le froid pour le compte de la Luftwaffe à partir de 1942 – avait étudié les effets des narcotiques et de poisons sur le système nerveux central des prisonniers. La pervitine avait été employée à cette occasion pour examiner, entre autres, comment elle « influait sur l'organisme lors de sauts en parachute ». Alexander Mitscherlich et Fred Mielke (dir.), *Medizin ohne Menschlichkeit. Dokumente des Nürnberger Ärzteprozesses*, Francfort/Main, Suhrkamp, 1978, p. 28.

3. Elias Canetti, *Masse et puissance*, *op. cit.*, p. 303.

au plus intime, au plus secret des hommes qu'il presse de questions. En tout, le monstrueux chamane de la SS va, avant d'entamer une conversation anodine, servir à trente personnes du café ou de l'alcool dans lesquels il a discrètement versé de la mescaline. Au bout de trente à soixante minutes, l'alcaloïde a franchi la paroi de l'estomac et circule dans le sang. Les cobayes ont maintenant l'esprit « ouvert » et Plötner leur révèle alors que l'interrogatoire se déroule dans une salle spéciale qui lui donne un accès direct à leurs pensées les plus intimes. Il vaudrait donc mieux tout lui raconter de plein gré s'ils ne veulent pas encourir de terribles conséquences. Cette stratégie perfide réussit : « Quand la mescaline faisait effet, la personne qui menait l'examen a pu à chaque fois soutirer aux prisonniers ses secrets les plus intimes, pour peu que les questions fussent bien posées. Les interrogés se confiaient de leur plein gré, y compris dans les domaines érotiques et sexuels. [...] Il n'y avait plus de réserve mentale. Les sentiments de haine et de vengeance ont systématiquement pu être démasqués. Les questions à double-fond n'étaient jamais percées à jour de sorte qu'il était facile de retourner la réponse en accusation [1]. »

Plötner ne pourra mener ses expériences à terme. Les Américains délivrent le camp de Dachau et confisquent ses archives. C'est une véritable aubaine pour les services secrets américains. Les tests vont se poursuivre sous le nom de code de *Project Chatter*, dirigés par Charles Savage et Henry K. Beecher, de l'université de médecine de Harvard, et menés sous les auspices du Naval Medical Research Institute à Washington D.C. Ils servent de matrice à plusieurs séries d'expériences qui s'étalent sur plus de cinquante ans, impliquent des milliers de cobayes humains et dont les résultats doivent d'abord aider les Américains à démasquer les espions soviétiques durant la guerre de Corée. Comme pour les Allemands, il s'agit de « connaître précisément la manière dont agissent ces drogues en tant qu'elles sont un outil pratique pour interroger les prisonniers (civils ou militaires) ». De même qu'ils se sont approprié les découvertes du IIIe Reich dans le domaine du lancement de fusées, et donc de l'exploration spatiale, de même les États-Unis victorieux rapatrient les tests menés par les nazis sur les drogues afin de conquérir l'espace

1. *U.S. Naval Technical Mission in Europe : Technical Report no. 331–45*, Harvard University/Francis D. Countway Libary of Medecine/Henry K. Beecher Papers/H MS c64/Box 11, f. 75. De même pour la citation suivante.

intérieur[1]. *MK Ultra*, le programme secret américain fondé sur les travaux préliminaires de Plötner, se donnera pour but de parvenir à un *Mind Kontrol* – la graphie avec un *K* étant à comprendre comme un hommage à cette ascendance germanique.

Plötner lui-même ne sera jamais puni pour ses crimes. Il se cachera jusqu'en 1952 dans le nord de l'Allemagne sous le nom de « Herr Schmitt ». En 1954, alors que l'équipe de la RFA remporte la Coupe du monde de football, l'université de médecine de Fribourg le nommera professeur hors classe.

Le crépuscule des drogues

> « Plus un homme s'élève, et plus il doit savoir renoncer facilement ! [...] Que le balayeur de rue ne veuille ou ne puisse se passer de sa pipe de tabac ou encore de sa bière, et il se dira à lui-même : "Bon, tu ne vois pas l'impérieuse nécessité d'y renoncer et c'est justement pour cette raison, mon ami, que tu es balayeur de rue et non pas à la tête de l'État[2]." »
>
> Adolf HITLER.

Le 28 novembre 1944, le premier convoi américain arrive dans le port d'Anvers. Pour les Alliés, les voies de ravitaillement sont désormais sécurisées. En décembre, les troupes américaines se déploient toujours plus en un large front qui avance vers la frontière du Reich. Le 9, Morell note, après sa visite chez Hitler : « Voulais interrompre les injections, mais sur sa demande, à cause des grands efforts à venir, en ai fait une de 10 cm^3 de glucose et de 10 cm^3 de Homoseran en intramusculaire. » La nuit suivante s'ajoute une injection d'eucodal en intraveineuse[3].

1. Les expériences faites à Dachau pour la Luftwaffe vont constituer un capital de base qui va servir de gage à Hubert Strughold lors de ses négociations avec les Américains. Dans le cadre de l'« opération Paperclip », Strughold deviendra avec Werner von Braun – concepteur du prototype des missiles de croisière avec les fusées V2 – l'un des précurseurs de la conquête spatiale américaine, par exemple avec le développement des missiles Pershing-II, qui seront un atout décisif pour les États-Unis dans la guerre froide des années 1980.

2. Henry PICKER (éd.), *Hitlers Tischgespräche im Führerhauptquartier*, Berlin, Propyläen, 2003. Cité *in* W. PIEPER, *Nazis on Speed*, *op. cit.*, p. 270. Édition française : *Hitler, cet inconnu...*, traduit de l'allemand par René Jouan, Paris, Presses de la Cité, 1969.

3. T. MORELL, entrées des 9 et 10 décembre 1944, BArch-Koblenz N1348.

En ces journées d'hiver, les « gros efforts » vont justement s'accumuler à n'en plus finir. Hitler se transforme peu à peu en une sorte de sismographe vivant de la défaite à venir. Presque chaque nuit, il doit faire face aux « plus rudes épreuves qu'il ait jusqu'ici connues dans toute sa vie [...] et à d'extrêmes tensions nerveuses du fait des événements qui s'annoncent et des attaques terroristes permanentes sur les villes allemandes [1] ». Il ne cesse de prétexter avoir besoin d'une piqûre pour supporter tout ce fardeau. Le 10 décembre 1944, il part pour un nouveau quartier général baptisé cette fois l'« aire des aigles » (*Adlerhorst*) près de Bad Nauheim, d'où il prépare la seconde et illusoire offensive qui doit terrasser les ennemis à l'ouest. Le médecin note : « Appelé à 4 h 30 du matin : Führer a de nouveau des spasmes. Eucodal et eupavérine en intrav. Le jour le plus palpitant de toute sa vie. Une grande victoire doit être remportée ! 11 h 30 du matin : Führer a encore des spasmes et n'a pas dormi, alors qu'il lui faut tenir sans cesse de grandes réunions. Départ en fonction de quelques informations importantes à venir. Plus grosses injections impossibles dans le train car doit être frais en descendant mais, selon lui, forte injection par intraveineuse absolument nécessaire [2]. »

Le 11 décembre, au petit matin, le sinistre convoi arrive au nouveau poste de commandement dans le Taunus. Hitler convoque les différents commandants du front de l'Ouest qui sont divisés en deux groupes pour des raisons de sécurité. On leur retire leurs sacs et leurs armes puis, pendant une demi-heure, on conduit les généraux stupéfaits de long en large à travers la forêt dégarnie par l'hiver afin qu'ils ne puissent plus se repérer. Le cortège s'arrête enfin devant un camp de bunkers. Entouré par une haie de SS vêtus d'uniformes noirs, apparaît un homme « voûté, le visage bouffi, tassé dans son fauteuil, les mains agitées d'un tremblement nerveux, et le bras gauche secoué par un tic violent qu'il s'efforçait de dissimuler », ainsi que le narre le général von Manteuffel [3]. Cette épave terrifiante et lamentable se nomme Adolf Hitler. Il vient d'ingurgiter deux potages au riz pour se revigorer et agit comme s'il avait la situation bien en main. Il expose à ses officiers serviles une espèce de plan d'attaque en concédant néanmoins que tout ceci relève de

1. *Ibid.*, entrées des 8 et 9 décembre 1944.
2. *Ibid.*, entrée du 11 décembre 1944.
3. William L. SHIRER, *Le IIIe Reich : des origines à la chute*, Paris, Stock, 1990, p. 1121. Voir aussi Claudia SCHMÖLDERS, *Hitlers Gesicht : eine physiognomische Biographie*, Munich, Beck, 2000, p. 210.

la gageure et est « assez disproportionné par rapport à l'état des forces disponibles ». Les notes de Morell donnent à lire une version assez enjolivée de cette apparition fantomatique : « Führer a tenu pendant plusieurs heures une réunion avec quarante à cinquante généraux. Le Führer s'est montré, dit-on, frais et vivace, enthousiaste et plein d'allant. Sans aucun trouble dans l'ensemble[1]. »

La seconde offensive des Ardennes se déroule bien différemment de celle du printemps 1940. On ne peut désormais plus que recourir à des ruses, on mise sur le mauvais temps en espérant que l'aviation alliée ne bombarde pas trop facilement ce qui reste des forces allemandes. L'*Obersturmführer SS* Skorzeny opère quant à lui derrière les lignes ennemies avec plus d'un millier d'hommes pourvus en « D IX » et vêtus d'uniformes américains volés afin d'ajouter à la confusion. Il fait courir le bruit qu'ils cherchent à assassiner le général Eisenhower. De fait, la diversion fonctionne un temps puisque les Américains sont forcés de prendre des mesures de sécurité supplémentaires.

Mais la tactique allemande se révèle bientôt vaine. La Wehrmacht et la Waffen-SS sont repoussées après avoir subi de lourdes pertes. Le 19 décembre 1944, le Führer termine une dernière cuillerée de soupe aux épinards, puis on prépare « à sa demande de l'extrait de foie et de la pervitine à cause de l'actuelle surcharge de travail[2] ». Il prend aussi de la méthamphétamine désormais, par injection ou par voie orale – Morell ne le précise pas. La première méthode est plausible puisque la pervitine est évoquée en même temps qu'une préparation à base de foie qui, elle, est toujours injectée. Toutefois, il se pourrait bien que le Patient A consomme également de la méthamphétamine par voie orale. En effet, celle-ci était discrètement mélangée à la Vitamultin-Nobel. C'est du moins ce qu'affirmait après la guerre Ernst Günther Schenck, l'ancien diététicien de Himmler qui aurait, jadis, fait analyser l'une de ces tablettes en papier doré par l'institut de pharmacie de l'Académie de médecine militaire. Résultat : elle contenait de la pervitine et de la caféine.

Le passage à l'année 1945 se fait aussi dans l'ivresse : le Führer prend, en plus du glucose, une injection hormonale à base de foie animal, puis une intraveineuse d'eucodal pour fêter le réveillon. Morell ne précise pas la dose mais note ses effets : « Führer presque

---

1. T. Morell, entrée du 11 décembre 1944, BArch-Koblenz N1348.
2. *Ibid.*, entrée du 19 décembre 1944.

complètement calme. Encore très léger tremblement du bras ou de la main gauche [1]. »

À l'extérieur, on continue de vanter l'état de santé du dictateur. Dans l'hebdomadaire *Das Reich* qui paraît en ce dernier jour de 1944, Goebbels écrit : « L'homme qui s'est donné pour mission de libérer son peuple et de marquer le continent de son empreinte s'est totalement détourné des plaisirs quotidiens et du confort bourgeois, plus encore, ils n'existent tout simplement pas à ses yeux. Il suffit de rester près de lui pour ressentir à quel point il rayonne de puissance, à quel point il est fort. » Le ministre de la Propagande fournit même une explication à la piètre allure du chef de l'État, désormais de notoriété publique : « Si sa tête est légèrement penchée, c'est parce qu'il étudie sans cesse les cartes de bataille. [...] Il est la frugalité même. Si la table de tous les Allemands était aussi modestement garnie que celle du Führer, nous n'aurions aucun souci à nous faire quant au budget alimentaire de notre peuple [2]. »

Le 1er janvier 1945, la dernière grande offensive de la Luftwaffe connaît une issue fatale. Près de 1 000 appareils décollent en un ultime sursaut. Bien que cette mission ait été gardée strictement secrète, la défense aérienne des Alliés réagit efficacement et plusieurs douzaines de pilotes allemands sont abattus alors qu'ils sont toujours sous l'emprise de leur dernière ration de pervitine. Mais, pour ceux qui ont échappé à l'ennemi, la véritable catastrophe a lieu sur le chemin du retour. Les avions allemands essuient le feu nourri de leurs propres batteries antiaériennes qui n'avaient pas été informées de cette attaque tant elle devait se dérouler dans la plus grande discrétion. Par une ironie macabre, la Luftwaffe se détruit dans ses propres cieux. Il n'y aura plus d'autres opérations aériennes notables.

Le 2 janvier 1945, premier jour de travail pour la dernière année du IIIe Reich, Hitler se sent « bien, mis à part les tensions dues à l'offensive en cours. Il demande à ce qu'on le débarrasse du tremblement de la main gauche – pour cela, calmants seraient nécessaires mais ne peuvent être administrés car gêneraient les intenses et constantes réflexions de la plus haute importance [3] ».

---

1. *Ibid.*, entrée du 31 décembre 1944.
2. Joseph Goebbels, *Das Reich – Deutsche Wochenzeitung*, 31 décembre 1944, éditorial, p. 1 *sq*.
3. T. Morell, entrée du 2 janvier 1945, BArch-Koblenz N1348.

Cette entrée du journal de Morell marque aussi un tournant. En effet, après cette date, Hitler ne recevra apparemment plus d'eucodal. Le médecin aurait-il enfin compris à quel point son patient était embourbé dans les paradis artificiels ? Ou veut-il réduire la dose des stupéfiants tant la crainte d'une pénurie de drogue commence à le tarauder ? Les Anglais bombardent encore et toujours les principaux sites de l'industrie pharmaceutique du Reich. La production est fortement touchée. Deux semaines avant Noël, ce sont les usines Merck à Darmstadt, où sont produits la cocaïne et l'eucodal, qui ont été prises pour cibles. Leurs locaux sont détruits à 70 %. Un des employés se souvient : « À cette époque, la majeure partie du personnel – 2 292 Allemands et environ 700 étrangers – était occupée à remettre de l'ordre dans ce chaos de ruines. [...] Les capacités de production étaient dans l'ensemble extrêmement faibles puisque les alertes aériennes accaparaient deux tiers du temps de travail[1]. » Se peut-il que Morell ait épuisé ses réserves alors que le ravitaillement vient à manquer ?

Le 16 janvier 1945, l'*Adlerhorst* est évacué ; la seconde offensive des Ardennes a lamentablement échoué. Dans le train qui les ramène vers la capitale, patient et médecin sont d'humeur morose ; ils se retirent avec leurs proches dans le bunker installé sous la Chancellerie du Reich, atteignant ici la dernière station dans leur parcours de déni des réalités. Morell s'était jadis plaint dans une lettre qu'il n'avait pu faire que deux très courts séjours à Berlin ces dernières années et qu'il n'avait pas vu sa femme depuis plus de six mois. Le voici de retour entre la Spree et l'Havel, mais terré comme une taupe. Le 17 janvier 1945, le lendemain de leur arrivée à Berlin, Varsovie tombe aux mains de l'Armée rouge. Les troupes de Staline se rapprochent inéluctablement.

Last exit Führerbunker

> « I've seen the needle and the damage done. [...]
> Every junkie's like a setting sun[2]. »
>
> Neil YOUNG.

Le 30 janvier 1945, soit exactement douze ans après la « prise de pouvoir » [*Machtergreifung*] des nazis, l'Armée rouge parvient à

1. W. PIEPER, *Nazis on Speed*, *op. cit.*, p. 103.
2. Neil YOUNG, « The Needle and the Damage Done », album *Harvest*, 1972.

ériger une tête de pont près de Custrin à l'ouest de l'Oder, menaçant ainsi directement Berlin. Le même jour, au cours du briefing militaire qui suit sa dernière intervention radiophonique, Hitler est d'humeur euphorique.

Le 3 février 1945, 2 264 tonnes de bombes sont larguées sur Berlin, tuant 22 000 personnes. Le métro est touché à une cinquantaine d'endroits différents. À Belle-Alliance-Platz (aujourd'hui Hallesches Tor), c'est une rame du métro aérien bondée qui est détruite. Sur la gare de Schlesisches Bahnhof flotte pendant quelques heures une banderole : « Nous voulons la paix, d'une manière ou d'une autre [1] ! » Si l'Académie de médecine militaire d'Invalidenstrasse où Ranke avait jadis mené ses recherches est toujours debout, la charpente du toit est calcinée, les vitres des fenêtres défoncées et le terrain de sport parsemé de cratères. Les bancs de l'amphithéâtre ont complètement brûlé. Les sirènes hurlent en permanence, la DCA fait feu, le ballet infernal recommence sans cesse, des hommes et des femmes gisent dans les décombres [2]. Onze jours plus tard, le centre-ville de Dresde où se pressaient des centaines de milliers de réfugiés est complètement rasé.

Pendant ce temps, dans le bunker du Führer, les réserves de drogues semblent toucher à leur fin. Cela pourrait du moins expliquer pourquoi les notes de Morell ne mentionnent plus les substances naguère tant appréciées. Le 17 février, le médecin écrit : « F. veut essayer de s'en sortir sans calmants [3]. » Hormis quelques ampoules d'une préparation à base de foie fabriquée sur place, peu de choses semblent être disponibles [4]. Au cours de ces semaines, Hitler présente les symptômes du manque : les tremblements s'aggravent, son état physique se détériore encore. Le 24 février 1945, lors de son ultime discours devant les *Gauleiter*, sa force de sugges-

---

1. « Conditions in Berlin, March 1945 », SIR 1581-1582, RG NO. 165, Stack Area 390, Row 35, Box 664, P. 1. National Archives de College Park, Maryland.

2. Hubert Fischer, *Die militärärztliche Akademie 1934-1945*, Osnabrück, Biblio-Verlag, 1985 (1975), p. xxx.

3. T. Morell, entrée du 17 février 1945, BArch-Koblenz N1348.

4. Cela ne se faisait toutefois pas sans problème ainsi que l'attestent les notes d'un entretien de Morell le 22 mars 1945 : « Notification que la nouvelle préparation hépatique s'est révélée toxique dans toutes les ampoules examinées à Olomouc. Commercialisation absolument impossible. » De même, un télégramme du 18 mars 1945 de Morell aux usines de colorants Kosoluper Farbenfabriken en Tchécoslovaquie est très explicite : « L'examen des ampoules à Olomouc les déclare inutilisables car non stérilisées et donc toxiques. À ne surtout pas utiliser. Pr Morell », National Archives Microfilm Publication T253/39.

tion vient à lui faire défaut. Il fait peine à voir, se tient courbé, bave. Dans l'auditoire, personne ne le prend plus au sérieux quand il annonce l'arrivée des nouvelles armes miracle de la marine, les *K-Verbände* de Heye qui doivent permettre un prodigieux retournement de situation. Le même jour, Morell écrit au ministère de l'Intérieur pour demander l'autorisation de mettre sur le marché un nouveau stéroïde de sa propre fabrication : des préparations à base d'hypophyse et de glande surrénale de bœuf[1]. Cette demande, incongrue au vu de la situation, restera lettre morte. L'affairement de Morell s'explique : le médecin a de plus en plus de mal à faire honorer les ordonnances de son patient. Ses hommes fouillent toute la ville en ruines : « La commande a pu être passée au bout de la sixième pharmacie visitée (la première était à Zoologischer Garten) et pourra être retirée demain. Il est désormais très difficile de se procurer des médicaments, même pour l'infirmerie centrale du bureau principal de la SS. La plupart viennent à manquer à cause du bombardement des usines[2]. »

Voilà qu'arrive alors à Morell ce qui ne doit jamais arriver à un dealer : il n'est plus capable de fournir le produit habituel. « Depuis 4-5 jours le patient est extrêmement préoccupé, semble fatigué, donne l'impression de ne pas avoir assez dormi », écrit-il à propos de cette impasse pharmaceutique, avant d'ajouter, inquiet : « Führer se conduit bizarrement avec moi, parle sèchement, d'humeur colérique[3]. » Tout ceci ne constitue certes pas une preuve mais un faisceau d'indices qui porte à croire qu'à la fin de l'année 1944 Hitler est bel et bien devenu dépendant à l'eucodal et qu'il souhaite vivement goûter de nouveau à la drogue. Il n'en a jamais exprimé clairement le désir durant les dernières semaines passées dans le bunker de la Chancellerie. Beaucoup d'éléments laissent toutefois penser qu'il réalise peu à peu ce qu'il a laissé faire de lui et dans quel bourbier chimique il se débat.

---

1. Lettre du 24 février 1945 de T. Morell, National Archives Microfilm Publication T253/35 : « [...] je requiers l'autorisation de mettre sur le marché la préparation *Hypophysen-Total-Extrakt-Hamma.* Cette préparation devrait être commercialisée sous forme de dragées et d'ampoules. »

2. On peut lire dans les archives du Bureau des narcotiques à la date du 10 avril 1945 : « At the beginning of 1945 the situation became somewhat tense with regard to alcaloids, the manufacturers being unable to produce sufficient quantities owing to the continual air raids » (0660 Germany Postwar 1945-1949, Bureau of Narcotics and Dangerous Drugs : Subject Files, 1916-1970, Record Group 170 ; National Archives de College Park, Maryland).

3. T. Morell, entrées des 13 et 17 février 1945, BArch-Koblenz N1348.

La fin de l'ultime combat approche et Hitler ne plane plus. Perclus de douleurs, il a toutes les peines du monde à se mouvoir dans les étroits couloirs des catacombes. Il jette son torse en avant, ramène ensuite ses pieds, bascule vers la droite, s'appuie sur le mur glacial et se traîne de sa chambre jusqu'à la salle de conférences. Il ne cherche même plus à feindre une quelconque énergie. Qu'importe la raison pour laquelle il ne prend plus d'eucodal ou même de morphine dont les médecins disposent encore pour soulager les blessés. Le fait est que, sans drogues, Hitler n'est plus qu'une loque avec des taches de potage sur son uniforme. Privé des substances auxquelles l'organisme s'était habitué, le corps ne délivre plus d'endorphine. Les provisions de dopamine et de sérotonine ont été aussi fortement affectées. Plus aucun sentiment de bien-être, plus aucune défense contre les agressions du monde extérieur. Hitler est à fleur de peau. Les murs de béton ont beau tenir encore, le bunker chimique s'est d'ores et déjà effondré.

Aux prises avec cette nouvelle réalité, Hitler a l'impression que ses généraux le dupent constamment. Ce qui n'aurait jamais dû se passer semble pourtant arriver : l'histoire se répète, les militaires n'obéissent plus à leur chef. Le Führer croit voir partout un sabotage – un second coup de poignard dans le dos. Hitler crie, tempête, gesticule, il enrage, la colère déforme son visage jusqu'à le rendre méconnaissable. Il n'a que cette agressivité à opposer aux traîtres qu'il soupçonne en tout lien.

Goebbels, qui ne quitte plus son chef d'une semelle, commence à parler ouvertement de son déclin physique et émet désormais des critiques virulentes contre les méthodes et le traitement du Dr Morell : le corps d'Hitler est secoué de tremblements et n'a été requinqué qu'à coups de pilules et de narcotiques. Ainsi, Goebbels écrit s'être parfois demandé si ces piqûres prophylactiques, censées enrayer toute maladie au plus tard dès les premiers symptômes, n'auraient pas abouti à surmener la santé et la puissance vitale d'Hitler – un surmenage dont les conséquences catastrophiques se feraient jour à présent.

Six heures du matin. Après une réunion nocturne qu'il a passée à tripoter sa boîte de pilules vide, Hitler est allongé sur un petit sofa. Complètement épuisé, apathique, il n'a plus qu'une idée en tête : le meilleur repas de la journée qui arrive bientôt. Le petit déjeuner avec un pot rempli de chocolat chaud et trois assiettes pleines de gâteaux. Le sucre comme dernière drogue, qui lui délivrera encore une petite ration de dopamine, encore un peu de baume au cœur. Les yeux bleus jadis hypnotiques ont désormais un reflet vitreux, des miettes de gâteau restent accrochées à ses lèvres violacées.

La vue d'Hitler ne provoque plus que du dégoût, au mieux de la compassion. Chacun papillonne autour de lui, toujours prêt à lui rendre service. Pourtant, son état ne cesse d'empirer. Ses fidèles s'alarmaient autrefois de la moindre toux. Qu'il se mouchât et ils devenaient nerveux. Il a désormais la gorge sèche en permanence ; ses dents gâtées, dont l'émail est en ruine, commencent même à tomber. Son cerveau a été irrémédiablement endommagé par les neurotoxines. Il ne reçoit plus aucun stimulant, il a débranché tous les récepteurs qui auraient pu disposer de transmetteurs – bref, plus rien ne fonctionne si ce n'est pour ressasser ses vieilles hantises : le délire de persécution, la peur de ces pustules rouges, des Juifs, des bolcheviks. Surviennent de terribles maux de tête. Avec une pincette dorée, il se met à labourer sa peau jaunâtre en des mouvements saccadés, agressifs, afin d'extirper toutes ces bactéries que les nombreuses piqûres lui ont prétendument inoculées, et qui l'envahissent à présent pour le ronger de l'intérieur. Morell tente une saignée pour soulager tant bien que mal son patient. Mais les injections d'extrait de foie porcin, saturées de gras et d'hormones, ont rendu le sang épais comme de la gelée. Il coagule tout de suite et l'opération capote. En une dernière pointe d'humour noir, Hitler propose que l'on en fasse tout au plus un boudin de Führer[1].

Le Patient A est soumis à un sevrage tyrannique. Il halète pitoyablement, tremble des pieds à la tête, mâchonne dans le vide et ne cesse de perdre du poids. Ses reins et son cœur commencent à défaillir. C'est à peine s'il peut encore se concentrer. Il est torturé d'un désir lancinant : une soif inextinguible, qu'il ressent dans toutes les cellules de son corps. Sa paupière gauche est tellement gonflée qu'il ne peut plus ouvrir l'œil ; il appuie dessus, frotte autour mais « le Führer ne souhaite pas porter de cache-œil[2] ». Il ne quitte plus que brièvement son bunker pour se traîner dans le jardin de la Chancellerie, piétinant dans les gravats tandis qu'un vent de poussière l'enveloppe tel un manteau de défaite. Il revient péniblement à l'abri ; il y a encore du gâteau, du *Streusel* avec

---

1. Lev Bezymenskii, *Die letzten Notizen von Martin Bormann : ein Dokument und sein Verfasser*, Stuttgart, Deutsche Verlaganstalt, p. 191.
2. T. Morell, entrées des 22 et 23 mars 1945, BArch-Koblenz N1348.

une pâte biscuitée qu'on a effritée rien que pour lui. Incapable de mâcher convenablement, il engloutit les pâtisseries. Beaucoup d'air s'engouffre dans l'estomac, ce qui provoque des gaz. Chacun jette quelque chose dans le Führer, cet automate qu'on a construit et contribué à faire grandir, et le robot détraqué se réveille en un dernier soubresaut. Il réagit n'importe comment, donne un ordre militaire absurde, se venge de n'importe qui et prononce des arrêts de mort contre ses plus proches collaborateurs, tel Karl Brandt, son ancien chirurgien personnel tombé en disgrâce depuis la guerre des médecins.

Sebastian Haffner se trompe quand il dit que les descriptions du délabrement physique d'Hitler sont « désespérément exagérées [1] ». C'est plutôt qu'elles ne sont pas assez précises, ne vont pas assez loin car elles ne prennent pas en compte une possible période de manque. Le temps écoulé et le matériau lacunaire empêchent de poser un diagnostic avec certitude. On ne dispose en définitive d'aucune preuve symptomatique d'une intoxication. Pourtant, il semble bien qu'Hitler se soit moins soucié de perdre la guerre mondiale que des souffrances physiques qu'il endurait lui-même et qui ne le lâchèrent plus jusqu'à son suicide.

À cette époque, son médecin personnel a encore le vent en poupe et, le 3 mars 1945, quand Hitler entreprend une dernière visite du front vers l'Oder, il interdit à Morell de l'accompagner pour des raisons de sécurité. Le docteur écrit non sans fierté : « En effet, on pourrait être gravement blessé par un accident ou par un avion volant à basse altitude. S'il m'arrivait quelque chose, il n'aurait plus de médecin. [...] Il lui importe beaucoup plus, quand il sera sur la route, de savoir qu'il me trouvera toujours disponible à la maison [2]. »

Mais combien de temps encore cette « maison » va-t-elle tenir ? Le 7 mars, les Américains traversent le pont de Remagen, passant ainsi le Rhin. À l'est, Gdańsk tombe aux mains des Russes ; au sud, c'est au tour de Vienne. À cette époque, Morell ne soigne déjà plus qu'à l'aveuglette, administrant vitamines et

1. S. Haffner, *Considérations sur Hitler*, *op. cit.*, p. 78. Ce sont plutôt les expressions pathétiques du visage de Bruno Ganz dans le film *La Chute* qui apparaissent comme exagérées car elles passent à côté de la réalité chimique. La véritable souffrance du manque physique est jouée de manière plus crédible par un acteur comme Damien Lewis dans la série américaine *Homeland*, lorsque le sergent Brody souffre mille morts après un séjour rempli de drogues au Venezuela.

2. T. Morell, entrée du 5 mars 1945, BArch-Koblenz N1348.

électrothérapie pour lutter contre des lésions nerveuses généralisées. Le Führer n'osera jamais se rendre dans l'une des cliniques spécialisées de Berlin comme La Charité par exemple. Il donne à voir une image de profonde déchéance qui semble même pouvoir expliquer sa dernière tentative de destruction massive. Le 19 mars 1945, il communique l'« ordre Néron » *(Nero-Befehl)*, point d'orgue de son nihilisme. Hitler n'ordonne rien de moins que l'anéantissement total de l'Allemagne : « Toutes les infrastructures de transport et de communication militaires, d'industrie et de ravitaillement ainsi que tous les biens réels sur le territoire du Reich doivent être détruits [1]. » Il faut faire sauter toutes les écluses, les barrages, les ponts, les canaux et les installations portuaires. Toutes les banques et les monuments culturels encore debout doivent être rasés. Cette dernière émanation de haine ne sera jamais exécutée, faute de moyens. Le IIIe Reich a épuisé toute sa force de destruction – de même que les réserves de drogues dans la pharmacie d'Hitler.

Le 8 avril, Morell annonce à son patient qu'il n'y a plus de tablettes de Vitamultin. Tout ce qui est encore disponible lui sera désormais injecté : on a recours à d'obscures substances comme la Strophantose I et II, la Benerva forte, le Betabion forte, l'Omnadin – des fins de réserves réquisitionnées en toute hâte. Des produits dont quasiment personne n'avait entendu parler auparavant font carrière sur le tard et sont soudainement injectés tous les deux jours. Ces médicaments montent à l'assaut biochimique comme les gamins de quatorze ans qui passent des bancs d'école aux batteries antiaériennes.

Le 16 avril 1945, l'offensive est lancée sur Berlin. Quatre jours plus tard, le Patient A fête pour la dernière fois le jour de sa naissance. Les mains de Morell tremblent tellement qu'il ne parvient pas à faire l'injection d'anniversaire. Son assistant, Stumpfegger, doit prendre la relève pour inoculer ce qu'il reste dans les placards : « Strophantose, Betabion forte en intrav. avec de l'harmine [2] », ce dernier étant un alcaloïde végétal issu de l'harmal. En désespoir de cause, Morell lui donne un complément par voie orale : « J'ai ajouté

1. *Der Prozess gegen die Hauptkriegsverbrecher vor dem Internationalen Militärgerichtshof Nürnberg, 14. November 1945-1. Oktober 1946*, vol. 41, Munich, Delphin-Verlag, 1984, p. 430.

2. T. Morell, entrée du 20 avril 1945, BArch-Koblenz N1348.

de l'extrait de foie dans les pilules pour le cœur afin d'obtenir un fort effet stimulant [1]. »

Congédié

> « Je dépasserai de très loin tous les grands hommes de l'histoire. Je veux être le plus grand, le peuple allemand dût-il en crever tout entier [2] ! »
>
> Adolf HITLER à Theo Morell.

Le lendemain, les orgues de Staline pilonnent le centre-ville et le docteur Morell est congédié. À quoi peut bien servir un dealer sans came, tombé si bas qu'il n'est même plus capable de faire une piqûre ? « Me prenez-vous pour un guignol ? » lance Hitler au médecin interloqué quand celui-ci arrive avec, sur un plateau, une seringue contenant de la caféine dénichée quelque part. « Vous voulez probablement me donner de la morphine », enrage Hitler. « Rentrez chez vous, retirez votre uniforme de médecin et faites comme si vous ne m'aviez jamais vu [3] ! »

Un ordre absurde puisque sa villa de Schwanenwerder a été bombardée, les fenêtres de son cabinet du Ku'damm sont bouchées avec du carton, les cloisons de la salle d'attente se sont écroulées. Le gros docteur quitte le bunker avec une hâte presque comique, après s'être jeté aux pieds du Führer qui menaçait de le faire fusiller. À bout de souffle, le cœur battant à tout rompre, Morell monte les trente-sept marches de l'escalier et, pleurant comme un enfant, se jette dans l'une des dernières voitures de fonction disponibles. À deux heures de l'après-midi, un avion Condor décolle de Berlin. L'appareil survole les lignes et les villages en feu ; à Partenkirchen, il traverse les lumières des projecteurs et la défense antiaérienne des Américains puis, après quelques tentatives pour trouver une piste encore utilisable, il se pose sur la base aérienne de Neubiberg au sud de Munich.

---

1. Lettre du 20 avril 1945 de Morell à son chimiste Kurt Mulli, cité *in* E. G. SCHENCK, *Patient Hitler*, *op. cit.*, p. 50.
2. *Life History of Professor Dr Med. Theo Morell*, p. 6, XE051008, National Archives de College Park, Maryland.
3. Tania LONG, « Doctor describes Hitler injections », *New York Times*, 22 mai 1945, p. 5. *Id.* pour l'ensemble des citations de Morell.

Morell a pour destination la petite localité de Gmain, dans la région de Berchtesgaden, où il a fait évacuer son laboratoire de recherches. Pendant quelques jours, il vaque à ses occupations comme si de rien n'était : il tient sa correspondance de manière complètement incongrue, s'occupe de son entreprise pharmaceutique à l'agonie, tente de faire fonctionner son microscope électronique – un cadeau d'Hitler – qu'il n'a pas terminé de monter, s'entretient avec le dernier collègue qui n'a pas encore fui et, à moitié fou, écrit au centre fiscal afin d'obtenir un délai pour sa déclaration d'impôts sur les sociétés et le chiffre d'affaires ainsi que pour la taxe professionnelle « dans la mesure où ne pouvons pas procéder avant à un bilan comptable suite à un problème de personnel lié à la guerre[1] ».

L'ultime poison

> « Je ne fais plus de politique. Cela me dégoûte à un tel point[2]. »
>
> Adolf Hitler.

Dissimulé dans une tenue camouflage ridicule, en uniforme craquant de toutes les coutures, Göring est lui aussi parvenu à rejoindre le sud de l'Allemagne. Quitte à tomber entre les mains de l'ennemi, il préfère encore les Américains aux Soviétiques. De Bavière, il envoie un télégramme au bunker de Berlin. Il y fait allusion aux capacités d'action d'Hitler et indique clairement vouloir prendre sa succession. Le Führer enrage contre son second ; il lui reproche sa faiblesse, l'accuse de trahison : de toute manière, il savait depuis longtemps que Göring était morphinomane[3]. Il lui retire tous ses titres et charges officielles.

Le 27 avril, Hitler distribue du cyanure à ses derniers fidèles et dit d'une voix cassée qu'il regrette de n'avoir rien de mieux à leur offrir.

---

1. Copie d'une lettre de la firme Hamma au centre des impôts pour les entreprises de Hambourg, National Archives Microfilm Publication T253/39.

2. Christian Hartmann, *Unternehmen Barbarossa : der deutsche Krieg im Osten 1941-1945*, Beck, 2011, p. 81.

3. Lors de son arrestation par les Alliés, Göring a avec lui un bagage contenant vingt-quatre mille comprimés d'opioïdes (principalement de l'eucodal) et prend tous les jours près de vingt fois la posologie normale. Au Luxembourg, dans le Palace-Hôtel de Gondorf où il est enfermé, les gardes et médecins américains parviendront à réduire progressivement les doses.

Magda, la femme de Goebbels, utilise d'abord les pilules pour leurs six enfants. Hitler fait empoisonner sa chienne Blondie en guise de test. Mais il ne se donne pas encore la mort. Dans un testament politique, qu'il peut à peine signer tant ses doigts tremblent, le dictateur qui agonise sous l'effet de son propre venin s'en prend une dernière fois aux Juifs, cherche à leur attribuer toutes les fautes et les désigne comme étant les « empoisonneurs du monde ».

Devant le stade olympique, on distribue désormais de la méthamphétamine aux enfants pour qu'ils ne fassent pas dans leur pantalon quand ils feront face à l'Armée rouge, à ses chars qui approchent et à son artillerie lourde. En guise de cadeau de mariage, le grand amiral Dönitz fait parvenir à son *Gröfaz* une dernière profession de foi et a envoyé à Berlin un nouveau contingent de jeunes recrues de la marine – promises à une mort certaine car ignorant tout du combat en zone urbaine. Dans la capitale, le bunker de la Chancellerie se trouve maintenant à l'épicentre des affrontements qui se rapprochent de toutes parts.

La mort du IIIe Reich ne se fait pas dans le silence. C'est un enfer, la fin d'un *trip* cauchemardesque, un délire qui a duré douze ans pendant lesquels les hommes ont eu peur de la réalité, ont cherché à la fuir, laissant ainsi leurs pires démons prendre corps. Des bacilles imaginaires dévorent Hitler dans ses dernières heures. Toute sa vie durant, il aura tenté en vain de les éliminer. Organisant son double suicide, il débat avec ses proches d'un grave problème : que faire si sa main tremble trop au moment d'appuyer sur la détente ? Lui qui a commis tant d'actes monstrueux va maintenant se dérober à ses responsabilités. Puisqu'il n'y a plus d'eucodal, il choisira le plomb pour s'administrer le shoot fatal. Le pistolet sera plus fort que la seringue. On célèbre en toute hâte son mariage avec Eva Braun qui, du Berghof, est venue le rejoindre « dans la ville assiégée [1] », comme le note Hitler avec des accents pathétiques dans son testament personnel. Après un semblant de cérémonie, le repas de noce se compose de spaghettis accompagnés de sauce tomate, des capsules de cyanure pour le dessert et un dernier coup pour la route avec un Walther 6. 35 mm.

Le 30 avril 1945 vers 15 h 30, Hitler est englouti par son propre système de déni de la réalité. Il succombe d'une overdose : d'emblée vouée à l'échec, sa dernière tentative de vaporiser le monde en une

1. Archives Adolf Hitler, testament personnel, BArch-Koblenz N1128.

extase totale a fini par l'intoxiquer. Pays des drogues, des désillusions face au monde et de la fuite hors de la réalité, l'Allemagne était à la recherche d'une nouvelle star. Elle trouva en Hitler le nouveau junkie de ses heures les plus sombres.

La chute du Dr Morell

À l'annonce de la mort d'Hitler, nombreux sont les fidèles qui, à travers tous les pays, le suivent dans la tombe. L'honneur l'exige, à moins que cela ne soit la peur des conséquences. À Neubrandenburg, ce sont plus de 600 personnes qui se donnent spontanément la mort, dans la petite ville de Neustrelitz, 681, et plus d'une centaine de milliers dans toute l'Allemagne. Trente-cinq généraux de l'armée de terre, six de la Luftwaffe, huit amiraux de la marine, treize généraux de la Waffen-SS, cinq de la police, onze des quarante-trois *Gauleiter*, auxquels s'ajoutent les caciques de la Gestapo, du bureau de la sécurité du Reich, un bon nombre de dirigeants de la SS et de la police : à nouveau, ils se dérobent à la réalité et se laissent une dernière fois guider par leur Führer. Le 8 mai 1945, l'Allemagne capitule. Dans les *K-Verbände,* quelques nageurs de combat, tout à leurs drogues, ne savent rien de la défaite jusqu'au 12 mai. Pendant quatre jours et quatre nuits, ils continuent, enivrés, de mener une guerre qui n'existe plus [1].

Au milieu du mois de mai 1945, une reporter du *New York Times* parvient à débusquer Morell dans sa cachette de Bavière. Quelques jours plus tard, elle publie un article intitulé « Doctor Describes Hitler Injections ». Peu après, le médecin à la retraite atterrit dans la prison américaine de Bad Reichenhall. Son incarcération va durer près de deux ans. Durant les nombreux interrogatoires, Morell tient des propos décousus, se contredit beaucoup, se mure dans de longs silences et tombe finalement dans une profonde dépression. Son empire pharmaceutique et tout ce qu'il avait accumulé ont été détruits. Contrairement à beaucoup d'autres, Morell ne parvient pas à s'adapter à cette nouvelle ère.

Les enquêteurs en apprennent peu sur Hitler. Ils ne parviennent pas non plus à prouver que le médecin complètement effondré a commis des crimes de guerre. Il reste prostré dans sa cellule, parfois

1. Cajus BEKKER, *Einzelkämpfer auf See, op. cit.*

en proie à des poussées de paranoïa où il se persuade que Himmler est encore à ses trousses comme durant la guerre des médecins. Il n'est pas non plus question de le faire comparaître comme témoin lors du procès de Nuremberg. De sa bouche ne sort quasiment plus aucune phrase intelligible, si ce n'est « Je voudrais ne pas être moi [1] ». Au début du printemps 1947, les Américains relâchent donc leur prisonnier en piteux état et souffrant de troubles cardiaques devant la gare centrale de Munich. Morell se blottit dans un coin, pieds nus, une veste déchirée sur le dos, lui qui fut jadis un homme puissant arborant fièrement les bâtons d'Esculape au col de son uniforme. Il reste ainsi jusqu'à ce qu'une infirmière de la Croix-Rouge, à moitié juive, le prenne en pitié et le conduise à l'hospice de Tegernsee où il meurt le 26 mai 1948.

L'extase millénaire

On ne réglera pas ici le sempiternel débat scientifique de savoir si la personnalité d'une figure historique est un élément pertinent pour la compréhension des événements ou s'il s'agit avant tout de considérer un réseau de relations contextuelles où héros, ratés et criminels agissent comme des marionnettes interchangeables. Au mieux, on donnera raison aux deux parties. Thucydide, le père des historiens, faisait déjà la distinction entre les causes structurelles d'un événement et ses motifs personnels qui dépendent de la nature humaine [2]. De fait, ces deux versants sont réunis dans les abus systématiques et individuels qu'Hitler a faits des drogues. C'est ce qui rend son cas si compliqué – et si intéressant. Si l'on a ici examiné la consommation de drogues du dictateur qui clamait son abstinence, ce n'est pas pour scruter son intimité à la recherche du sensationnel. Comme l'écrit Sebastian Haffner, « c'est généralement dans ses défauts de caractère que l'on trouve la racine de ses fautes [3] ». La période la plus révélatrice en ce qui concerne Hitler et le IIIe Reich n'est pas celle de la « chute », la phase finale passée dans le bunker berlinois, mais bien plutôt celle de l'« auto-

1. Archives Morell, BArch-Koblenz N1348. Voir le rapport du 19 septembre 1945 que Karl Brandt fait à propos de Morell, p. 2.

2. Thucydide, *La Guerre du Péloponnèse*, texte établi et trad. par Jacqueline de Romilly, Paris, Les Belles Lettres, 1991.

3. Sebastian Haffner, *Considérations sur Hitler*, *op. cit.*, p. 138

destruction », c'est-à-dire les mois de polytoxicomanie qui ont suivi l'attentat du 20 juillet 1944.

Aujourd'hui encore et en dépit des efforts pour s'intéresser moins à la personne qu'aux structures, le dictateur allemand est souvent considéré comme le parfait exemple de l'homme seul dont le pouvoir et la volonté ont infléchi le cours de l'histoire. C'est justement ce que la propagande nazie célébrait : cette mise en scène a longtemps fonctionné, trop longtemps. Les réalités sociales qui présidèrent à la fois au cours de la guerre et au destin des hommes coulaient aussi dans les veines d'Hitler à partir du printemps 1941. Elles l'influençaient de l'intérieur. Certes, l'Allemagne a attaqué l'Union soviétique parce qu'Hitler l'a voulu, parce qu'un seul homme en avait décidé ainsi. Mais cet homme seul était aussi un enfant de son temps. De ce point de vue, il est intéressant de suivre la déconstruction d'Hitler en tant que sujet, devenant toujours plus tributaire de ses fournisseurs. C'était un individu dépendant des seringues, prisonnier de nombreuses chaînes. Autant Hitler a mené le monde à sa perte, autant il fut également un produit de l'époque moderne, chimique, porteuse en elle-même d'un contradictoire « combat contre la drogue ».

Les drogues sous le IIIe Reich ont donc été l'instrument d'une mobilisation artificielle ; elles ont pallié une ferveur qui s'amenuisait avec le temps et gardé la clique au pouvoir en état de fonctionner. Cette thèse majeure ne signifie pas pour autant – soulignons-le – que les pages les plus sombres de notre histoire furent un simple dérapage, dû à une surconsommation de drogues. Ces produits n'ont fait qu'exacerber des éléments déjà présents. Mieux saisir l'univers perverti du IIIe Reich, tellement éloigné d'un monde digne d'être vécu et qui fut à l'origine de tant de souffrances : voilà modestement ce à quoi le présent ouvrage contribuera peut-être.

Postface

par Hans Mommsen

Norman Ohler traite ici d'un aspect du régime nazi qui, jusqu'à présent, a été insuffisamment pris en compte : l'importance qu'a pu avoir pour la société nationale-socialiste la consommation croissante de produits stimulants. Le présent ouvrage donne à voir comment cette communauté raciale régentée avait besoin de drogues en quantités toujours plus importantes pour continuer à fonctionner. La motivation idéologique tant vantée par la propagande nazie est ainsi très relative. Le recours grandissant à cet aiguillon artificiel esquisse dès l'avant-guerre l'effondrement interne de la dictature. À propos de ce substitut chimique, Norman Ohler parle d'un « national-socialisme en gélules ».

Le plus grand mérite de ce livre est de décrire la relation symbiotique qui lie Hitler à son médecin, le Dr Morell. Ce sont là des éléments charnières car, pour la première fois, on a un outil qui aide à comprendre les processus qui ont cours à partir de l'automne 1941. Norman Ohler montre de manière saisissante comment le quartier général du Führer est devenu de moins en moins capable de commander – et comment Hitler a enclenché un mécanisme d'autodestruction. Il est extrêmement dérangeant de voir comment des bagatelles médicales ont pu infléchir le cours de l'histoire mondiale. De même que le peuple consommait toujours plus de produits excitants, de même la tête de l'État répondait à la catastrophe générale par de plus fortes doses de médicaments. Dès lors que l'idéologie ne suffisait plus à le soutenir, Hitler a eu recours à une béquille chimique pour ne pas dévier de la voie qu'il s'était tracée. Une tendance à agir à travers des brumes artificielles a ainsi prévalu dans la période cruciale comprise entre le premier hiver de la guerre et la défaite de Stalingrad. Cette pente a conduit à une crise majeure et, finalement, à une désagrégation interne du régime. Il est aussi passionnant qu'effrayant de voir comment Hitler a été de moins en moins capable de se gouverner lui-même. L'incapacité toujours plus crasse des dirigeants à reconnaître les réalités militaires et économiques est elle aussi frappante. Norman Ohler dévoile sans fard la part d'ombre de la stratégie de guerre allemande. Ce livre modifie le tableau d'ensemble.

Remerciements

> « Messieurs les savants [...] ne manqueront pas de trouver mes idées fort ridicules, ou ils feront encore mieux, ils se donneront le ton de ne pas en prendre la moindre connaissance. Et savez-vous pourquoi ? Parce qu'ils disent que je ne suis pas du métier [1]. »
>
> Johann Wolfgang von GOETHE.

Qu'un romancier devienne auteur de livre d'histoire ne va pas de soi ; ce fut un processus inattendu mais toujours plaisant. Certains complices, des amis et des proches ont œuvré à cette métamorphose. Tout a commencé avec Alexander Krämer qui m'a raconté que les nazis avaient pris quantité de drogues, me demandant s'il n'y avait pas là matière à faire un film. Nous avons suivi cette idée et c'est lorsque Janina Findeisen m'a proposé de venir aux archives afin de procéder à des recherches sur les faits avérés que mon enquête est devenue de plus en plus captivante. Je dois, à cet égard, remercier chaleureusement tous les archivistes de Berlin, Sachsenhausen, Coblence, Marbach, Munich, Fribourg, Dachau et Washington qui m'ont aidé dans mon travail. L'historien Peter Steinkamp est devenu très rapidement une source d'inspiration. Mes remerciements vont aussi particulièrement à un autre spécialiste de la question, Volker Hartmann de l'Académie sanitaire de la Bundeswehr. Mes lecteurs bénévoles ont également toute ma gratitude : Martina Aschbacher,

1. Johann Wolfgang von GOETHE, *Conversations de Goethe pendant les dernières années de sa vie, 1822-1832*, trad. de l'allemand par Émile Délerot, Paris, G. Charpentier, 1883, p. 25.

Michael Dillinger, Frank Künster, Konrad Lauten et mon père, Wolfgang Ohler. Parmi les spécialistes qui m'ont aidé, il me faut mentionner Winfried Heinemann, Peter Berz, ainsi que Gorch Pieken, directeur scientifique du musée militaire de la Bundeswehr à Dresde, et son collègue Jens Wehner tout comme Hans Roth qui m'a fait visiter ce qui reste du *Felsennest*. Un *special thanks* à Douglas Gordon pour la conception de la couverture originale et tout le reste. Mon lecteur Lutz Dursthoff ainsi que mon agent Matthias Landwehr me furent d'une aide inestimable, tout comme mon éditeur, Helge Malchow qui fut le premier à avoir l'idée de transformer ce matériau en livre d'histoire. J'aimerais enfin et surtout exprimer ma reconnaissance au grand historien Hans Mommsen pour son soutien. Un essai est bel et bien un ouvrage collectif. Je remercie donc de tout mon cœur tous ceux qui m'ont aidé dans ce travail – qu'ils soient ici mentionnés ou non.

Norman Ohler, Sils-Maria, été 2015.

Table des matières

Composition Facompo, Lisieux.
Achevé d'imprimer sur les presses de
Normandie Roto Impression s.a.s. à Lonrai.
Dépôt légal du 1er tirage : septembre 2016
Suite du 1er tirage (4) : décembre 2016
N° d'imprimeur : 1605637
Imprimé en France